U0907475

孟子學

第三辑

MENGZIXUE DISANJI

组编　邹城博物馆
主编　邵逝夫

齊鲁書社
·济南·

图书在版编目（CIP）数据

孟子学. 第三辑 / 邹城博物馆组编；邵逝夫主编. 济南：齐鲁书社, 2025. 8. -- ISBN 978-7-5333-5205-9

Ⅰ. B222.55

中国国家版本馆CIP数据核字第2025CD4682号

封面题签　林锡泉
责任编辑　许允龙　张　涵
装帧设计　刘羽珂

孟子学（第三辑）

邹城博物馆 组编　邵逝夫 主编

主管单位　山东出版传媒股份有限公司
出版发行　齊魯書社
社　　址　济南市市中区舜耕路517号
邮　　编　250003
网　　址　www.qlss.cn
电子邮箱　qilupress@126.com
营销中心　（0531）82098521　82098519　82098517
印　　刷　日照日报印务中心
开　　本　720mm × 1020mm　1/16
印　　张　21.25
插　　页　4
字　　数　250千
版　　次　2025年8月第1版
印　　次　2025年8月第1次印刷
标准书号　ISBN 978-7-5333-5205-9
定　　价　88.00元

《孟子学》编委会

目 录

学人寄语

孟子的底气从何而来?

孙大鹏

我们生活的当下，是一个变化异常剧烈的时代。这种变化，不仅是周遭世界的日新月异、生活方式的加速迭代，同时也体现在：人们的观念正在努力适应当下，却已经变得过时了。时代就如轰鸣的高速列车，车上的我们因为聚散匆忙而彼此陌生，共识越来越少，分歧越来越多，而真理似乎被遗忘已久。生活不可遏制地碎片化，短暂的心安一再被现实击破。如何过好一生，如何安顿我们的身心，变成了我们亟待解决的困惑。

然而，中国人从不缺少应对时代变化的经验。但凡看一下我们漫长的历史，就明白我们曾经经历的改变何其多样而繁复。大化流行之下，每个人的表现截然不同。但如果我们希望从历史中找到一种能够直面沧桑巨变而坚定不移的力量，孟子的身影一定会异常醒目。

我们读《孟子》的时候，一定会被孟子的一个特点所吸引。不是孟子特别善于辩论，也不是孟子特别善于讲故事，而是孟子无论说什么，态度都异常坚定，绝不含糊。有时候面对对方的指责，似乎已没了退路，但孟子总是镇定自若，拨乱反正，直击关键。我一直好奇一个问题：孟子为何说什么都斩钉截铁？他的底气和笃定从何而来？他怎么从来不逃避、不迷茫？

孟子生活在战国中期这个大乱世。那个时代，用孟子的话来说，“世衰道微，邪说暴行有作，臣弑其君者有之，子弑其父者有之”——若说动荡，那是动荡最剧烈的时期，秩序已经崩坏，伦常不复存在。“圣王不作，诸侯放恣，处士横议，杨朱、墨翟之言盈天下，天下之言不归杨，则归墨”——若说共识，那是一个最没有共识的年代。孟子本人绝不是什么位高权重、一言九鼎的人物，他一介布衣，面对的却常常是王侯贵族。然而，在辩论和说理的过程中，孟子常常是主导话题的一方，即便对面的王侯是迫切的提问者；当王侯表现得或自鸣得意或别有用心的时候，孟子始终言辞恳切、堂堂正正；孟子从不闪烁其词，顾左右而言他的往往是王侯。孟子明是非、决嫌疑，所凭借的是什么？用程子的话来说，“孟子开口便说仁义”。

孟子谈仁义，主要针对的是争利。孟子并不反对利，反对的是争夺私利——上下交征利。不论是国君还是庶人，一旦陷入私利争夺，立刻就悖离了仁义；悖离了仁义，这个人就会陷入自私、冷漠和孤独而不自知。自私体现在只知道占有，人民是我的人民——不是和我休戚与共的一体同仁，而只是我的所有物。冷漠体现在只能感受到自己的苦乐，却无法体会他人的悲喜，所以难以想象与民偕乐的场景。孤独则会导致自己成为真正的孤家寡人，最终逐渐沦为贼残仁义的独夫。这样的人，不掠夺就不会满足（不夺不餍），也做得出“庖有肥肉，厩有肥马，民有饥色，野有饿莩”的事；如果说这样的人会感到发自内心的安乐，绝无可能。孟子和国君所谈的，大体如此——让利于民，使人民感到安乐，自然可以王天下，自然能够感到远超过个人享乐所带来的快乐。

若仁义来自某种教条，来自某种刻意制造出来的外在要求，那还有反驳的余地。但孟子毫不犹豫地认为，仁义本于人性之端（仁义礼智，非由外铄我也，我固有之也）。这样一来，人之为人，别无选择，须得遵循本心本性。行仁义，就是顺心性，最终也就是循天理，一以贯之。这样的贯彻上下，才使人异于禽兽，显发出人性的光辉。这也是孟子面对各种时代动荡，面对纷繁变化，却养出浩然之气的根源。世事如何变化，都无所忧惧，唯一可忧虑的是自己的本性被物欲所蒙蔽，导致自己迷失方向，从而看不清真正的自我。

今天我们学习古人，研读经典，根本上不是为了丰富知识、提升品位，而是先立乎其大，让心在面对外境迁转时有内在的定准。

创办《孟子学》辑刊的诸同仁，希望通过研修经典而追摹古圣先贤，并在此基础上尽力修己安人，以为志业，想必也是人生乐事。

2025 年 4 月

《孟子》研习

《孟子·滕文公章句》浅释（上）

邵逝夫

滕文公章句上第五

（凡五章）

【本卷主旨】

本卷共五章，细观之，其间起承转合，气脉一贯，可见《孟子》义旨之一贯、文法之严密：

首章孟子为文公“道性善”，“言必称尧、舜”，意在劝文公本诸性善、志乎尧、舜而“为善国”；尧、舜之道，孝悌而已矣，二章所述，正为孝亲之事，且为孝亲之“大事”——“送死”；三章所述则为“为善国”之事，分为两个部分：一为答文公“为国”之问，一为答毕战“井地”之问。因“井地”本为“为国”之一端，故而，二问合为一章。孟子所处之世，异说纷纷，诸人各执己见，自以为是。如所谓农家，所谓墨家，皆欲以其学易天下，惟此二者，皆为异端邪说，实不足以安天下之民，不能不驳斥之。四、五二章正在于斥农、墨，以明正学。农、墨二学虽有所不同，却亦有其同处，即二者皆提倡“同”：农家提倡君与民同，“贤者与民并耕而食，饔飧而治”，并无视物之情，强其为同；墨家则视人之亲与己之亲同，而美其名曰“兼爱”。孟子则以分工之异与“物之不齐，物之情也”斥农家之同，以“天之生物也，使之一本”斥墨家之同。又四、五二章置于本卷，或亦由于二章所述者，皆为孟子居滕期间事。

第一章

滕文公为世子①，将之②楚，过宋而见孟子。孟子道③性④善，言必称尧、舜。

【今注】

①世子，太子。②之，往。③道，言。④性，本性。

【浅释】

滕文公为世子时，将要前往楚国，路过宋国时，拜见了孟子。孟子为他讲人性本善，凡有言说必定举尧、舜为例。

孟子致为臣于齐而归于邹，听闻宋国拟行仁政，便前往宋国。据钱穆先生考证，其时，宋国已经迁都彭城（《先秦诸子系年》），自滕至楚，适好经过彭城。文公之所以会去拜见孟子，当是因为孟子在齐国时曾经出吊于滕（事见《公孙丑章句下》第六章），其间或与文公有所交集。

文公前来拜见，孟子勉励他效仿尧、舜而“为善国”，故而，为之“道性善”，“言必称尧、舜”。后世以孟子持“性善”说，主要基于本章。关于孟子“性善”之说，若是铺陈开来，或将成一长文，乃至是成一专著，此处且概述之。

首先，应该指出，孟子所论的性乃为本性。今人论性，大多依循宋儒之言，分为天理之性与气质之性，并将此视为宋儒的重要贡献。事实上，孟子便已以“性”“才”分述，“性”即天理之性，“才”即气质之性。孟子还说：

"形色，天性也。惟圣人然后可以践形。"（《尽心章句上》）"形色"，即气质之性，也是"天性"，乃是生而具足的。"践形"，即充分发挥气质之性的特质。如伯夷之清、柳下惠之和、伊尹之任、孔子之时，皆为充分发挥气质之性的体现。可见孟子对于气质之性已经有了体认。至于此处所谓的本性，乃是天理之性。

本性乃是善的，不但是善的，而且是纯善的、至善的。要理解这一点并不难，只要对儒家的宇宙论略加了解即可。关于儒家的宇宙论，已详述于前［见《孟子学》（第二辑）］。概述之，即宇宙间的一切万物悉皆本于宇宙本体（生生本体）的作用而呈现。宇宙本体即理即气，理气不二，理为生生之理，气为生生之气。生生之气运行不息，呈现为阴阳二气，阳主阴合，而生五行之气，五行之气随机凝合，化生万物。与此同时，生生之理随形而赋。概言之，万物之为万物，莫不具备二者：形与理。形由气化而成，理因赋理而具。"性即理也"，所谓性，实即理。亦知万物之性，皆为生生之理落实在万物，皆为生生之性。生生之性，纯然生生，又如何会有丝毫的恶？故而，为善，为纯善，为至善。孟子"道性善"的"性"，正是这一个生生之性。

孟子论性，实与孔子一贯。孔子极少论性，故而，子贡才会说"夫子之言性与天道，不可得而闻也"（《论语・公冶长第五》）。当然，"性与天道"本就体现在日用之间，细细体味《论语》，孔子之教可谓是句句不离"性与天道"，子贡此言，当为其体味得孔子之教所蕴含的"性与天道"之后所发出的赞叹。《论语》中，孔子就性论性者，只有一处："性相近也，习相远也。"（《论语・阳货第十七》）关于"性相近"的"性"，后世大多指认为气质之性，而非孟子"道性善"的"性"。惟阳明（王守仁）独具慧眼，指出这一个"性"实为本性：

> 夫子说"性相近"，即孟子说"性善"，不可专在气质上说。若说气质，如刚与柔对，如何相近得？惟性善则同耳。人生初时，善原是同的。但刚的习于善则为刚善，习于恶则为刚恶；柔的习于善则为柔善，习于恶则为柔恶，便日相远了。（《传习录下》）

阳明所辨甚是。而在传为孔子所撰的《周易·系辞》上篇中亦曾论及性：“一阴一阳之谓道，继之者，善也；成之者，性也。”这一个“性”，也是孟子“道性善”的“性”。所以为“一阴一阳”的，称作道，道即生生之理。所谓“继之”，即继承生生之理。继承生生之理则纯然生生，故为“善”。所谓“成之”，即生生之理落实在万物，生生之理落实在万物，即为万物的性。万物的性皆为生生之性。

《中庸》所谓“天命之谓性”的“性”，也是孟子“道性善”的“性”。“天”即宇宙本体。“命”，赋予。宇宙本体所赋予的便称作性，所赋予的对象自然是万物。当然，万物也是经由宇宙本体的作用而呈现的。也就是说，宇宙本体所赋予给万物的便是万物的性，宇宙本体即生生本体，这一个性，自然是生生之性。关于此句，详述见笔者《中庸释义》。

孟子“道性善”的“性”既为生生之性，则朱子所谓“性者，人所禀于天以生之理也，浑然至善，未尝有恶”，也就很容易理解了。万物之性，悉皆为生生之性，人为万物之一类，自然亦是如此。尧、舜如此，吾人也是如此。故而，朱子接着说：“人与尧、舜初无少异。”（《孟子集注》）

吾人的身形由气化而成，吾人的本性因赋理而具，气为生生之气，理为生生之理，吾人纯然生生，至善无恶，这就是吾人生命的本来状态。那么，又是从何而来的恶？宋明儒者皆以气质之性为恶的根源，恐非。气质之性本于生生之气，纯然生生，何恶之有？究其实，天地之间原本只是一片纯然生生，根本无所谓恶。所谓恶，实是源于私欲，因为私欲而相夺相争，方才有了所谓的恶。若无私欲，便无恶可言。而私欲又本于自我，若无自我，即无私欲。一言以蔽之，恶源于自我。

自我从何而来？自我本于个体意识，万物莫不以个体的形态降生世间，在与外界的接触、碰撞中，会逐渐形成一个独立的个体意识，就此有了内外之分、物我之别，进而产生了自我意识。而气质之性又具有所谓的“攻取之欲”（横渠之说），“攻取之欲”实本于生生，也是生生的体现，也是纯善的。可是，当有了自我意识之后，原本本于生生的“攻取之欲”转变为自我的“攻取之欲”，于是，成了私欲。有了私欲，就有了争夺，于是，世间便有了恶。可以说，是自我蒙蔽了吾人本自具足的生生之性，也是自我让吾人违背了生命的本来状态。而人在成长的过程之中，往往又难以避免自我意识的形成。确切地说，自我意识的形成源于习染。举凡是人，只要活在世间，就难免会受到习染，只不过或浅或深。所谓“生而知之”者，习染极少，如尧、舜便是如此。可是，“生而知之”的人极为罕见，即如孔子，也是自称“非生而知之者”，而是“学而知之者”：“好古，敏以求之者也。”（《论语·述而第七》）由此可见，凡夫与圣人之间，只是多了一个自我，只要能够克除自我，便可以由凡入圣。故而，孔子之教，要在“克己”：

颜渊问仁，子曰：“克己复礼为仁，一日克己复礼，天下归仁焉。为人由己，而由人乎哉？”

颜渊曰：“请问其目？”子曰：“非礼勿视，非礼勿听，非礼勿言，非礼勿动。”

颜渊曰：“回虽不敏，请事斯语矣。”（《论语·颜渊第十二》）

“克己”所克的“己”，即是自我。而孔子自身便是笃实“克己”的人：

子绝四：毋意，毋必，毋固，毋我。（《论语·子罕第九》）

惟“克己”，乃能“毋我”。而“意、必、固、我”四者，以“我”为主体，“毋我”，则自然“毋意，毋必，毋固”。

有人会说：“我们既然是以个体的形态降生世间，有独立的自我意识有什么问题呢？”这就涉及真我与自我的差别了。吾人以个体的形态降生世间，是一个独立的个体，这是事实，自然没有任何问题。然而，这一个个体是整体下的个体，是与天地万物浑然一体的个体，本无所谓人己之分、物我之别。当吾人真切体认到这一点时，自然就会以“宇宙内事，乃己分内事；己分内事，乃宇宙内事”（陆象山语），又如何还会去与人相争相夺呢？这其中的“己”即为真我。真我肯定了吾人作为个体的存在，却又是廓然大公的、无有私欲的。而自我却将自身从整体中抽离出来，执定自身是一个独立的个体，为了一己的私利，而不惜危害他人乃至整体的利益。概言之，则真我为公，自我为私，一个是体认得自身是整体下的个体，以整体为本；一个则将自身从整体中独立出来，以个体为本。以整体为本，既成就了整体，也成就了个体，个体是整体的一部分，整体得以成就，个体自然就会随之得以成就；以个体为本，既危害了整体，也危害了个体，个体是整体的一部分，整体被危害，个体还能独存吗？事实上，真我即无我——无有自我意识。无有自我意识，并不妨碍吾人作为个体的存在。恰恰相反，无有自我意识，无有私欲，吾人方才能够返归纯然生生的生命境地，活出生命的本然状态。至此，作为一个生命个体，吾人方才得以真正挺立，方才无负此生。真我与自我，在前贤如阳明等人那里，又被称作真己与私己。

尽管人人生而“性善”，但能“尽性”，便是圣人。然而，一旦自我形成，吾人往往会沉湎于私欲之中，而很难意识到本自具足本善的性。故而，为了让人们体察到本善的性，孟子指示了“以情证性”的工夫路径。“察端”之教如此，“乃若其情”之说亦是如此。

> 人皆有不忍人之心。……所以谓人皆有不忍人之心者，今人乍见孺子将入于井，皆有怵惕恻隐之心。非所以内交于孺子之父母也，非所以要誉于乡党朋友也，非恶其声而然也。由是观之，无恻隐之心，非人也；无羞恶之心，非人也；无辞让之心，非人也；无是非之心，非人也。恻隐之心，仁之端也；羞恶之心，义之端也；辞让之心，礼之端也；是非之心，智之端也。人之有是四端也，犹其有四体也。（《公孙丑章句上》第六章）

性者，体也；情者，用也。性情一贯，体用不二。恻隐、羞恶、辞让、是非四者，情也，情既为善，则性为善亦明矣。但能真实体察得四端之人，皆能体味得性本善。事实上，仁、义、礼、智四德，悉皆本于生生之性，乃是生生的体现，仁即好生，义即利生，礼即尊生，智即循生。恻隐、羞恶、辞让、是非四情，则为仁、义、礼、智四德之体现。

乃若其情，则可以为善矣，乃所谓善也。（《告子章句上》第六章）

“若”，顺。“乃若其情”句，意谓顺着本性发出情感，那就可以是善的，这就是我所说的性善啊。性为体，情为用，顺着性所发出的情是善的，性自然便是善的。

性，无影无形，不可以见闻觉知；情却是可以切身体验的。“以情证性”，让吾人有了一个切实体证性善的入手处。当吾人对恻隐、羞恶、辞让、是非四情有了真切的体验，就此反观内省，自然就会明晓本性为善。

孟子“性善”之说，乃是一个系统，有本体有工夫。体认得“性善”，自可明了圣人可以学而至，而人皆可以为尧、舜。正因为此，后世儒者极为推崇孟子“性善”之说。如程子：

（程子）又曰：“孟子有大功于世，以其言性善也。”

又曰：“孟子性善、养气之论，皆前圣所未发。”（《孟子集注·孟子序说》）

朱子则赞孟子“性善”之说为“第一义”：

近看孟子，见人即道性善、称尧舜，此是第一义。若于此看得透，信得及，直下便是圣贤，更无一毫人欲之私做得病痛。（《晦庵集》卷四十四《答梁文叔》）

朱子甚至认为《孟子》“七篇之中”，所述无非是“性善”之理：

孟子之言“性善”，始见于此，而详具于《告子》之篇。然默识而旁通之，则七篇之中，无非此理。其所以扩前圣之未发，而有功于圣人

之门，程子之言信矣。（《孟子集注》）

对于朱子此说，真西山（德秀）曾引述孟子之教略加证实：

“七篇之中，无非此理”者，如言仁义，言四端，盖其大者；至于因齐王之爱牛而劝之以行仁政，亦因其性善而引之当道也。（转引自胡炳文《孟子通》）

辅潜庵（广）则直接称“性善”是“义理之纲领”：

性善是那义理之纲领，识得性善，则凡出处语默，言论风旨，凡孟子所说许多义理，皆自此流出，无有一事是在外者。因人不识其性善，故言不及。惟程子学已至到，故知得孟子此说，真能扩前圣所未发，而有功于圣人之门也。（转引自赵顺孙《四书纂疏》）

然则，“性善”二字既已足够，为何还要“言必称尧、舜”？盖天之生人，莫不与之纯善之性，但能尽性，即为圣人，而尧、舜正是那尽性的圣人。故而，孟子在“道性善”之后，又以尧、舜来实证之。

尧、舜之生，所受之性亦如是耳。但以其气禀清明，自无物欲之蔽，故为尧、舜，初非有所增益于性分之外也。故学者知性善，则知尧、舜之圣非是强为；识得尧、舜做处，则便识得性善底规模样子。而凡吾日用之间，所以去人欲、复天理者，皆吾分内当然之事，其势至顺而无难。此孟子所以首为文公言之，而又称尧、舜以实之也。（《晦庵集》卷七十四《玉山讲义》）

概言之，即尧、舜乃为“性善之形象”：

性善无形影，然凡圣人之所为，皆自性分中出，则尧、舜即性善之形象也。性既人所同有，则尧、舜人皆可为。（金履祥《孟子集注考证》）

既已“道性善”，又以尧、舜为形象来证实之，孟子之说亦可谓备矣！尽矣！一言以蔽之，则孟子之于文公之教，实为劝其“本诸性善”而“志乎尧、舜”。

世子自楚反，复见孟子。孟子曰：“世子疑吾言乎？夫道一而已矣。”

【浅释】

世子从楚国返回，途经宋国时，再次拜见了孟子。孟子对他说：“世子怀疑我说的话吗？我跟你说，道只有一个而已。”

孟子为文公“道性善”，“言必称尧、舜”，文公听后，颇受触动，故而，对孟子之教念念不忘。然而，一则于“性善”之说未能全然无疑，二则不敢以尧、舜自任，甚或还会认为孟子只是在劝其“取法乎上”而已。于是，在返归时，他在宋国再次拜见了孟子，以期得以解惑。孟子一见，便知其尚未能无疑，更未能自信。故而，斩钉截铁地对他说：“夫道一而已矣。”此言可谓截断众流，意谓除却“本诸性善，志乎尧、舜”，别无他途。“道一”之“道”，亦即“率性之谓道”的“道”。性一也，故“道一而已”。“道一”，其实便是对“性善”的重申。

有人说：“孔子明明说：‘道二，仁与不仁而已矣。’为何孟子却说‘道一而已矣’？”孔子所谓道，乃路径。非孟子“道一”之道。“道二”，即合乎道与悖乎道二者，仁即合乎道，不仁即悖乎道，意在劝人行仁合道。究其实，亦一道而已，一道者，仁也。孔、孟二圣之教，实为一贯。

“成覸[①]谓齐景公曰：‘彼，丈夫也；我，丈夫也，吾何畏彼哉？’颜渊曰：‘舜，何人也？予，何人也？有为者亦若是。’公明仪[②]曰：‘文王，我师也，周公岂欺我哉？’今滕绝[3]长补短，将五十里也，犹可以为善国。”

【今注】

①成覸（jiàn），古之勇士。②公明仪，鲁国人，曾子弟子。③绝，断。

【浅释】

“成覸对齐景公说：‘他是一个男子汉，我也是一个男子汉，我为什么要怕他呢？’颜渊说：‘大舜，是什么人？我，又是什么人？有为之人也应该像大舜一般。’公明仪说：‘文王，是我该学习的老师，周公难道会欺骗我吗？’”

“道一而已矣”，于文公而言，别无选择，唯在于笃信而力行之。而文公此时尚未能够立定此志，故而，孟子复引成覸、颜子、公明仪之言，以激发文公立志。诚如朱子所说：

> 三子之事，成覸则若参较彼已，颜子则知圣人学之必可至，公明仪则笃信好学者也。三者虽有浅深，要之皆是尚志。（《朱子语类》卷五十五）

当然，引述三人之言，亦无非是证实“道一”而已，而“道一”之说又本于“性善”。诚如蔡介夫（清）所云：

> “吾何畏彼哉”者，以其道之一也；“有为者亦若是”者，亦以其道之一也；周公以文王为我师者，亦以其道之一也。此正《集注》所谓“既告以道无二致，而复引此三言以明之”者也。“欲世子笃信力行，以师圣贤，不当复求他说”者，言外意也。
>
> “舜，何人也？予，何人也？”意谓岂是两样人哉！“有为者亦若是”，舜之所以为舜者，能有为也；能有为者，尽其性而已矣。吾亦能尽性，则是有为矣，有为则亦如舜矣。若不靠“性善”与圣人同，则何以

谓之“有为者亦若是”哉？又何以谓之“吾何畏彼哉”？又何以谓之文王真可师哉？此条以“性善”入说者，不为非也。(《四书蒙引》)

既引三人之言以激成文公之志，则必落实为具体的目标，故而，孟子接着说：“如今，把滕国的疆土截长补短，方圆将近五十里，也还是可以治理成一个好国家的。”

“善国”实为孟子“道性善，言必称尧、舜”的归旨。彼时文公虽尚为世子，然终将为有国之人，故而，孟子为之“道性善”，“称尧、舜”，终而当落实为治国。实能“本诸性善，志乎尧、舜”，则于治国又何难哉？究其实，则“本诸性善，志乎尧、舜”，又岂是专为文公而言者乎，实是为天下之有国者而言也！

“《书》①曰：‘若药不瞑眩②，厥疾不瘳③。’”

【今注】

①《书》，即《古文尚书·说命》篇。②瞑（miàn）眩，用药后产生的晕眩。③瘳（chōu），病愈。

【浅释】

接着，孟子又引述了《古文尚书·说命》篇中的话：“如果药吃下去不使人感到晕眩，那么疾病就不会治愈。”

很显然，孟子引述此言，意在警戒文公。文公将为有国之人，却不知何以治其国，可谓有病之人。而孟子既已告之“性善”，且“言必称尧、舜”，他却不能自信“性善”而效法尧、舜。孟子再度针对其病根，指明“道一而已矣”，且引成覸、颜子、公明仪三人之言，激发其立志，并以成就“善国”相期。既述之，又恐文公因循苟且，不能够奋起自任，乃以《说命》之言警戒之。此意，蔡介夫（清）已得之：

> 此言其当奋志以有为，励精而求治，不可少有苟且因循之心也。一或苟且因循，则国事日非，而终无以自存矣。可不惧哉！孟子此言，盖深警之也。（《四书蒙引》）

金仁山（履祥）则结合前引三子之言而论之：

> 以世子之天性，非不能为善；以滕国之地位，亦自可以为善。但人之患在于不立志，故举三子之言于前；人之患在于不去病，故又举《商书》之说于后。人能立广大之志，以充吾本善之量；又必能致刻苦之工，以去吾本身之病，则所谓尧、舜人皆可为者，真可为矣。（《孟子集注考证》）

孟子"道性善"，"言必称尧、舜"，劝勉文公"本诸性善，志乎尧、舜"；文公不能自信，孟子又明示"道一而已"，且以成覸、颜子、公明仪三人之言激励其立志；终而，复引《说命》之言以警戒文公。圣贤教人，诚可谓无所不用其极也！

第二章

滕定公①薨②，世子谓然友③曰："昔者，孟子尝与我言于宋，于心终不忘。今也不幸至于大故④，吾欲使子问于孟子，然后行事⑤。"

【今注】

①滕定公，滕文公之父。②薨（hōng），古时诸侯死亡的委婉说法。③然友，世子师傅。④大故，大变故，此指父丧。⑤行事，指处理丧事。

【浅释】

本章承接上章。盖"本诸性善，志乎尧、舜"，必自孝悌始，所谓"尧、舜之道，孝悌而已矣”（《告子章句下》第二章）。孝悌也是仁民、爱物之始，所谓“亲亲而仁民，仁民而爱物”（《尽心章句上》第四十五章）。有子亦有云：“君子务本，本立而道生，孝弟（悌）也者，其为仁之本与!”（《论语·学而第一》）本章所言，正为孝也。孝有事生、事死之别，孟子有曰：“养生者不足以当大事，惟送死可以当大事。”（《离娄章句下》第十三章）本章所述，即为“送死”之“大事”。

滕定公去世，世子（即文公）对然友说：“过去，在宋国时，孟子曾与我交谈，我心里一直没有忘记他所说的话。如今不幸遭遇如此重大的变故，我想让你去向孟子请教，然后再举行丧事。”

文公赴楚，一去一返，在宋国两次拜见孟子，受孟子之教，极受震撼，故而，对孟子之言，“于心终不忘”。亦因为此，在遭遇父丧这样的重大变故之时，他首先想到的便是孟子。于是，他拟遣然友为使，前去向孟子请教如何举办父亲的丧事。由此可见，在文公心中，已然尊孟子为师。

然友之邹，问于孟子。孟子说：“不亦善乎！亲丧，固所自尽[①]也。曾子曰：‘生，事之以礼；死，葬之以礼，祭之以礼，可谓孝矣。’诸侯之礼，吾未之学也，虽然，吾尝闻之矣：三年之丧，齐疏[②]之服，飦粥[③]之食，自天子达于庶人，三代[④]共之。”

【今注】

①自尽，自尽于心。②齐（zī）疏，齐，缝缉衣边；疏，粗，此处指粗布。古人所着丧服，衣边不缝缉称作斩衰（缞），衣边缝缉起来称作齐衰（缞）。③飦（zhān）粥，飦，同“饘”，稀粥。④三代，指夏、商、周。

【浅释】

然友前往邹国，向孟子询问丧礼。孟子说：“这样很好啊！亲人的丧礼，本就应该自尽于心。曾子说：‘父母在世时，依据礼侍奉他们；父母去世之后，依据礼处理丧事，依据礼进行祭奠。这样就可以称得上是孝了。’诸侯的礼节，我没有学习过，但也曾听说过：实行三年的丧礼，穿着缝缉衣边的粗布孝服，吃的是稀粥，从天子一直到普通百姓，夏、商、周三代全都是这样。”

据“然友之邹”，可知此时孟子已经从宋国返归邹国。“不亦善乎”，朱子释曰：“当时诸侯莫能行古丧礼，而文公独能以此为问，故孟子善之。”（《孟子集注》）“亲丧，固所自尽也”，“自尽”二字乃是大规矩。事实上，本章全都是围绕着“自尽”二字展开的。所谓“自尽”，即自尽于心，亦即自行去全然遵循于心而为。惟自尽于心，方能无所遗憾而问心无愧。所引曾子之言，原为孔子答樊迟之言，见《论语·为政第二》。孟懿子问孝，子曰：“无违。”樊迟御，子告之曰：“孟孙问孝于我，我对曰：‘无违。’”樊迟曰：“何谓也？”子曰：“生，事之以礼；死，葬之以礼，祭之以礼。”当是曾子时常转述此语告诸门人，故而，孟子径称“曾子曰”。引述此语，乃是为了证实“自尽”，于人子而言，惟“生，事之以礼；死，葬之以礼，祭之以礼”，方为“自尽”。今文公以丧事相问，而其又为诸侯，孟子便以诸侯之丧礼作答。诸侯之丧礼，孟子“未之学”，然而，亲丧无贵贱之别，自天子以至于庶人，皆为“三年之丧”。此意，《中庸》尝述之：“期之丧，达乎大夫；三年之丧，达乎天子。父母之丧无贵贱，一也。”“三年之丧”，乃是古之圣人“自尽”其心而制，本于生生之理，而合乎人情者也。故而，孟子为文公述之。

关于“三年之丧”，孔子曾于宰予之问下略加讨论：

> 宰我问：“三年之丧，期已久矣。君子三年不为礼，礼必坏；三年不为乐，乐必崩。旧谷既没，新谷既升，钻燧改火，期可已矣。”子曰：“食夫稻，衣夫锦，于女安乎？”曰：“安。”“女安则为之。夫君子之居丧，食旨不甘，闻乐不乐，居处不安，故不为也。今女安，则为之。”
>
> 宰我出，子曰：“予之不仁也！子生三年，然后免于父母之怀。夫三年之丧，天下之通丧也。予也有三年之爱于其父母乎？”（《论语·阳货第十七》）

有人以为，据“子生三年，然后免于父母之怀”而定为“三年之丧”，颇有交换之意味。此实鄙论。不知人子孺慕之情实不容已，若不以礼节之，则无有穷尽之期，如此则又有违乎人情。故而，圣人遵人情制丧礼，定为“三年之丧”，于情过者抑而退之，于不及者则勉而进之。“子生三年，然后免于父母之怀”，实为不及者言。若为情过者，又何须此言？此意，孔子亦曾述之：

> 子夏三年之丧毕，见于孔子。孔子与之琴，使之弦，援琴而弦，衎衎而乐，作而曰：“先生制礼，不敢不及也。”子曰：“君子也。”闵子骞三年之丧毕，见于孔子，孔子与之琴，使之弦，援琴而弦，切切而悲，作而曰：“先生制礼，不敢过也。”孔子曰：“君子也。”子贡问曰：“闵子哀不尽，子曰‘君子也’；子夏哀已尽，子曰‘君子也’。赐也惑。敢问何谓？”孔子曰：“闵子哀未尽，能断之以礼，故曰‘君子也’；子夏哀已尽，能引而致之，故曰‘君子也’。夫三年之丧，固优者之所屈，劣者之所勉。”（《说苑·修文》）

“齐疏之服，飦粥之食”，乃为“三年之丧”期间所着丧服与饮食。“自天子达于庶人”，即“父母之丧无贵贱，一也”；“三代共之”，则无古今之异。乃知“三年之丧”，无贵贱之分，无古今之异，真可谓“天下之通丧”。

然友反命，定为三年之丧。父兄①百官皆不欲，曰：“吾宗国②鲁先君莫之行，吾先君亦莫之行也。至于子之身而反之，不可。且《志》③曰：‘丧祭从先祖。’曰：‘吾有所受之也。’”谓然友曰：“吾他日④未尝学问，好驰马试剑。今也父兄百官不我足⑤也，恐其不能尽⑥于大事，子为我问孟子。”

【今注】

①父兄，同族老臣。②宗国，朱子《孟子集注》：“滕与鲁俱文王之后，而鲁祖周公为长，兄弟宗之，故滕谓鲁为宗国也。”③《志》，《记》也。④他日，昔日。⑤足，满意。⑥尽，即自尽。

【浅释】

然友回去向世子复命，世子决定实行三年的丧礼。可是，同族老臣和朝中百官却不愿意，说："我们的宗国鲁国的历代君主没有实行过，我们的历代君主也没有实行过。到了你这里却要改变做法，这是不可以的。况且古《志》中记载：'丧祭的礼仪应当遵从祖先的规定。'这样才可以说：'我是有所传承的。'"

听从孟子之说，文公拟实行"三年之丧"。可是，他的这个决定遭到了父兄百官的反对。乍视之，父兄百官的反对颇有道理：无论是宗国鲁国，还是滕国自身，历代君主全都没有实行过"三年之丧"。而且，古《志》中也有明确记载，丧祭当遵从先祖之制。唯有这样，才是有据可考的。

然则，"三年之丧"乃是"天下之通丧"，鲁、滕二国的先祖为何未曾实行过呢？观朱子之意，则所谓"先祖"实为"后世失礼之甚者"（《孟子集注》）。张南轩（栻）之释亦是如此：

> "丧祭从先祖"，谓先王之时丧祭而言也。先王之时，丧祭皆有定制，惧后世有所更张而荒坠也，则曰"丧祭从先祖"。且鲁之先祖，周公、鲁公也；滕之先祖，武王之庶弟叔绣也。在当时所行，皆先王三年之丧也。若用"丧祭从先祖"之说，则盍不反其旧乎？后人既已废其先祖之礼，而来者方循已废之失，乃曰"吾从先祖"而已，何其不之思乎？大抵人心安于放肆，故以反古复礼为难，而不知克其私意，求之吾心，夫何远之有？（《孟子说》）

然鲁、滕二国之不行"三年之丧"，实别有其缘故。此中缘故，郑康成（玄）曾述及：

> 伯禽，周公子，封于鲁。有徐戎作难，丧，卒哭而征之，急王事也。征之，作《费誓》。（《礼记正义》卷十九《曾子问》）

吾友邓秉元兄乃据康成之说，述鲁、滕二国不行“三年之丧”之由：

> ……故伯禽值徐戎为难，以兵革之理由不行三年丧，其后或因此而成鲁国之家法，其国君皆不行三年丧矣。滕视鲁为宗国，故亦不行三年丧，然则天下诸侯是否皆行此制（指三年之丧）亦未必相同也。（《孟子章句讲疏》）

此说颇为有力。然而，天下之事，唯求当理而已。倘若前人所行不当理，后来者改之便可。若是执定不改，则不仅前人之非得不到纠正，自身也将沦为为非作歹之人，况且后来者本便有责任力救前人之失。诚如张南轩（栻）所云：

> 然友反命，而父兄百官皆不欲。夫父兄百官，亦岂独非人子哉？唯夫狃于故常，安于逸欲，而亡其天性至此，故以为“吾先君莫之行”而不可以反。噫！天下之事，唯当其理而已矣。前人偶未及此，而后人幸而知之，乃遂以为前之所未及者为不可反，则是其失将相寻于无穷而后已耳。不知后之人一旦能改以从是，则非惟其事自此而正，而亦得以盖其既往之失，是前人所望于后人之意也。（《孟子说》）

惜乎文公见理未明，自信不笃，遭到父兄百官的反对之后，立即心生退意，甚或已经准备放弃。

世子对然友说：“我过去未曾好好学习，只喜欢走马舞剑。如今，我要实行三年的丧礼，同族老臣和朝中百官全都对我不满意，恐怕我不能够在这件大事上自尽于心了，你再为我去问问孟子吧。”

文公自述“他日未尝学问”，可谓颇有自知之明。在“父兄百官不我足”的情况下，文公自觉“不能尽于大事”，准备放弃“三年之丧”。幸而他在放弃之前，再次遣然友赴邹请问孟子。他此番遣然友前去，当是想从孟子那里得到次一等的方案。只是“道一而已矣”，此中岂可容有丝毫的变更？

然友复之邹，问孟子，孟子曰："然。不可以他求者也。孔子曰：'君薨，听于冢宰[①]，歠[②]粥，面深墨[③]，即位[④]而哭，百官有司莫敢不哀，先之也。'上有好者，下必有甚焉者矣。'君子之德，风也；小人之德，草也。草上之风，必偃[⑤]。'是在世子。"

【今注】

①冢宰，百官之长。②歠（chuò），饮。③面深墨，面色深黑。哀戚所致。④即位，就位。⑤偃（yǎn），伏倒。

【浅释】

然友再次前往邹国，向孟子请教。孟子说："是这样啊。这是自己的事，不可以转求他人的。孔子说：'君主去世，一切政事听命于冢宰大臣，自己喝着稀粥，面色深黑，在孝子的位子上痛哭，朝堂里的大小官吏没有人敢不哀伤的，因为新君做出了榜样。'在上位的人有什么喜好，在下位的人一定会比他更喜好。'君子的德行就像是风，小人的德行就像是草，风吹在草上，草必定会伏倒的。'这件事取决于世子本人。"

亲丧，在于"自尽"而已，其要在"自"。文公因为父兄百官的反对，便想放弃"三年之丧"，实非"自尽"之人。文公自己也知道，故而，自述"恐其不能尽于大事"。孟子则抓住根本，上来便指出"不可以他求者也"，此事是自家事，与他人无关，应当责之于己。而文公既为新君，果能"自尽"，则父兄百官莫不从之。所引孔子之言，先是略述诸侯之丧礼，进而指出新君果真如此，则"百官有司莫敢不哀"，原因很简单，因为新君"先之"，做出了榜样。对于诸侯之丧礼，孔子之所述亦较孟子此前所述——"齐疏之服，飦粥之食"略微详实一些，"听于冢宰，歠粥，面深墨，即位而哭"，已然可以遵而行之矣。"上有好者，下必有甚焉者也"，当为孟子评述孔子之语者。其后，孟子又引"君子之德，风也；小人之德，草也。草上之风，必偃"一段文字，以示在上位者当以身作则。这段话也是孔子之言，尝见于《论语·颜渊第十二》，季康子问政于孔子曰："如杀无道，以就有道，何如？"孔子对曰："子为政，焉用杀？子欲善而民善矣。君子之德，风；小人之德，草。草上之风，必偃。""是在世子"四字，与"不可以他求者也"首尾呼应，再次强调此事在于文公自身，与他人无关。

"不可以他求者""是在世子"，皆本于"自尽"。事实上，文公果真"自尽"，自知亲丧之事为"不可以他求者"，而根本在于其自身而已。

然友反命，世子曰："然。是诚①在我。"五月居庐②，未有命戒③，百官族人可，谓曰知。及至葬，四方来观之，颜色之戚，哭泣之哀，吊者大悦。

【今注】

①诚，实。②五月居庐，朱子注："诸侯五月而葬。未葬，居倚庐于中门之外。"(《孟子集注》)③命戒，发号施令。

【浅释】

然友回去向世子复命，世子说："是这样的。这件事确实在于我自身。"于是，在丧庐中居住了五个月，从不曾发号施令，朝中百官和族人全都非常认可，称世子为知礼。等到举行葬礼之时，四方之人前来观礼，世子悲戚的容颜、哀痛的哭泣，使得前来吊丧的人全都感到非常满意。

孟子"不可以他求""是在世子"之说使得文公意识到是否实行三年之丧与他人毫不相干，根本在于其自身。终而，文公决定听从孟子之教，遵诸侯之丧礼而为。所谓"未有命戒"，即孔子所云"听于冢宰"而居丧不言；所谓"颜色之戚，哭泣之哀"，即孔子所云"歠粥，面深墨，即位而哭"。而原本反对"三年之丧"的父兄百官也转而认可文公，"谓曰知"；四方之人闻之，则纷纷前来观礼，而吊者为之"大悦"。文公之举，于潜移默化之中已经具有化民之效。曾子有云："慎终追远，民德归厚矣！"(《论语·学而第一》)诚哉斯言！

第三章

滕文公问为国[①]，孟子曰："民事[②]不可缓也。《诗》云：'昼尔于茅，宵尔索绹；亟其乘屋，其始播百谷。'[③]民之为道也，有恒产者有恒心，无恒产者无恒心。苟无恒心，放辟邪侈，无不为已，及陷乎罪，然后从而刑之，是罔民也。焉有仁人在位，罔民而可为也？"

【今注】

①为国，治国。②民事，农事。③《诗》，《诗经·豳风·七月》篇。于，往。于茅，去取茅草。宵，夜晚。绹，绞索。索绹，打绳索。亟，急。乘，升。乘屋，升上屋顶进行修葺。播，播种。

【浅释】

滕文公向孟子请教如何治理国家，孟子答道："农事不可以延缓。《诗经·豳风·七月》篇中说：'白天割取茅草，晚上绞成绳索，急忙爬上屋顶进行修葺，马上就要开始播种谷物。'百姓的处世之道，有恒定的财产，就有恒定的心志；没有恒定的财产，就没有恒定的心志。倘若没有恒定的心志，种种放逸、邪行，就会无所不为。等到他们身陷于罪恶，然后根据罪行对他们进行刑罚，如此的行为，就等于是设计了罗网去陷害百姓啊。又怎么会有有仁德的人位于君王之位，而做出设计罗网陷害百姓的事来呢？"

"亲亲而仁民，仁民而爱物"，上章论"亲亲"，且所论者乃为"亲亲"之大事——"送死"之事。本章则论"仁民"，分为两个部分，一为孟子答文公"为国"之问，一为孟子答毕战"井地"之问。"井地"之说本为"为国"之一端，故而，文公、毕战之问虽有先后，却亦合为一章。据此，亦可见《孟子》文章结构之谨严。

文公遵孟子之教而行诸侯之丧礼，取得了极大成功，于孟子更为尊崇，于是，礼聘孟子至滕。孟子有感于文公之诚，不以滕国为小而至滕。故而，文公得以亲问孟子。此意，辅潜庵（广）已得之：“前则云‘使然友问’，后则云‘使毕战问’，此但言‘滕文公问’，则知是文公亲问孟子也。盖文公既即位，固不可越国往见孟子，则必是以礼聘孟子至滕，而文公问之也。”（转引自赵顺孙《四书纂疏》）

滕文公问“为国”，孟子之答分为三个部分：其一，“民事不可缓也”；其二，“取于民有制”；其三，设学以明人伦。三者，实即王道，实即仁政，分别对应遂生、富民、教民。此前，孟子便曾反复为梁惠王、齐宣王做过宣讲。而本章所述“民事不可缓也”部分，与《梁惠王章句上》第七章颇多重合之处。

“民事”，即农事。百姓以务农为生，农事必须遵循时节，一旦被耽搁，即便是加倍努力，也将无济于事。如此一来，百姓便将丧失基本的生存保障。正因为此，古时贤君为政，绝不耽误农事。即使不得已需要动用民力，也必定会避开农事之时，所谓“使民以时”，正是此意。所引诗句，亦是此意：修葺房屋须夜以继日，抓紧时间，切不可因此而耽搁农事。房屋乃是安身之所，修葺安身之所，也绝不可以耽搁农事，可见农事之要。盖农事实为百姓生存之本。而“民之为道也，有恒产者有恒心”诸语，虽似指示仁君（仁人在位，即为仁君）不为“罔民”之事，其实也是为了指示“民事不可缓也”。于百姓而言，“有恒产者有恒心，无恒产者无恒心”，若是能够保障百姓“有恒产”，他们又如何会“放辟邪侈，无不为已”？又如何会“陷乎罪”？而要保障百姓“有恒产”，要在不违农时，“民事不可缓也”。为人君者，实能知“民事不可缓也”，则必教民耕稼以时，并且会按时督促百姓，以免他们延误农事。如此一来，百姓便有了生存保障，“养生丧死无憾”。“养生丧死无憾，王道之始也”（《梁惠王章句上》第三章）。故而，辅潜庵有云：“人君者，若能真知民事之不可缓，则于为国也思过半矣。”（转引自赵顺孙《四书纂疏》）张南轩（栻）则赞曰：“滕文公问为国，孟子首告之以‘民事不可缓也’，斯一言，真有国之宝，几于一言而可以兴邦者也。”（《孟子说》）

“是故贤君必恭俭①，礼下，取于民有制。阳虎②曰：‘为富不仁矣，为仁

不富矣。’夏后氏五十而贡[③]，殷人七十而助[④]，周人百亩而彻[⑤]，其实皆什一[⑥]也。彻者，彻也；助者，藉也。龙子[⑦]曰：‘治地莫善于助，莫不善于贡。’贡者，挍数岁之中以为常。乐岁，粒米狼戾[⑧]，多取之而不为虐，则寡取之；凶年，粪[⑨]其田而不足，则必取盈[⑩]焉。为民父母，使民盻盻然[⑪]，将终岁勤动，不得以养其父母，又称贷[⑫]而益之，使老稚转乎沟壑，恶在其为民父母也？夫世禄，滕固行之矣。《诗》[⑬]云：‘雨我公田，遂及我私。’惟助为有公田。由此观之，虽周亦助也。”

【今注】

①恭俭，朱子注曰：“恭则能以礼接下，俭则能取民以制。”（《孟子集注》）②阳虎，即阳货，鲁国季氏家臣，曾一度掌握季氏家政，后来叛乱，失败后逃亡晋国。③五十而贡，一夫受田五十亩，取其中五亩的收成作为贡赋。④助，藉也，藉者，借也。助法，即井田之法，借用百姓的劳力耕种公田，公田的收成上交国库，而不再征收田赋。七十而助，即将一大块地以“井”字形分为九块，每块七十亩，中间为公地，四周八块为八家的私地，“公事毕，然后敢治私事”。⑤彻，均也。百亩而彻，一夫受田百亩，国（城）中采取贡法，十一分取一；野（乡）外则采取助法（即井田法），九分取一。平均计算，大约十分取一。国野之所以有所不同，是因为国中之人往往需要参与劳役。郑玄指出：“周税轻近而重远，近者多役也。”⑥什一，即十分取一。⑦龙子，古时贤者。⑧狼戾，即狼藉，满地皆是，非常杂乱。⑨粪，施肥。⑩盈，满。⑪盻（xì）盻然，勤苦不休之状。⑫称贷，即举债。⑬《诗》，《小雅·大田》篇。

【浅释】

“故而，贤明的君主必定恭敬、节俭，礼贤下士，向百姓征收税赋有着一定的制度。阳虎曾说：‘致力于富贵就不能有仁爱，致力于仁爱就不会获得富贵。’夏代以五十亩为单位采取贡纳制，商代以七十亩为单位采取助公田制，周代以百亩为单位采取平均收取制。其实全都是十分取一。所谓彻，即是平均收取；

所谓助，即是借助民力耕种公田。龙子曾说：‘治理土地最好莫过于助法，最差莫过于贡法。’贡法是核定数年之中的平均数作为恒常征收的标准。如此一来，收成好的年份，到处都是米粒，多征收一些也不能算是暴虐，可是征收却很少；而歉收的年份，收成还不够来年用以施肥，却一定要征收满固定的数量。身为百姓的父母，让百姓勤苦不休，一年到头辛勤劳苦，也不能够赡养父母，还要靠举债来凑满税收，使得年老、幼小的人抛尸于山沟荒野之中，又如何能够算得上是百姓的父母呢？世代继承俸禄，滕国原本已经实行了。《诗经·小雅·大田》篇中说：‘雨先下到公田里，然后下到我的私田里。’只有采取助法才会有公田，由此看来，即使是周代，所采取的也是助法。”

人君真知“民事不可缓也”，则必将尽心使其民得以遂生，此王道之始、仁政之基。人君于遂生之后，更有富民、教民之责。“是故贤君必恭俭，礼下，取于民有制”。据朱子之注：“恭则能以礼接下，俭则能取民以制。”则“恭俭”乃为“礼下”与“取于民有制”之本。而下文所述三代之制，无非是为了指示富民、教民之方。“礼下”对应教民，“取于民有制”对应富民，诚如赵顺孙所说：“人君才恭敬，则自然能以礼接下；才节俭，则自然能取民以制。礼下，所以开世禄及学校之事也；取民以制，所以开制民常产及贡、助、彻之法也。”（《四书纂疏》）

遂生而后富民，富民而后教民，遵此次序，孟子先为文公讲述富民之方——三代之制。一言以蔽之，则三代之制，“其实皆什一也”。

有人说：“助法明明是九取一，怎么能说‘皆什一’呢？”助法即井田法。乍视之，井田法为九取一，其实不然。朱子释曰：“‘其实皆什一’者，贡法固以十分之一为常数，惟助法乃是九一，而商制不可考。周制则公田百亩，中以二十亩为庐舍，一夫所耕公田实计十亩。通私田百亩，为十一分而取其一，盖又轻于十一矣。窃料商制亦当似此，而以十四亩为庐舍，一夫实耕公田七亩，是亦不过什一也。”（《孟子集注》）据朱子之释，则井田法实为十一取一，较之“什一”为略轻。取其概数，故曰“其实皆什一也”。

又有人说：“据龙子之言，‘治地莫善于助，莫不善于贡’，则‘夏后氏五十而贡’不足以取法了。”龙子所言之贡法，乃为孟子所述之不论乐岁、凶年，都征收固定的数量。“夏后氏五十而贡”的贡法则并非如此，而是每年征收五亩地的实际收成，乐岁征收或多，凶年征收则极少，总之，每年仅征收该年收成的十分之一而已。“夏后氏五十而贡”的贡法，实近于助法，亦即一夫耕种私田四十五亩，而助耕公田五亩，只不过局限于田地的形态，没有采取井田法罢了。事实上，“周人百亩而彻”，国中所采取的贡法，也正是如此。所以，孟子引《小雅·大田》诗句，指明周人的彻法也有“公田”，所采取的也是助法。

据三代之制，贤君“取于民有制”，应当采取“什一”之制。果真采取“什一”之制，则百姓“仰足以事父母，俯足以畜妻子，乐岁终身饱，凶年免于死亡”，在此基础上，再去设办学校教育百姓“明人伦”，也就水到渠成了，“然后驱而之善，故民之从之也轻”（《梁惠王章句上》第七章）。故而，其后孟子为文公讲述三代之教。

“设为庠、序、学校以教之。庠者，养也；校者，教也；序者，射也。夏曰校，殷曰序，周曰庠，学则三代共之，皆所以明人伦[①]也。人伦明于上，小民亲于下，有王者起，必来取法，是为王者师也。《诗》[②]云：‘周虽旧邦，其命惟新。’文王之谓也。子力行之，亦以新子之国。”

【今注】

①人伦，伦，序也。人伦即人之为人的伦理，具体体现在五种社会关系之中，所谓父子有亲、君臣有义、夫妇有别、长幼有序、朋友有信是也。②《诗》，《大雅·文王》篇。

【浅释】

“设办庠、序、学校来教化百姓。所谓庠，即是教养的意思；所谓校，就是教导的意思；所谓序，就是次序的意思（射重次序）。夏代称作校，商代称作序，周代称作庠，至于所学的内容，三代则是相同的，全都是教导百姓明白人之为人的伦理。在上位的人讲明了人之为人的伦理，百姓们就会在下面亲近拥护。若是有志于成就天下归心的王者兴起，就必定会有贤人前来效法，这样也就成了王者之师。《诗经·大雅·文王》篇中说：‘周朝虽然是旧殷商王朝的一个诸侯国，然而，它的一切指令都是为了革新百姓。’这说的是文王啊。你尽力施行，也可以让滕国的百姓为之一新。”

关于“庠、序、学校”，众说纷纭，莫衷一是。如朱子便将“庠、序、校”视为乡学，而将“学”视为国学：“庠以养老为义，校以教民为义，序以习射为义，皆乡学也；学，国学也。”(《孟子集注》)笔者以为不妥。盖既曰“夏曰校，殷曰序，周曰庠”，则知校、序、庠三者皆为学校之名，只不过夏、商、周三代的称谓不同。“学则三代共之”，是说三代的称谓虽然不同，可是所学的内容却是共同的，亦即其后所说的“皆所以明人伦”。此意，张南轩（栻）实已得之：

> 三代之学，曰校、曰庠、曰序，名虽不同，而所以为学则一。庠言其养，养其材也；校言其教，教以道也；序言其射，射考德也。其所以学者，何也？明人伦也。(《孟子说》)

“明人伦”乃为儒家之共教，不但夏、商、周三代，即便是尧、舜之教天下，亦是教以人伦：

> 古圣贤之学，明伦而已。尧、舜之相授受，曰“人心惟危，道心惟微，惟精惟一，允执厥中”，斯明伦之学矣。道心也者，率性之谓也，人心则伪矣。不杂于人伪，率是道心而发之于用也，以言其情，则为喜、怒、哀、乐；以言其事，则为中节之和，为三千、三百经曲之礼；以言其伦，则为父子之亲、君臣之义、夫妇之别、长幼之序、朋友之信，而三才之道尽此矣。舜使契为司徒以教天下者，教之以此也。(王守仁《万松书院记》)

然则，究竟何谓人伦？人伦，简言之，即人之为人的伦理。伦，序也，即人在社会关系中的位置。人的社会关系是相对的，并且有横有纵，主要分为父子、君臣、夫妇、兄弟、朋友五种，正所谓“人之大伦”。吾人活在世间，离不开这五种关系。而每一种关系又有其相处之道，所谓“父子有亲、君臣有义、夫妇有别、兄弟有序、朋友有信”。需要注意的是，这五种相处之道，不是经由五种关系设计出来的规则，而是本于生生之性的自然发用。遵循生生之性，父子之间自然有亲、君臣之间自然有义、夫妇之间自然有别、兄弟之间自然有序、朋友之间自然有信。诚如南轩所说：“人之大伦，天之所叙，而人性所有也。”遗憾的是，虽然人人生而具足生生之性，可是，生来便明晓自身具足生生之性，并能遵循生生之性而为的人（即生而知之者）着实罕见，大多数人则需要经由教化方能明晓，故而，圣人设学，教以人伦，意在教导世人“尽其分而无失其性”：

> 人之大伦，天之所叙，而人性所有也。人惟不能明其理，故不尽其分，以至于伤恩害义，而沦胥其常性。圣人有忧焉，为之学以教之，使之明夫君臣之有义，父子之有亲，夫妇之有别，长幼之有序，求以尽其分而无失其性。(《孟子说》)

“人伦明于上，小民亲于下”，古之为政者，政教不二，在上位者若能讲明人伦，以身作则，百姓自然亦会遵循人伦而行，“亲于下”。“小民亲于下”，则民安，民安则国泰。如此则“有王者起”，“不取法于是而何求乎？盖三代之治，实万世王者之师也”（张栻语）。孟子与文公言，止于“有王者起，必来取法，是为王者师也”，而不曾直言文公可以成就王道，与其同梁惠、齐宣所言者似有不同，此实与时势相关。论其时，则战国时期，弱肉强食，强者恃强凌弱，任意掠夺，与汤、文王之时已大不同；论其势，则滕国“绝长补短”，方才“五十里”，较之当年之汤之七十、文王之百里尚且不足。要在如此之时凭借如此之势成就王道，几乎是不可能的。故而，孟子止言于文公果真施行仁政，“是为王者师也”。至于魏、齐，则其势足以有为，故而，孟子以成就王道相期，可惜梁惠、齐宣终究不能像文公一般尊信孟子，而错失成就王道的机会。最后，孟子引述诗句，用以勉励文公。文王之为文王，在于“其命惟新”。此所谓“新”，要在“新民”。盖君主实能施行王道，则必设学以明人伦，这便是“新民”之义。文王即是如此。今文公若能以文王为师，施行王道，虽不能以五十里而王天下，却可以“新子之国”。

使毕战[①]问井地，孟子曰：“子之君将行仁政，选择而使子，子必勉之！夫仁政，必自经界[②]始，经界不正，井地不钧（均），谷禄不平，是故暴君污吏必慢[③]其经界。经界既正，分田、制禄[④]，可坐而定也。”

【今注】

①毕战，滕臣。②经界，朱子注：“谓治地分田，经画其沟涂封植之界也。”（《孟子集注》）亦即经画田界。③慢，怠慢。④分田，分授农田。制禄，确定俸禄。

【浅释】

滕文公命毕战前来询问井田法，孟子说：“你的君主将要施行仁政，是经过选择而派你来的，你一定要努力啊！施行仁政，一定要从确定田地的分界开始，田地的分界不确定，井田的面积就不均匀，作为俸禄而征收的谷物就不公平，所以，暴君和贪官污吏必定会怠慢田地的分界。田地的分界既已确定，分配田地、制定俸禄，坐在那里就能够确定了。”

文公问为国，孟子讲述了三点：其一，“民事不可缓也”；其二，“取于民有制”；其三，设学以明人伦。分别对应遂生、富民、教民。君主真知“民事不可缓”，则百姓“养生丧死无憾”。然而，只知“民事不可缓”，而不“取于民有制”，或取民无度，如此即便教民耕稼以时，按时督促百姓，以免他们延误农事，也只是驱其民以逐其利而已。故而，贤明之君必定会“取于民有制”。三代之制，皆为什一之制，虽有贡、助、彻之别，其实皆为助法。施行助法，莫善于井田之法。文公听闻孟子之教，慨然有意于仁政，拟于滕国推行井田之法，于是派遣毕战前来，向孟子请教推行井田之法的细节。

毕战前来询问井田之法，孟子在赞叹文公的同时，对毕战进行了勉励："子之君将行仁政，选择而使子，子必勉之！"然则，何以谓"问井地"便为"将行仁政"？盖仁政之本在于公平公正，而分田、制禄的公平公正，莫过于井田之法。井田之法，将一大块地以井字形均分为九块，其中为公田，八家各治一方，既公私分明，又公平公正。井田之法的优点在于公正公平，然而，"经界不正"则"井地不均"。——井田之法为仁政之本，经界又为井田之本。故而，孟子指出"夫仁政，必自经界始"。推行井田之法，如能经界明确，自然公平公正，故曰"经界既正，分田、制禄，可坐而定也"。

至于暴君污吏为何"必慢其经界"，实在于"经界不正"则"井地不均"，"井地不均"则"谷禄不平"。他们便可以就此浑水摸鱼，欺诈百姓。

"夫滕，壤地褊小，将为君子①焉，将为野人②焉。无君子莫治野人，无野人莫养君子。请野③九一而助，国④中什一使自赋。"

【今注】

①君子，此指出仕者。②野人，此指庶民百姓。③野，郊外之地。④国，郊内之地。

【浅释】

"滕国，虽然疆土狭小，也要有执政的君子，也要有耕种的百姓。没有君子就无法治理百姓，没有百姓就无法供养君子。建议在郊外采取九分取一的助公田法，郊内采取十分取一的税赋让百姓自行交纳。"

接着，孟子针对滕国提出了具体的建议。很显然，"野九一而助，国中什一使自赋"，实即周代所实行的彻法。

"无君子莫治野人，无野人莫养君子"，需略辨析之。有人以为儒家为政，有君子、野人（庶民）之别，是视君子为一阶层，野人为又一阶层，儒学是为君子阶层服务的。此实大谬！其实，君子、野人并非两个阶层，只是分工不同。此意，下章所述极为明晰。

“卿以下必有圭田[①]，圭田五十亩。余夫[②]二十五亩，死徙无出乡[③]。乡田同井，出入相友[④]，守望[⑤]相助，疾病相扶持，则百姓亲睦。方里而井，井九百亩，其中为公田。八家皆私百亩，同养公田。公事毕，然后敢治私事，所以别野人[⑥]也。此其大略也，若夫润泽之，则在君与子矣。”

【今注】

①圭，洁。圭田，即收成以供祭祀的田地。②余夫，程子曰：“一夫上父母、下妻子，以五口、八口为率，受田百亩。如有弟，是余夫也，年十六，别受田二十五亩，俟其壮而有室，然后更受百亩之田。”（朱熹《孟子集注》）③乡，一井地共有八户农家，这八户农家即为同乡。④友，友爱。⑤守望，看望，指防备盗寇、灾祸。⑥别野人，即区别君子、野人，亦即区别公私之田。公田的收成供养君子，私田的收成为野人所自得。

【浅释】

孟子接着说：“国卿以下的官吏必定要有用于祭祀的圭田，圭田为五十亩。每户多余的人口，每人再给二十五亩田地，无论是送葬、迁居全都不离开本乡。每个乡同耕一块井田，平时出入相互友爱，防御盗贼相互帮助，有人生病相互照顾，如此一来，百姓相处就会友爱和睦。每一个方形的乡里为一块井田，每块井田为九百亩，中间的百亩是公田。八户农家各有私田百亩，共同耕种公田。公田耕种之后，才敢耕种私田，这是为了区别从政的君子和耕种的百姓。这就是井田法的大概，至于怎样去润色完善，就看滕君和你了。”

此中除却圭田之说，所述皆为井田之法，已然极其清晰，足以施行。据下章许行、陈相兄弟闻文公行仁政而至滕，则滕国于井田之法当有所落实。文公亦可谓贤君矣。惜乎滕国限于时势，终不免为大国所灭。若时势不同，以文公之贤，或可成就王道。无怪乎蔡介夫（清）于统述前二章之大义（性善、丧祭）之后，慨然而叹：

> 大抵人以一身之微，立乎天地之间，其所以能为圣、能为贤，而极其功用，至于可以参天地而赞化育者，无他，只是凭一个性而已矣。性无有不善者也，无古今、圣凡之别者也。孟子当时，所以皇皇然、呶呶然力排杨、墨、申、商等之邪说，以拯一世之颓波，以闲先圣之大道，异上以致君于尧、舜，下以正学者之道术，而救民于涂炭者，莫切于性善之说也，而亦莫有外于性善之说者也。虽不得行其说于当时，然今其道之备载于七篇，以垂教于万世者也，不外乎性善之理而已矣。盖天下无性外之理，圣贤亦无性外之事功。其平生所见诸侯，想其所遇合，莫有如滕文公者，其相与言者，不能悉记，但曰"道性善，言必称尧、舜"而已。虽丧礼废坏之后，而独能听信孟子之言，违其父兄百官而自尽其三年之丧。虽以蕞尔小国，惴惴焉自保朝夕之不暇，而能用孟子之言，力行举世所迂阔之仁政，许行、陈良之徒，闻风而至，此是何等气质！何等学力！而乃卒困于势，卒灭于大国，哀哉！哀哉！使以文公之贤，而为齐、梁之君，得行孟子之言，则三王可四必矣！天人之际，每不相为谋，圣贤亦且奈何哉！（《四书蒙引》）

介夫深为文公哀，而笔者则深为梁惠、齐宣叹，明明王道"反手"可为，终却因蔽于私欲而未之能行。每每想起，不由得令人扼腕叹息！

第四章

有为神农之言者许行①，自楚之滕，踵门②而告文公曰："远方之人，闻君行仁政，愿受一廛③而为氓④。"文公与之处，其徒数十人，皆衣褐，捆屦⑤、织席以为食。陈良之徒陈相，与其弟辛，负耒耜⑥而自宋之滕，曰："闻君行圣人之政，是亦圣人也，愿为圣人氓。"陈相见许行而大悦，尽弃其学而学焉。

【今注】

①神农，即炎帝神农氏，三皇之一。据《周易·系辞下》，则农业、商业

皆由其始："包牺氏没，神农氏作，斫木为耜，揉木为耒，耒耨之利，以教天下，盖取诸《益》；日中为市，致天下之民，聚天下之货，交易而退，各得其所，盖取诸《噬嗑》。"又传说其为了辨别药性曾尝百草，为医家奉为祖师。为神农之言者，所言非必为神农之言，只是假托于神农而已，亦即所谓农家者流。程子曰："许行所谓'神农之言'，乃后世称述上古之事，失其义理者耳，犹阴阳、医、方称黄帝之说也。"(朱熹《孟子集注》)许行，农家代表人物。②踵，脚跟。踵门，即登门。③廛，居所。④氓，指自他国逃亡而来的百姓。⑤捆屦（jù），捆扎草鞋。⑥耒耜（lěi sì），一种农具。

【浅释】

有一个主张神农学说的人，名叫许行，从楚国来到滕国，登门求见滕文公说："我是一个从远方来的人，听说君王您推行仁政，希望能够得到一个住所而成为滕国的百姓。"文公给了他一个住所，此人有徒众十数人，全都穿着粗布衣，以捆扎草鞋、编织席子谋生。陈良的徒弟陈相，和他的弟弟陈辛，背着耒耜从宋国来到滕国，对滕文公说："听说君王您推行圣人之政，那您也就是圣人了，我们愿意成为圣人的百姓。"陈相见到许行之后非常高兴，完全放弃过去的所学而向许行学习。

文公遵孟子之教，先是行三年之丧，复又推行井田之法，许行、陈相兄弟闻讯而来，愿为之氓。真可谓效若桴鼓。陈相兄弟，本为陈良之徒。陈良，楚国人，"悦周公、仲尼之道，北学于中国。北方之学者，未能或之先也"，可谓是豪杰之士。而陈相兄弟师事陈良数十年，到了滕国，见到许行之后，却"尽弃其学而学焉"。可见，这个"为神农之言者许行"颇能惑人。张南轩（栻）曾略述其中缘由：

> 陈相师周公、仲尼之道，一旦尽弃其学以从之，其所以能动人者，果何故哉？盖其人亦清苦高介之士，远慕古初而烛理不明，见世有神农之说，不知其为后世传习之谬，则从而祖述之，以谓农者，天下之本，善为治者，必使斯民尽力于农，而人君必力耕以先之，不当使民劳而已

逸，以为是乃以道治天下，而非后世所及。此其说若高，而有以惑于人者也。(《孟子说》)

陈相见孟子，道许行之言，曰：“滕君则诚贤君也。虽然，未闻道也。贤者与民并耕而食，饔飧[①]而治。今也滕有仓廪府库，则是厉[②]民而以自养也，恶得贤?”

【今注】

①饔飧（yōng sūn)，熟食。此处指自己煮饭。②厉，危害。此处指剥削。

【浅释】

陈相来见孟子，转述许行的话，说：“滕君确实是一位贤明的君主。但是未曾听闻过治国的大道。贤明的君主应当与百姓一起耕种以供食用，一面自己煮饭，一面处理政事。如今滕国有储放粮食的仓廪和存放财物的府库，这就是在剥削百姓以供养自身，又如何能够称得上是贤明呢?”

很显然，陈相所转述者，便是许行的治国之道。许行者，农家者流，以农耕为本，故而，认为贤君当“与民并耕而食，饔飧而治”。乍视之，此说意在君民平等，颇为崇高。无怪乎陈相一见之，“尽弃其学而学焉”。细析之，则可谓大谬！盖其泯灭分工之义。实不知若无分工合作，世间几无可成之事矣。即便是许行所托古的神农之世，实亦已有所分工，否则，何来“日中为市，致天下之民，聚天下之货，交易而退，各得其所”之说？至于许行称“滕有仓廪府库”便为“厉民而以自养”，更是偏激极端之言，不识治国之义，故而，为唐蔚芝（文治）先生斥为“瞽说”：

“并耕而食，饔飧而治”，此即平等之说也，于古盖有之矣。然可行于榛狉之时，必不可行于文明之世也。“有仓廪府库，厉民而以自养”，畸人愤激之辞，亦或有之矣。而不知文公将兴井田，建学校，则是仓廪

府库皆以为民也，皆将以养民而教民也，非以自养也。许行盖惑于平等之论，故不达上下之分而为此瞽说也。(《孟子大义》)

孟子曰："许子必种粟而后食乎？"曰："然。""许子必织布而后衣乎？"曰："否。许子衣褐。""许子冠乎？"曰："冠。"曰："奚[①]冠？"曰："冠素。"曰："自织之与？"曰："否。以粟易之。"曰："许子奚为不自织？"曰："害[②]于耕。"曰："许子以釜甑爨[③]，以铁耕乎？"曰："然。""自为之与？"曰："否。以粟易之。""以粟易械器者，不为厉陶冶[④]。陶冶亦以其械器易粟者，岂为厉农夫哉？且许子何不为陶冶，舍[⑤]皆取诸其宫中而用之？何为纷纷然与百工交易？何许子之不惮[⑥]烦？"曰："百工之事，固不可耕且为也。""然则，治天下独可耕且为与？"

【今注】

①奚，何。②害，妨害。③釜（fǔ），煮食的铁锅。甑（zèng），蒸饭的瓦器。爨（cuàn），灶。此处指炊爨，即生火煮饭。④陶冶，制陶与冶炼。此处指陶匠与铁匠。⑤舍，什么。指许行自行生产的用具。⑥惮，怕。

【浅释】

孟子问："许行一定要自己种粟米才食用吗？"陈相答道："是的。"孟子又问："许行一定要自己织布才穿衣服吗？"陈相答道："不是的。许子穿粗布衣。"孟子又问："许行戴帽子吗？"陈相答道："戴帽子。"孟子接着问："戴什么样的帽子？"陈相答道："戴白色的帽子。"孟子问道："是他自己织的吗？"陈相答道："不是。他是用粟米换来的。"孟子问道："许行为什么不自己织呢？"陈相答道："自己织会妨碍耕种。"孟子又问道："许行是以铁锅煮食、瓦罐蒸饭，用铁器耕田吗？"陈相答道："是的。"孟子接着问："他是自己制作的吗？"陈相答道："不是。他是用粟米换来的。"孟子说："农夫用粟米换取器械用具，不是剥削陶匠和铁匠。陶匠和铁匠用器械用具换取粟米，难道就是剥削农夫了吗？况且许行为什么不从事制陶和冶铁，把做出来的用具全都储存在家里以便随时使用呢？又何必要一件一件的与各种工匠进行交换呢？许行为什么不害怕麻烦呢？”陈相说：“各种工匠的工作，本就不可以一面耕种一面从事的。”孟子反问道：“那么，治理天下就可以一面耕种一面从事了吗？”

陈相转述许行之说，孟子“知言”，自然一听便知其不明分工之义，故而，连续设问以明分工之不可或缺。盖吾人类自有群居生活之始，便已有分工协作，又何况是耕稼之世。孟子之问皆由日常入手，令陈相于不觉中自行得出分工为之不可或缺的结论：“百工之事，固不可耕且为也。”百工之事既已如此，则治天下之事，固亦“不可耕且为”也。至此，许行之言不待攻而已自破矣。此意，张南轩（栻）述之甚详：

> 许行之论，以谓“贤者当与民并耕而食，饔飧而治”，以“有仓廪府库”为“厉民以自养”，孟子因陈相之论而明辨之，非特以祛陈相之惑，抑庶几文公闻之而有以悟其失耳。则问之以“必种粟而后食乎”，则应之曰“然”；问之以“必织布而后衣乎”，犹有以遁也，曰“许子衣褐”；问之以“冠乎”，曰“冠”；问之以“奚冠”，曰“冠素”；曰“自织之与”，又问之曰“许子奚为不自织”，而其说固穷矣。盖许子岂但食粟而已乎？其不可无衣冠明矣。许子之衣冠独不资诸人乎？则又就其食粟而问之，许子之粟，亦必种而后可成，炊而后可食也，则其种与炊之具，又岂得不资诸人乎？以粟易械器，不为厉陶冶，而以械器易粟者，岂得为厉农夫乎？盖百工各以其事而通有无者，天下之常也。许子若但欲专以种粟为事，则何不陶冶以自治其具？使凡所以为粟者，皆取足于己之家而用之？而至于纷纷交易，又何其烦与？至此，理之不可行者不复更可迁就，故陈相但曰“百工之事，固不可耕且为也”，而其情无所遁矣。于是，明义以喻之曰：“治天下独可耕且为与？”夫以百工之事，犹不可耕且为，则治天下之不可以耕且为亦明矣。至此，而许行之说将安所措乎？（《孟子说》）

“有大人之事，有小人之事。且一人之身，而百工之所为备[①]，如必自为而后用之，是率天下而路[②]也。故曰：或劳心，或劳力；劳心者治人，劳力者治于人；治于人者食[③]人，治人者食于人。天下之通义也。”

【今注】

①备，具备。百工之所为备，即备百工之所为。②路，奔走于道路。指没有休息之时。③食，供养。

【浅释】

孟子接着说：

“有大人的事务，有小人的事务。况且凭借一人之身，而具备各种工匠之所能，如果必定要自己制作然后使用，那就是带领天下之人整天疲于奔命。所以说：有心力劳动，有体力劳动；心力劳动的人管理他人，体力劳动的人受到他人管理。被管理的人供养他人，管理他人的人则依靠他人的供养。这是天下通行的道理。”

若不分工，则一人之身，必须兼备百工之所能，各种械器必待自为而后用之，如此除却疲于奔命，又能如何？诚如蔚芝先生所云，如此者，惟“可行于榛狉之时”，而“必不可行于文明之世”。“榛狉”，原始野蛮。人类之有分工，实即人类文明之基础。而有分工，则必有统筹治理者。若无统筹治理者，则或陷于供需之不平衡，或陷于交易之不对等，或将因互通之不畅而致诸事举步维艰。总之，分工离不得治理。故而，孟子指出“有大人之事，有小人之事”，所谓“大人”，即治理者；所谓“小人”，即被治理者，亦即上章所谓君子与野人。若是只有小人而无大人，则分工的意义必将丧失，文明之光亦将随之而灭。

百工之所从事者，各不相同，是为分工；大人与小人，则又为一层分工。此一层分工，概言之，即为“劳心”与“劳力”之别。所谓“大人之事”，即“劳心”；所谓“小人之事”，即“劳力”。故曰：“或劳心，或劳力；劳心者治人，劳力者治于人；治于人者食人，治人者食于人。”

> 大人者，治其大人之事于上；而小民者，则共其小民之事于下；在上者劳心以治人，而在下者听治于人；听治于人者，出力以食其上，而治人者则享其食焉。此理，天实为之，万世所共由者，故曰“天下之通义也”。(《孟子说》)

明乎此，则知君子与野人（大人与小人）无非分工不同，而必不会草率地将二者视为两个不同阶级。究其实，人类之分工实亦为政治产生之根由。至于劳心、劳力，则既有官、职之别，又有君、民之分。诚如吾友邓秉元兄所云：

> 惟既承认分工之不可无，则其分工者必有以统合之，此统之者即君也。君者，群也。故政治之产生与分工同时，政治领域之分工，即所谓设官分职。既有官、职之别，则君臣上下形矣。其为官者服官政，为职者掌其事，大者为官，小者为职，此政治领域内部所谓劳心、劳力之别。若以社会之统体视之，则君民之间亦有治人、治于人之不同，所谓“有大人之事，有小人之事”。此文明社会之自然状态，无所逃于天地之间，故云“天下之通义也”。下文孟子因历举诸人所熟知之事，以明天下非可并耕而治，必有待于政治之分工，即所谓君子、小人之别。(《孟子章句讲疏》)

“当尧之时，天下犹未平[①]，洪水横流，泛滥于天下，草木畅茂，禽兽繁殖，五谷不登[②]，禽兽偪[③]人，兽蹄鸟迹之道交于中国[④]。尧独忧之，举舜而敷治[⑤]焉。舜使益[⑥]掌火，益烈山泽而焚之，禽兽逃匿。禹疏九河[⑦]，瀹济、漯[⑧]而注诸海，决汝、汉，排淮、泗[⑨]而注之江，然后中国可得而食也。当是时也，禹八年于外，三过其门而不入，虽欲耕，得乎？

“后稷[⑩]教民稼穑[⑪]，树艺[⑫]五谷，五谷熟而民人育。人之有道也，饱食、暖衣，逸居而无教，则近于禽兽。圣人有（又）忧之，使契为司徒[⑬]，教以人伦：父子有亲，君臣有义，夫妇有别，长幼有叙（序），朋友有信。放勋[⑭]

曰：‘劳之来之，匡之直之，辅之翼之，使自得之，又从而振德之。’[15]圣人之忧民如此，而暇耕乎？

“尧以不得舜为己忧，舜以不得禹、皋陶[16]为己忧。夫以百亩之不易[17]为己忧者，农夫也。分人以财谓之惠，教人以善谓之忠，为天下得人者谓之仁，是故以天下与人易，为天下得人难。孔子曰：‘大哉！尧之为君！惟天为大，惟尧则[18]之，荡荡乎[19]民无能名焉！君哉舜也！巍巍乎[20]有天下而不与焉！’尧、舜之治天下，岂无所用其心哉？亦不用于耕耳。”

【今注】

①平，安定。②五谷，一般指稻、菽（豆）、麦、黍、稷。此处泛指各类谷物。登，熟。③偪，同逼。④中国，中原。⑤敷，施。敷治，即施治，治理。⑥益，舜臣，曾协助大禹治水，大禹欲传位于益，未果。（事见《万章章句上》第九章）⑦九河，《尚书·禹贡》：“九河既道。”《毛诗·般正义》引郑玄云：“河水自上，至此流盛，而地平无岸，故能分为九以衰其势，壅塞故通利之也。九河之名：徒骇、太史、马颊、覆釜、胡苏、简、絜、钩盘、鬲津。”（杨伯峻《孟子译注》）⑧瀹（yuè），疏浚。济，水名，源自河南济源之西的王屋山，其故道南下过黄河入海。今则下游为黄河所占，故而，黄河以南不复有济水之名。漯（tà），水名。古时黄河下游的主要支流之一，自今河南鹤壁浚县西南分流，东北经濮阳过山东入海。今已湮没。⑨决，排，去除壅塞。汝、汉、泗、淮，皆水名。⑩后稷，官名，此处指弃，亦即周人祖先，擅长耕作，尧时掌管农业。⑪稼，耕种。穑，收割。⑫树艺，培植。⑬契（xiè），舜臣，殷人祖先。司徒，官名，执掌教育。⑭放勋，尧帝之名。⑮劳，慰劳。来，同徕，亦为慰劳之意。匡，直，皆为匡正之意。辅，翼，皆为辅助之意。振德，即《周易·蛊·大象传》所云之“振民育德”。⑯皋陶（yáo），尧臣，掌管刑狱。⑰易，治，即整治田亩，芟除草秽。⑱则，效法。⑲荡荡乎，广大貌。⑳巍巍乎，高大貌。

【浅释】

孟子接着说：

“在尧的时候，天下还没有安宁，洪水横行，四处泛滥，草木生长茂盛，禽兽繁殖成群，谷物却没有收成，禽兽逼害人类，野兽的蹄印和飞鸟的足迹遍布中原大地。只有尧为此感到忧虑，推举舜来进行治理。舜让益掌管火政，益以熊熊烈火焚烧山野和沼泽间的草木，禽兽四处逃匿。舜又派禹疏浚九条河流，疏通济水、漯水，注流入海，开掘汝水、汉水，排泄淮水、泗水，注流入江，然后，中原大地的百姓方才得以耕种而食。在那个时候，禹为了治水，在外八年之久，三次经过家门而没有进入，即使想要耕种，又怎么能够呢？

“后稷教导百姓耕种劳作，培植谷物，谷物成熟，百姓得以养育。百姓的生存之道，吃饱了、穿暖了，住得安逸而没有教育，那就会跟禽兽差不多。这时，圣人又开始忧虑，于是让契担任司徒之职，教导百姓履行人伦：父子之间要有亲爱，君臣之间要合道义，夫妇之间要内外有别，长幼之间要有次序，朋友之间要有诚信。放勋曾说：‘慰劳他们，纠正他们，辅助他们，使得他们各得其所，然后再提升他们的品德。’圣人担忧百姓到了如此程度，如何还会有闲暇耕种呢？

“尧以得不到舜这样的人作为自己的忧虑，舜以得不到禹、皋陶这样的人作为自己的忧虑。那些以种不好百亩之地为自己忧虑的人，是农夫。把财物分给别人叫作惠，教导他人行善叫作忠，替天下物色到贤能的人叫作仁。所以，把天下交给别人容易，为天下物色到贤能的人却很难。孔子曾说：‘尧作为天子，真的是很伟大啊！唯有天最伟大，唯独尧能够效法天，尧的功业浩瀚无边，百姓竟然无法用语言来表达对他的赞美！舜是一位真正的君主啊！功业高大而拥有天下，自己却不认为拥有天下！’尧、舜治理天下，难道是无所用心吗？只是不用在耕种上罢了。”

这三段文字承“天下之通义”而来，盖劳心、劳力既已分工，而“劳心者治人，劳力者治于人；治于人者食人，治人者食于人”。惟君子不受无功之禄。然则，劳心者之功又在何处？于是，孟子举尧、舜之事，以明劳心之功。

一言以蔽之，则劳心者之所劳心处，乃为“为天下得人”。而其心心念念所挂虑者，则无非是保民、养民、教民之事。保民、养民、教民三者又自有次第，实与施行王道的三步——遂生、富民、教民相对应。

洪水肆虐，猛兽逼人，百姓无以生存。此时，尧所忧虑的，乃是何以保民。故而，他推举舜进行治理，舜派益掌火，派禹治水，而后猛兽逃匿，洪水注入江海，“中国可得而食也”，百姓得以遂其生。百姓之所以能够得以遂其生，实由于尧的保民之忧。猛兽逃匿，洪水注入江海，耕作之事可以行于中原。于是，尧又使弃“教民稼穑，树艺五谷”，“五谷熟而民人育”，民得其养。然而，百姓的生存之道，在不得其生时谋求其生，不得其养时谋求其养，既得其生，又得其养，若无教化，则必将安于其欲而不知义理。所谓“饱食、暖衣，逸居而无教，则近于禽兽”，正是此意。据儒家的宇宙论，吾人与禽兽的差别其实并不大：形悉皆本于生生之气而生成，性则皆为生生之性。唯一的差别，在于吾人可以通过推求而“知性”“知天”，进而“存其心，养其性”以复其性，禽兽则不能。孟子所云“人之所以异于禽兽者几希，庶民去之，君子存之”（《离娄章句下》第十九章）的“几希”正在于此。故知，人若不能经由推求以复其性，则与禽兽并无二致。孟子所谓“近于禽兽”，实已较为含蓄。而圣人之心，“以天地万物为一体，其视天下之人，无外内远近，凡有血气，皆其昆弟赤子之亲，莫不欲安全而教养之，以遂其万物一体之念”（王守仁《答顾东桥书》），又岂能坐视其民陷于禽兽之途而不顾？故而，又忧之。忧之，如何？教之而已。所教者，非他，人伦而已。亦即所谓“父子有亲，君臣有义，夫妇有别，长幼有序，朋友有信”五者是也。五者，实本于生生之性的自然发用。故知，教以人伦者，实在于开导百姓以复其性而已。诚如张南轩（栻）所曰：

> 圣人赞天地之化育者也，其忍坐视斯民失其常性，以为庶物之归哉？宜以为深忧也。忧之，如何？举契以教之而已。于父子则有亲，于君臣则有义，于夫妇则有别，于长幼则有序，于朋友则有信。此理本具于民之性，非契有以与之，契独开导之，使自得其所有者而已。（《孟子说》）

保民、养民、教民，此正劳心者之所劳心处。引尧（放勋）之言，正可见其用心之所在，“劳之来之”，慰劳之也；“匡之直之”，规正之也；“辅之翼之”，辅助之也。慰劳之、规正之、辅助之，皆为保民、养民的应有之义。“使自得之”，则民已得其安。使民“自得”，正保民、养民之效也。“又从而振德之”，教民也。圣人之用心在此，无有片刻之忘，又如何还会有闲暇去耕作呢？

第三节文字实有总述的意味，将圣人的劳心处界定为“为天下得人”。“尧以不得舜为己忧，舜以不得禹、皋陶为己忧”，盖尧不得舜，舜不得禹、皋陶，则百姓不得其保、不得其养、不得其教。此亦可见圣人之用心在于保民、养民、教民。前文中明明有述禹、益、弃、契诸人之功绩，此处则仅提禹、皋陶二者，盖侧重于治而言。杨龟山（时）有曰：“舜徒得此两人，而天下已治。禹总百揆，而皋陶施刑，内外之治举矣。”（转引自张栻《孟子说》）“夫以百亩之不易为己忧者，农夫也”，此语实有讽于许行。许行之说，欲以君主“与民并耕而食，饔飧而治”，实与农夫的思量并无分别。若那许行果为有智之人，闻孟子此言，必当于“治天下”之义有所体悟。或曰：“孟子举扬圣人，而轻视农夫。”却不知圣人之忧心于保民、养民、教民，实与农夫之忧心于“百亩之不易”无异，只是各司其职而已。此亦分工之义。惟君子劳心，亦有志趣小大之别。“惠”“忠”“仁”三者，正明乎此。“以为分之以财，谓之惠可耳。至于教人以善，则宏矣。以人皆可以为善，以善告之，故谓之忠。至于为天下得人，则足以成天地生物之功，如是而后可以当仁之名也”（张栻《孟子说》）。概言之，“惠”在养民，“忠”在教民，然不得其人，则虽欲养民、教民而不得。故知，“仁”——“为天下得人”又上转为别一境地。或许倒过来看会更加清晰：若无“仁”，则无“忠”无“惠”。“仁”实为治天下之大本。“是故以天下与人易，为天下得人难”，尧、舜从未曾以为自己拥有天下，所谓“有天下而不与焉”，既如此，则“以天下与人”又有何难？可是，倘若未得其人，而轻与之，则或将陷天下之民于不得其保、不得其养、不得其教之境。——“为天下得人”，实为保民、养民、教民之根本。“尧以不得舜为己忧，舜以不得禹、皋陶为己忧”，正因为此。此意，罗罗山（泽南）述之极明：

> “以天下与人易”者，圣人初无利天下之心，苟当可与之时，又得可与之人，自不难举天下授之，无所动其心也。惟为天下得人，极大难事。盖天下之患难，非得人不能拯；天下之困穷，非得人不能苏；天下之性情，非得人不能正。向使尧不得舜，舜不得禹、皋陶，则恩泽难及乎广大，教化莫推于无穷，中天之景运，恐亦难如此之盛矣。唐虞而后，求其能如是者，不可再得。是固尧、舜之幸，亦当时天下之幸也。（《读孟子札记》）

而时至后世，人主以天下为己有，其所欲得人者，乃为保有其天下，而尧、舜之意尽失矣。概言之，则为其“起见”实与尧、舜有别，一者为一己之私，一者为天下：

> “为天下得人”，此足见圣人大公无我之心。世主之欲得人，为一己起见也，欲其相为辅翼，保我之天下勿失也。圣王之欲得人，为天下起见也，欲其广此德教，令万物之得所也。尧一得舜，舜一得禹，其忧世之心方释，举天下而授之，知其能任天下之重故也。与后世之自私自利者，不已判若天壤哉？（《读孟子札记》）

罗山之言可谓确矣！切矣！据此，则“为天下得人”固难，“以天下与人”亦不易也。盖不能“大公无我”者，不能“以天下与人”；而不得其人，又不可轻“以天下与人”。概述之，则非圣人不能“以天下与人”，而不得其人，即便是圣人，亦不可轻“以天下与人”。明乎此，方可谓为真知尧、舜之心也。

其后，复述孔子赞尧、舜之言，以证“以天下与人易，为天下得人难”。孔子赞尧，曰则天，曰“民无能名”。盖尧既得舜，舜使益掌火，使禹治水，反观乎尧，则若无所为矣。“天何言哉？四时行焉，百物生焉。天何言哉？”

（《论语・阳货第十七》）天，无为者也，故曰则天。既无为矣，又何以名之？故曰“民无能名”。孔子赞舜，曰“有天下而不与”。一则“民无能名”，一则“有天下而不与”，如此者，但得其人，以天下与人，岂不易哉？

“尧、舜之治天下，岂无所用其心哉？亦不用于耕耳”，可谓总结陈词。“治天下”自有“治天下”之用心处，而治国者自当效尧、舜之所为，贤者不必“并耕而食，饔飧而治”亦甚明矣。

“吾闻用夏变夷者，未闻变于夷者也。陈良，楚产也，悦周公、仲尼之道，北学于中国。北方之学者，未能或之先也，彼所谓豪杰之士也。子之兄弟事之数十年，师死而遂倍[①]之。昔者，孔子没，三年之外，门人治任[②]将归，入揖于子贡，相向[③]而哭，皆失声，然后归。子贡反，筑室于场，独居三年，然后归。他日，子夏、子张、子游以有若似圣人，欲以所事孔子事之，强[④]曾子。曾子曰：‘不可。江汉以濯之[⑤]，秋阳以暴之[⑥]，皜皜乎[⑦]不可尚已！’今也南蛮鴃舌[⑧]之人，非先王之道，子倍子之师而学之，亦异于曾子矣。吾闻出于幽谷迁于乔木者，未闻下乔木而入于幽谷者。《鲁颂》曰：‘戎狄是膺，荆舒是惩。’[⑨]周公方且膺之，子是之学，亦为不善变矣。”

【今注】

①倍，背。②治任，整理行囊。③相向，相对。④强（qiǎng），勉强。⑤江、汉，水名。濯，清洗。⑥秋阳，周正建子，以农历十一月为春，农历五六月，在周已是秋日。秋阳即夏日盛阳。暴，同曝，晒。⑦皜皜乎，洁白貌。⑧鴃（jué），伯劳鸟，一种凶猛的鸟，叫声刺耳。鴃舌，意谓说话像鸟叫一般难听。⑨《鲁颂》，即《诗经・鲁颂・閟宫》篇。膺（yīng），抗击。荆，九州之一，后为楚国别称。舒，楚国的附庸国。荆舒，指以楚国为首的南方蛮夷。惩，惩治。

【浅释】

孟子又说：

“我听说用中原文明改变蛮夷，没有听说以蛮夷改变中原文明的。陈良，是楚国人，喜欢周公、孔子的学问，北上而求学于中原。北方的学者们，没有人能够超过他，他称得上是一位豪杰之士了。你们兄弟二人向他学习了几十年，他一死，你们就背弃了他的学说。过去，孔子去世之后，门人们为他守孝，三年之后，门人们收拾行李，准备归去，进屋与子贡作揖告别，大家相对而哭，全都痛哭失声，然后才各自归去。子贡又返回坟地，在坟地建筑草庐，独自居住了三年，然后才归去。后来，子夏、子张、子游等人认为有若貌似孔子，便想以事奉孔子的方式事奉有若，勉强曾子同意。曾子说：‘不可以。就像在江、汉之水中洗濯过，在骄阳之下曝晒过，老师的洁白纯粹是没有人比得上的！’如今，许行这个南方的蛮子，说话如恶鸟，非议先王之道，你却背弃你的老师而向他学习，也是与曾子有所不同啊。我听说过鸟儿从深谷之中飞迁到高大的树木之上，而没有听说过从高大的树木飞迁到深谷之中的。《诗经·鲁颂·闷宫》篇中说：‘痛击戎狄，严惩荆舒。’周公尚且要痛击他，而你却认同他的学说，也是不善于转变的人啊。”

劳心、劳力既已辨明，则许行之说之为谬亦已明矣。诚如南轩所说：“以是观之，则夫许行之私意小惠，真井蛙夏虫之见耳。”（《孟子说》）然而，陈相兄弟原本从学于陈良，陈良虽为楚人，却能“悦周公、仲尼之道”，而“北学于中国”，并且学有所成，“北方之学者，未能或之先也”，可谓是豪杰之士。陈相兄弟从学于陈良数十年，自然也应该对周公、孔子之道有所体悟，可是，到了滕国，一见许行，却背弃陈良之教，“尽弃其学而学焉”。如此之人着实可叹！

惟此中涉及“用夏变夷”之义。概言之，夏即文明，夷即野蛮。“用夏变夷”，即以文明教化野蛮，而使之亦转变为文明。至于夷夏之别，则不在地域，而在于文明与否。即如中原之人，若为蛮夷之行，则为夷也。反之，即如蛮夷之人，若知中原之仪，即为夏也。此意，南轩已明之：

盖诸夏者，圣帝明王之道，中正和平，礼义之所宗也；夷狄者，背礼而弃义者也。《春秋》之法，以诸夏而由夷狄之为，则夷狄之；以夷狄

> 而知礼义之慕，则进之。俾万世为治论学者，兢兢焉，率循其则，以自免于夷狄禽兽之归也。（《孟子说》）

据此，则陈良虽为楚人，所学却为周公、孔子之道，可谓为夏也。而陈相兄弟原本从学于陈良，亦可谓为夏也。许行之说则溺于一偏，“非先王之道”，可谓为夷也。陈相兄弟背弃师教而从学于许行，真可谓以夏而“变于夷”。

孟子复述子贡之行、曾子之言，以见陈相兄弟之所为真为悖行，实为“下乔木而入于幽谷者”。孔子逝后，门人遵制，守丧三年，及至三年之后，门人纷纷归去。唯独子贡一人返回，“筑室于场”，又“独居三年”，在这三年期间，子贡所为为何，固非他人所可得知。惟观诸《论语》所载，则子贡在此三年必有所得：

> 叔孙武叔语大夫于朝曰：“子贡贤于仲尼。”子服景伯以告子贡。子贡曰：“譬之宫墙，赐之墙也及肩，窥见室家之好；夫子之墙数仞，不得其门而入，不见宗庙之美，百官之富。得其门者或寡矣。夫子之云，不亦宜乎？”
>
> 叔孙武叔毁仲尼。子贡曰：“无以为也！仲尼不可毁也！他人之贤者，丘陵也，犹可逾也；仲尼，日月也，无得而逾焉。人虽欲自绝，其何伤于日月乎？多见其不知量也。”
>
> 陈子禽谓子贡曰：“子为恭也，仲尼岂贤于子乎？”子贡曰：“君子一言以为知，一言以为不知。言不可不慎也。夫子之不可及也，犹天之不可阶而升也。夫子之得邦家者，所谓立之斯立，道之斯行，绥之斯来，动之斯和。其生也荣，其死也哀。如之何其可及也？”（《论语·子张第十九》）

后世学者往往据子贡早年之事，如其“方人”（《宪问第十四》），如其以孔子为“多学而识之者”（《卫灵公第十五》），而轻慢子贡，却不知子贡于庐墓间，自有其进益。

至于曾子，同门如子夏、子张、子游辈皆“以有若似圣人，欲以所事孔子事之”，且强之，曾子依旧以为“不可”，而其赞孔子之言——“江汉以濯之，秋阳以暴之，皜皜乎不可尚已”亦成千古以来赞誉孔子之名言。后世称孔门弟子中只曾子独得孔子之学，诚不妄也！

观子贡之行、曾子之言，可见学生之于老师的尊崇之情。反观陈相兄弟，“师死而遂倍之”且不说，却又从学于“非先王之道”之“南蛮鴃舌之人”，真可谓不可理喻。所引《鲁颂》之句，亦是此意：对于夷狄，周公尚且要去痛击他们，陈相兄弟不但不去痛击，反而背弃师教而从学之，“亦为不善变矣”。

“从许子之道，则市贾[①]不贰，国中无伪，虽使五尺之童适[②]市，莫之或欺。布帛长短同，则贾相若[③]；麻缕丝絮轻重同，则贾相若；五谷多寡同，则贾相若；屦大小同，则贾相若。”曰：“夫物之不齐，物之情[④]也。或相倍蓰[⑤]，或相什百，或相千万[⑥]。子比[⑦]而同之，是乱天下也！巨屦小屦同贾，人岂为之哉？从许子之道，相率而为伪者也，恶能治国家？”

【今注】

①贾，同价。②适，到……去。③相若，相同。④情，实情。⑤倍，双倍。蓰，五倍。⑥什，十倍。百，百倍。千，千倍。万，万倍。⑦比，并列。

【浅释】

孟子之言，意在激发陈相改弦易辙，返归正道。可惜陈相并未能体味孟子之意，仍旧坚持许行之说，并且强作辩解：

“遵从许子的学说，市场上的物价就会没有差别，都市之中没有欺骗行为，即便是让五尺高的孩童到市场上去，也没有人会欺骗他。布匹丝绸的长短相同，价格就相等；麻线丝絮的分量相同，价格就相等；谷物的多少相同，价格就相等；鞋子的大小相同，价格就相等。”

“贤者与民并耕而食，饔飧而治”，许行之说意在强调君民平等。只是他所追求的平等，实为浅薄的平等，而不知分工合作，各司其职，乃是真正的平等。陈相则坚持许行浅薄的平等之说，称言但能使得许行之说得以施行，“其效可使天下反于淳朴，凡天下之物皆可齐也”（张栻《孟子说》）。其所谓“齐”，则为布帛只计长短之同、麻线丝絮只计轻重之同、五谷只计多寡之同、屦则只计大小之同，价格便相等，而不必去计较品质的优劣。如此一来，物与物的品质差异被抹杀了。只是，天下又如何会有这般道理？

孟子说：“物品的品质不等，是物品本身的情况。有的相差两倍五倍，有的相差十倍百倍，有的相差千倍万倍。你却不计品质，让它们完全相同，这是在扰乱天下啊。大鞋子与小鞋子的价格同等，人们怎么会接受呢？遵从许行的学说，那是率领天下人去进行欺骗啊，又怎么能够治理国家呢？”

“夫物之不齐，物之情也”，这就肯定了物品的品质差异。对于万物，应该实事求是，辨别其品质，肯定其价值，终而做到各得其所。若是不计品质差异，强行“齐”之，则除却“为伪”，别无他法。陈相之说的出发点，本是为了“无伪”而不欺，不意却成了“为伪”而大欺。此又实为其学之偏颇所致。而真要使得人们“无伪”而不欺，则唯有施行仁政，设学以明人伦，此正是陈相原本所学的周公、孔子之道。

然犹有说。“夫物之不齐，物之情也”，然则，夫物，惟有异而无有同乎？自然不是。天地间之万物，莫不本于生生本体（宇宙本体）而生，其性本于生生之理，皆为生生之性，此即万物之所同者。其形则本于生生之气，生生之气运行不息，分阴分阳，阳主阴从而生五行之气，五行之气随机聚合，化生万物。然则，时空不同，则万物所聚合的五行之气自然不同，此即万物之所相异处。所谓异者，实为万物之气质层面事。论其性，则同；论其气，则异。此所谓同而异，异而同也。明乎此，则既明万物之所同，亦知万物之所异。

第五章

墨者[①]夷之，因徐辟[②]而求见孟子，孟子曰：“吾固愿见，今吾尚病，病

愈，我且[3]往见。”夷子不来。他日，又求见孟子，孟子曰：“吾今则可以见矣。不直则道不见（现），我且直之。吾闻夷子墨者，墨之治丧也，以薄[4]为其道也，夷子思以易[5]天下，岂以为非是而不贵也？然而，夷子葬其亲厚，则是以所贱[6]事亲也。”

【今注】

①墨者，墨家学者。②徐辟，孟子弟子。③且，将。④薄，薄葬。⑤易，改变。⑥贱，轻贱。

【浅释】

墨家学者夷之，通过徐辟求见孟子，孟子说：“我本来是愿意见他的，只是我现在还生着病，等病好了，我将去见他。”夷之就没有来。过了几天，夷之又来求见孟子，孟子说：“我今天是可以见他了。不过不说直话，道理就不能够显现出来，我就直说吧。我听说夷之尊崇墨家，墨家治理丧事，以薄葬为原则，夷子想以薄葬来改变天下，岂不是认为不薄葬就不尊贵吗？可是，夷之安葬自己的父母却很丰厚，那就是以他所轻贱的方式事奉父母了。”

孟子所在之世，墨家之学乃为显学，影响极大。所谓“杨朱、墨翟之言盈天下。天下之言，不归杨，则归墨”。既如此，当时学习墨学者必非少数，而夷之或为其中较出色者。墨家之学，异端之学也，孟子斥之不遗余力，直以“禽兽”论之：“杨氏为我，是无君也；墨氏兼爱，是无父也。无父无君，是禽兽也。”（《滕文公章句下》第九章）然而，孟子对待墨家的态度，亦非全然拒绝，而是通过与他们辩论，先说服他们，而后再招揽他们入于儒门。

> 孟子曰：“逃墨必归于杨，逃杨必归于儒。归，斯受之而已矣。今之与杨、墨辩者，如追放豚，既入其苙，又从而招之。”（《尽心章句下》第二十六章）

今夷之既因徐辟来求见，孟子自当与之辩而论之，何以以病辞之？或以为“不屑”教诲之；或以为夷之虽欲见孟子，却“因徐辟而求见”，其意实迟疑；或以为孟子托疾，“疑亦托词以观其意之诚否”。笔者则以为这正是孟子的善教之处。盖孟子之斥墨氏，夷之必然有所耳闻，今既欲求见，当是拟与孟子一辩高下。孟子既知其意，辞之以疾，令其欲辩而不得，就此挫折其锐意。待其锐意稍减，再相机而教，或可触发他逃乎墨而归乎儒。观本章最后，夷之“怃然为间”，而曰“命之矣”，孟子之教亦可谓颇收其效。至于孟子称疾，是否为托词，圣人之意难测，今则不敢妄议。

或曰：“若夷之不复前来求见，又当如何？”此实不足为虑。盖夷之既已欲见孟子，心中必然有所欲言，今日既不得言，则必有待于来日。果然，过了几天，夷之便再次因徐辟来求见。可是，孟子虽然口中称“今则可以见矣”，其实并未让夷之与之相见，只是让徐辟转达其意，这就再次挫折夷之欲辩之锐意，且已化被动为主动。

观孟子之言，可见他对夷之是有所了解的。“不直则道不见”，此语自有深意。盖论学不直，则道理不明；道理不明，则往来反复，纠缠不清。如此论学，越论越乱，倒还不如不论为妥。今人论学，便大多如此。“我且直之”，孟子已然全然掌握主动权。孟子的直言，则是将夷之界定为“以所贱事亲”之人。事亲，乃是人生之大事。“以所贱事亲”，实已近乎“无父”，可谓大不孝。然而，观夷之所为，乃为“葬其亲厚”，实为孝子之举。孟子之所以称之为“以所贱事亲”，实因他是墨家学者。墨家提倡薄葬，以薄葬为贵，以厚葬为贱。夷之作为墨家学者，尊奉墨家学说，自然应该以其所贵——薄葬葬其亲，可是，夷之却采取了厚葬，这不正是“以所贱事亲”吗？

今《墨子》中尚存有《节葬下》一章，批评厚葬久丧，提倡薄葬短丧。观墨子之所论，虽似颇为有力，其实，字字句句无非归于“利害”二字。墨子之学，尚贤、尚同也好，兼爱、非攻也罢，无非是计较“利害”之得失。今《墨子》书存，有心者可自去翻阅，自可知我言不妄。一言以蔽之，墨子之学，利害之学也，功利之学也。功利之学，多为针对一时的时弊所发，如墨子之所以提倡薄葬，实与其所处时代有着莫大关系。当时，贵族之葬极为奢靡，甚或杀人殉葬，着实不当。然而，一味提倡节葬，而不顾礼制，则又失之矫枉过正，走上另一个极端。功利之学，实本于外在的环境而设，或可纠一时之偏，却不能救万世之弊。一旦外在环境发生变化，便将失去意义。概言之，一切功利之学皆为一时之学。究其实，则为无本之学。若是正学，则出于本性，本乎天理，绝不会因为外在状况的变化而失去意义，正所谓“本诸身，征诸庶民，考诸三王而不缪，建诸天地而不悖，质诸鬼神而无疑，百世以俟圣人而不惑”（《中庸》）。或曰：“儒家也需要顺应时代而立说，那儒家之学也不是正学了？”此实为不明之言。儒者论学，固然需要顺应时代，然而，大本却是一贯的、不变的，只不过是以适应当下时代所需的表述方式去表述而已。亦因为此，儒者为学，首要在于“先立乎其大”，大本不立，便欲应世，实与功利之学并无二致。

然则，墨家之学远不止“节葬”一说，孟子却为何就此一事以论夷之？乍视之，自是因为夷之违背墨家“节葬”之说而厚葬其亲。然而，此中亦有深意：夷之，墨者，自知墨家薄葬之教，却为何还要厚葬其亲呢？盖厚葬其亲，实为人情之所固有之义。于此亦可知，夷之的天理良心实未尽丧。辅潜庵（广）已明此意：

> 盖墨子之说本是失于“兼爱”二本耳，若薄葬则特其教中一事。夷子虽受其教，而至于葬亲之时，天理自然发动，有不得如其师之说者，故不用其制，而凡事从厚也。此于人情固宜有之，故孟子因举此一事以诘之，而下文又专举丧葬之说以发其意，此政夷子之天理一点明处也。（转引自赵顺孙《孟子纂疏》）

故知，孟子以葬亲一事论夷之，实已隐然有教之之意。正所谓“因其本心之明，以攻其所学之蔽，是以吾之言易入，而彼之惑易解也”（朱熹《孟子集注》）。

徐子以告夷子，夷子曰：“儒者之道，古之人‘若保赤子’[①]，此言何谓也？之则以为爱无差等，施由亲始。”

徐子以告孟子，孟子曰："夫夷子，信以为人之亲其兄之子为若亲其邻之赤子乎？彼有取尔也：赤子匍匐将入井，非赤子之罪也。且天之生物也，使之一本，而夷子二本故也。"

【今注】

①"若保赤子"，语自《尚书·康诰》："若保赤子，惟民其康乂。"赤子，婴儿。意谓就像保育婴儿一样，使百姓得以康泰。

【浅释】

徐辟将孟子的话转告夷之，夷之说："儒家的学说认为，古时的君王'爱护百姓就像爱护婴儿一般'，这句话是什么意思呢？我则认为爱是没有差别的，只不过施行时从亲人开始。"

徐辟把夷之的话转告孟子，孟子说："那夷之，真的认为人们爱兄长的孩子与爱邻居家的孩子是一样的吗？他所依据的不过是：孩子爬行即将掉到井里，那不是婴儿的罪过。况且上天生育万物，只有一个本源，而夷之却认为有两个本源了。"

孟子因夷之厚葬其亲，评之为"以所贱事亲"，是为大不孝。夷之或知薄葬之非义，故而，避而不论，而是以墨家"兼爱"之说来驳斥儒家"若保赤子"之说，所谓"爱无差等"，即是"兼爱"。其意当为："若保赤子"，尚且视他人与赤子为异，而墨家"兼爱"之说，则爱人之亲与爱己之亲并无分别，只不过囿于现实，需由近而远去施行，故而，"施由亲始"。"施由亲始"，亦为夷之为自己厚葬之举所做的辩解，其之所以厚葬，乃是出于"爱无差等"下的"施由亲始"。

乍视之，较之"若保赤子"，"爱无差等"似乎更为高尚。此正民国诸人举扬墨家贬抑儒学之缘由。却不知，"若保赤子"乃为有本之学，而"爱无差等"实为无本之学，只是一个观念而已。"若保赤子"者，亦即"老吾老以及人之老，幼吾幼以及人之幼"之意，此所谓"人之有爱，本由亲立，推而及物，自有等级"（朱子语），孟子有曰"亲亲而仁民，仁民而爱物"（《尽心章句上》)，亦是此意。仁民、爱物，悉皆本于亲亲，亲亲即为仁民、爱物之本。至于“爱无差等”，则爱人之亲与爱己之亲同，如此则不知其本之所在。虽然“施由亲始”似有先后次第，惟其所施者，仍是“爱无差等”的心。诚如朱子所斥：

> “施由亲始”一句乃是夷子临时撰出来凑孟子意，却不知“爱无差等”一句已自不是了。他所谓“施由亲始”，便是把“爱无差等”之心施之。然把爱人之心推来爱亲，是甚道理？（转引自赵顺孙《孟子纂疏》）

总之，作为一句口号，或是一个观念，“爱无差等”似乎很崇高。然而，崇高归崇高，终究是无本之学。无本之学，如无根之木、无源之水，焉能久之？

然则，墨者何以会有“爱无差等”之说？此实又为其误会本心之发用所致。孟子深知其中缘由，故而，上来便说：“夫夷子，信以为人之亲其兄之子为若亲其邻之赤子乎？”“亲其兄之子为若亲其邻之赤子”，即“爱无差等”。紧接着，孟子指出夷之的依据：“赤子匍匐将入井，非赤子之罪也。”见到孺子将入于井，人人皆会生发怵惕恻隐之心，而不会计较那孩子是兄长家的孩子，还是邻居家的孩子。墨家由此推断，人是“兼爱”的，人的爱是无有等差的。这其中存在着一个立论误区。孟子讲恻隐之心，是就主体——自身而言的，恻隐之心是我之所本有，与外在的人、事、物无关，故而，“无恻隐之心，非人也”，借此体证人性本善。墨者讲“爱无差等”，则是就客体——将入于井的孩子而言的，因为不曾计较那孩子是谁家的孩子，进而得出“爱无差等”的结论。就表象而论，“爱无差等”亦无错误。就本质而言，则可知墨者不明爱从何而来。于此亦可见，墨家之学为立足表象其实无本的学问。故而，孟子指出“天之生物也，使之一本”，言明爱从何而来。此中则又涉及儒家的宇宙论。

宇宙间的万物悉皆本于生生本体（宇宙本体）而生而现，此就万物之本源而言。若无本体，则无万物。就此而言，则万物平等，无有等差。然而，化生之后，介于时空环境的变化，人与物的繁衍便将转而为形生。如程子有云：

万物之始，皆气化；既形，然后以形相禅，有形化；形化长，则气化渐消。(《二程集》)

朱子也称：

人物之始，以气化而生者也。气聚成形，则形交气感，遂以形化，而人物生生，变化无穷。(《太极图说解》)

由气化转为形生，亦是生生之道的必然。既然由气化转而为形生，则形生之本，乃为父母，若无父母，何来吾身？关于形生与化生的关系，吾友邓秉元兄有一个说法，极为准确："一本，本于一。此处指自本于亲而终归宿于本天。"就人类的起源而言，天（生生本体）为本；就吾人之身而言，则父母为本。此意或可图示如下：

天（生生本体）→人类→父母→吾身

明乎此，则不会以天为一本，父母又别为一本。明乎"一本"，明乎吾身之所出，则于爱从何而来，自然便了然于胸。此意，朱子述之最详：

天之生物，有血气者本于父母，无血气者本于根荄，皆出于一，而无二者也。惟其本出于一，故其爱亦主于一焉。盖一体而分，血气连属，眷恋之情自不能已，固非他人之可比也。自是之外，则因其分之亲疏远近，而所以为爱者有差焉，此儒者之道，所以亲亲、仁民，以至于爱物，而无不各得其所也。今夷之乃谓"爱无差等"，则是不知此身之所从出，

> 而视其父母无以异于路人也。虽其施之先后，稍不悖于正理，然于亲而谓之施焉，则亦不知爱之所由立矣，是非二本而何哉？(《孟子或问》)

盖父母之生吾身，本于生生之道；吾人之爱父母，亦本于生生之道，实不容已。亦惟此爱本于生生之道，故能生生不已，扩充开去，“老吾老以及人之老，幼吾幼以及人之幼”，“亲亲而仁民，仁民而爱物”，究其根本，莫不本于爱亲之爱。

当然，仁者体证得生生之道，知乎性，明乎天（生生本体)，明晓宇宙之象实本于生生本体而生而现，乃为一浑然整体，就此视天地万物为一体，无不爱也。人或视此同于夷之“爱无差等”之说。却不知，仁者固然以天地万物为一体，然其所具之仁，实本于生生之道，本于父母，岂容混杂。阳明有一番话，论述“仁者以天地万物为一体”与墨氏“兼爱”之别，极有启发，现抄录于此：

> 问：“程子云‘仁者以天地万物为一体’，何墨氏兼爱反不得谓之仁？”先生曰：“此亦甚难言，须是诸君自体认出来始得。仁是造化生生不息之理，虽弥漫周遍，无处不是，然其流行发生，亦只有个渐，所以生生不息。如冬至一阳生，必自一阳生，而后渐渐至于六阳，若无一阳之生，岂有六阳？阴亦然。惟其渐，所以便有个发端处；惟其有个发端处，所以生；惟其生，所以不息。譬之木，其始抽芽，便是木之生意发端处；抽芽然后发干，发干然后生枝生叶，然后是生生不息。若无芽，何以有干有枝叶？能抽芽，必是下面有个根在。有根方生，无根便死。无根何从抽芽？父子兄弟之爱，便是人心生意发端处，如木之抽芽。自此而仁民而爱物，便是发干、生枝、生叶。墨氏兼爱无差等，将自家父子兄弟与途人一般看，便自没了发端处。不抽芽，便知得他无根，便不是生生不息，安得谓之仁？孝弟（悌)，为仁之本，却是仁理从里面发生出来。”(《传习录》上)

因为“一本”，故而，爱有差等，亲亲而仁民，仁民而爱物。今夷之执“爱无差等”，以爱人之亲与爱己之亲同，如此则为“二本”矣。其实，“爱无差等”又何止“二本”，实为世间有多少父母，便为多少本。故而，朱子有曰：“‘爱无差等’，何止二本？盖千万本也。”

“盖上世尝有不葬其亲者，其亲死，则举而委[①]之于壑。他日过之，狐狸食之，蝇蚋姑嘬[②]之。其颡[③]有泚[④]，睨[⑤]而不视。夫泚也，非为人泚，中心达于面目。盖归反蔂梩[⑥]而掩之。掩之，诚是也，则孝子仁人之掩其亲，亦必有道矣。”

【今注】

①委，弃。②蚋（ruì），蚊子的一种。嘬（chuài），咬，叮。③颡（sǎng），额头。④泚（cǐ），出汗。⑤睨，斜视。⑥蔂梩，蔂，盛土的笼。梩，挖土的锹。

【浅释】

“大概是上古时期曾经有一个不肯埋葬亲人的人，亲人死后，就抬着尸体抛弃在山沟里。过了几天，他经过那里，看到狐狸正在吞食尸体，苍蝇蚊蚋正在叮咬尸体，他的额头上不由得流下汗来，只敢斜视而不敢正视。那额头上的汗水，不是为别人流的，是因为内心的羞愧而表现在脸上的。他迅速回家取来土笼和铁锹将尸体掩埋了。掩埋尸体，当然是对的，那么，孝子仁人掩盖亲人的尸体，也必定是有道理的了。”

夷之原拟以“爱无差等”攻击儒者“若保赤子”之说，用“施由亲始”粉饰自身的厚葬之举。今孟子既明“一本”，则爱有等差，“爱无差等”已然无从立足。就此，则本于“爱无差等”的“施由亲始”也就无从成立。由此可知，夷之之厚葬其亲，实非“爱无差等”下的“施由亲始”。然则，夷之之厚葬其亲究竟是何缘由？答曰：“本于其天理良心。”惟其湎于其学，不曾反观己心，而自以为自己的厚葬之举乃为“爱无差等”下的“施由亲始”。由此，亦可见异端邪说蔽人之深。至此，孟子也不纠缠于厚葬、薄葬，而是直溯丧葬本源，用以激发夷之反观己心，进而明晓自身之所以厚葬其亲，乃是人情之固有之义，乃为其天理良心之不容已。张南轩（栻）言之甚确：

> 于是为之言古人葬其亲之道，盖上世虽未有棺椁之制，而人心之不忍乎其亲者，固已具矣，故见其委沟壑而为虫兽食也，则其痛愧之情，泚然发见于颡，有不可自已者。“睨而弗视”，非弗视也，不忍视也。曰“夫泚，非为人泚，中心达于面目”，言无所为而其泚自见，此发于良心而达于面目，不可以没者也。孟子每于节会之处，必提其纲以告人，类如此。惟其泚之不可以已也，故从而掩之。“其掩之，诚是也”，圣人制为葬埋之法，棺椁之度，亦本诸人心而已。本诸人心而为之节文，孝子仁人之掩其亲，其道盖如此。是盖使知一本之所在也。(《孟子说》)

夷之果能就此反观己心，自知其厚葬其亲，实本于生而具足的天理良心，而非所谓“爱无差等”下的“施由亲始”，亦将明晓孺子之将入于井，人皆有怵惕恻隐之心，此恻隐之心，非由外铄，乃人之所固有者。就此，或可勘破表象而洞悉本源。

徐子以告夷子，夷子怃然为间①，曰：“命之②矣。”

【今注】

①怃然，怅然自失之状。为间，一会儿。②命之，受教。

【今译】

徐辟将孟子的话转告夷之，夷之听了之后，怅然若失，过了一会儿，说：“我受教了。”

夷之之所以“怃然”，当是意识到墨家“兼爱”（爱无差等）之说之为谬；之所以“为间”，当为一时难以释怀。终而曰“命之”，则知其有所体悟。诚如蔡介夫（清）所云：

> “盖上世尝有不葬其亲者”一条，则又因其厚葬之本心而痛言之，以深明夫一本之意。其（指孟子）所以开发之者，可为中其肯綮矣。夷子自有资质，宜其所以悟也。(《四书蒙引》)

《孟子》一书中，夷之仅此一见，不知其最终是否能够决然自拔于异端邪说。

《孟子》行文严密，上下文之关系常常如车贯毂，前后呼应。然则，此章置于此处，当有其由。笔者以为，此章或承上章而来，盖上章以分工之义与“物之不齐，物之情也”斥许行、陈相（农家）之所谓同，许、陈之所谓同，则无视分工之义，无视物之情，而强其为同；本章则以“天之生物也，使之一本”斥墨家之所谓同，墨家之所谓同，则无别乎人之亲与己之亲，而强其为同。二者之同，虽有差别，然为异端邪说则一也。此或此章置于此之由欤？

儒典讲义

《论语·雍也第六》讲义

张旭辉

6.1 子曰："雍也，可使南面。"

仲弓问子桑伯子。子曰："可也，简。"仲弓曰："居敬而行简，以临其民，不亦可乎？居简而行简，无乃大简乎？"子曰："雍之言然。"

有人把这两段分为两章，也有合为一章的。因这两段之间有相当充分的联系，兹取后者，合而讲之。

第一段，孔子说弟子冉雍这个人可以面南背北，实际上是赞扬他有很好的政治才能。冉雍字仲弓，小孔子29岁，是孔门十哲之一。他跟随孔子周游列国，返鲁后的第三年，孔子70岁，冉雍41岁，做了季氏宰，即执政季氏家的总管，能进一步参与国家政事。

孔门下冉雍（字仲弓）、冉耕（字伯牛）、冉求（字子有），属于同宗；另外，冉雍、冉耕和颜回都属于德行科，冉求和子路属于政事科。《荀子·非十二子》批评了子思和孟子，却多次提到一个人，即子弓，认为只有子弓和自己才是真正继承孔子思想的人。子弓是谁，历来有争议，一般认为子弓就是冉仲弓。

很多人以为“雍也，可使南面”，是说冉雍可以像君主那样面南背北，大概是一种误解。其实诸侯和社稷大臣处理政务，都面南背北，这里孔子只是赞扬冉雍有政事之才。冉雍属孔门德行科，德行突出，在此之外还有政事之才，德才兼备，乃有德之才。人若无德，只有才能，不是歪才，便是邪才。才能越高，危害越大，古今中外这样的人比比皆是。

此章第二段冉仲弓和老师讨论了一个人物：子桑伯子。据清朝学者考证，子桑伯子应该就是《楚辞·九章》里和楚狂接舆相提并论的桑扈。接舆见《论语》18.5章，是一位道家人物，此不赘述。屈原在《九章》中“哀吾生之无乐兮”，即便独处山中，也不能变心去从俗，要坚持愁苦而终穷，接着提到了两个人：“接舆髡首兮，桑扈臝行。”接舆剃掉头发，桑扈赤身裸体。当时这都是不合礼法的行为，但后人能从中看出他二人的道。像这样的人，《左传》是不会记载的。

《庄子·大宗师》里讲过一些子桑伯子的事迹，可以从中了解子桑伯子的学问和性情。《大宗师》讲以大自然为大宗师，即老子“天法道，道法自然”之意。子桑户、孟子反、子琴张三人为好友，说：“世上有哪些朋友能以‘无相’交往，能以‘无相’行事呢？”“无相”或为后世佛家讲的“不著相”。人际交往和为人处世没有任何痕迹，甚至起心动念亦不著相。“相忘以生，无所终穷”，忘掉自己尚有生命，没有终点和穷尽。这是老子讲的“吾所以有大患者，为吾有身，及吾无身，吾有何患”，身体形骸皆为累赘，需追求某种无穷。这三位的道便是如此。说完，三人相视一笑，莫逆于心。

很快子桑户去世，还没有下葬时孔子听说了，让子贡去看看是否需要帮忙。子贡过去一看，另外两位孟子反、子琴张正在编曲、鼓琴，又相互唱和，反复感叹子桑户“反其真，而我犹为人”。真，是道家的关键词，以抛弃人身之累，回归大自然为返真。《庄子·天下篇》把人分成几种境界：君子→圣人→至人→神人，其中至人便是“不离于真”，无论是生，还是死，不离本真，归本返真。庄子又讲，古之真人“不知乐生，不知恶死”，生而不乐，死亦不厌恶。见此情景，子贡上前问：“你们在死人前唱歌，这合乎礼仪吗？”二人相视一笑，反讥子贡：“你哪里懂得礼的深意！”《论语》14.43章孔子骂老友原壤“老而不死是为贼”，除了当时看到他行为放肆，原壤曾经敲着亡母的棺木唱歌，也是一个因素。

回去后子贡问老师：“这是什么人哪！没有修行，放浪形骸，临尸而歌，脸色也无悲哀和惭愧，这到底是什么人哪！”孔子说：“他们是游方之外的人，而我是游方之内的人，内外不相及；我不该让你去吊唁，这是我之错，他们以生命为累赘，把死看作挤掉脓包一般，在尘垢之外彷徨，以在世间无为而逍遥，是不会在意世俗礼仪的。”子贡继续问：“夫子做何选择呢？”孔子说：“我是天之戮民也，尽管如此，我愿意和你共勉！”戮，是刑罚、杀戮，天之戮民，是指被上天刑戮的人。他们的精神都到方外逍遥了，唯有儒者汲汲惶惶，在世事上殚精竭虑，明知其不可为而为之，希望能行天地大道于世间。1926 年 4 月，处于人生至暗时刻的鲁迅在《淡淡的血痕中——纪念几个死者和生者和未生者》一文中写：“几片废墟和几个荒坟散在地上，映以淡淡的血痕，人们都在其间咀嚼着人我的渺茫的悲苦。但是不肯吐弃，以为究竟胜于空虚，各各自称为‘天之戮民’。”这是他对孔子之言“天之戮民”极为消极的理解和描述。

子贡接着问：“具体方法是什么呢？”孔子讲：“大自然中鱼和水相互成就，在世间人和人以‘道’相互成就，鱼相忘乎江湖，人和人相忘乎道术。”其意是不仅世间礼法和人际关系可以相忘，连道术也要忘掉和抛弃。“人相忘乎道术”，以儒家精神去看，道术即天理仁义，人人致良知，凡事顺循天理而行，遵行五伦大义，人际之间的俗情俗念自然能忘掉，岂不是以天理相忘？儒家和道家都讲“无为”，道家的无为是不去做，不与世间合作，放浪形骸，从精神上把自己藏起来，做世间的袖手旁观之人，以保持自己所谓的“天真”；儒家的无为是从心所欲不逾矩，通晓世间事，明白世间道理，按天理行事，万物各归本位，不劳心神，从容不迫。

《大宗师》里又讲，子舆与子桑是朋友，有一次下了十天雨，子舆担心子桑可能会有困难，带着饭食去看望他。到了子桑家门口，听见他在屋内鼓琴，边唱边哭：“父邪！母邪！天乎！人乎！”子舆进去问他何故唱得如此凄惨，似有怨言。子桑说：“我在想自己为何到了如此地步，父母难道想让我贫困吗？天地更无私意，岂能愿意我穷困？我想不出结果，到了这样的境地，或许是命运如此吧！”

西汉刘向在《说苑》中复述了《论语》6.1章，冉仲弓问子桑伯子这人怎样，孔子说：“可也，简。”《说苑》特地进一步说明，简是“易野”，行事过于简易，抛弃礼法，以至于野蛮。孔子去见子桑伯子，子桑伯子没有穿戴正式的衣冠就与之相处。后来弟子问夫子为何要见这个人呢？孔子说：“他的本性不错，只是没有礼仪，我想劝说他注重礼仪。”子桑伯子的弟子也不高兴，问为何要见孔子呢？子桑伯子说：“他的品质很好，只是礼仪太过繁琐，我想劝他去除繁文缛节。”《说苑》最后评论说，子桑伯子“易野”，想把人道和牛马之道等同，因此冉仲弓批评他“大简”。《史记·孔子世家》讲齐景公曾经想重用孔子，被晏子劝阻，其中一个理由就是孔子的礼仪太过繁琐，普通老百姓做不到，可见当时人对孔子和儒者的批评。3.18章子曰：“事君尽礼，人以为谄也。”对君主尽礼，别人竟觉得我在谄媚。孟子曾批评过一个道家人物陈仲子，说陈仲子这个人没有礼仪，再发展下去就要变成蚯蚓那样了，蚯蚓上食埃土，下饮黄泉，无欲无求，这叫“野”。

回到《论语》6.1章，孔子评论子桑伯子“可也，简”。简，是儒家学问中的关键字。《周易》首重乾坤，天覆地载，实为天地精神，《系辞》说：“乾以易知，坤以简能……易、简，而天下之理得矣。”天地精神原本是易简的，易于知晓，简而能行。真正的极简主义未必表现在物质层面，关键是内心有条理，易简不烦。听了老师的评价，仲弓进一步做了解释，“居敬而行简”，内心有敬，生命有主宰，外表风轻云淡，行事简洁，如此“以临其民，不亦可乎”。治理者以“易简”精神管理民众，不折腾，顺理而行，秩序井然，能事半功倍。

仲弓接着评论，而子桑伯子却“居简而行简，无乃大简乎？”身心简易到了粗野、松散的地步，精气神不能凝聚，没有松弛有度的张力，以此行事，必定汗漫无条理，疏于世事，没有秩序，这是不是太简易了？孔子听后，赞扬仲弓说得是。

仲弓的话有一个重点，“以临其民”，即管理民众。《周易·临卦》讲君子如何面对民众和世事："君子以教思无穷，容保民无疆。"君子临民治事，要有无穷的教化之心，对民众有无限的包容和保全。孟子讲："善政不如善教之得民也。善政，民畏之；善教，民爱之。善政得民财，善教得民心。"好的政策不如好的教育更能得民心，善政能让人畏惧，而善教能让人爱戴，善政可以得财，而善教可以得人心。《临卦》初九讲"咸临，贞吉"，咸是感应，管理者要把诚意拿出来，才能和民众产生感应，相互信任，这样既正直又吉祥，便可无往而不利；上六讲"敦临，吉，无咎"，敦是敦厚，管理者以上临下，以尊临卑，以敦厚处世待人，吉，不会有过错。

敬，是身心的源泉，是管理内心最重要的原则；简，是行事的宗旨，是管理事情最重要的方法。身心有敬，行事方能简易。

简有两种，一是简当，一是苟简。何谓简当？事事有章法，顾大体，不琐碎，抓要害，不计较细枝末节，不烦劳民众，民众信服，不放肆，上下相安无事，以诚敬相处，诸事便妥当。何谓苟简？苟是随便的意思，随便、苟且的简，看似简单，实则没有标准和主宰，放任松散，没有章法和节制，甚至肆意妄为。很多人理解和追求的西方文化中的所谓自由，实际上只是苟简而已。真正的自由是简当。

主一之谓敬，做事以"一"即天理仁义为唯一宗旨，内外有序，从容不迫，自然能简当。程子说："敬则自虚静，不可把虚静唤做敬。"身心有敬，自然虚怀且安静，不会被外物所控制；如果只是刻意追求虚静，乃至在形骸上用劲，看似安静，实则内心沸腾，天人交战，这不能叫作敬。培养和呵护内心的敬意，并以此临事，是我们学习的重要工夫。

6.2 哀公问："弟子孰为好学？"孔子对曰："有颜回者好学，不迁怒，不贰过。不幸短命死矣。今也则亡，未闻好学者也。"

在孔门众多弟子里，被老师赞扬为"好学"的，唯有颜回。孔子不承认自己是圣人，也只说自己"好学"。孟子说颜回是"具体而微"的圣人，没有完全纯粹开阔，但已有圣人气象。颜回没有留下文字，在《论语》里他的话也不多，但从那些只言片语和师友的评论，已经可以看出颜回的学问。北宋大儒程子认为，颜回的学习方法更能让学习者入手，反而有“英气”的孟子，很难去学习，孟子的学问浑然天成，一般学习者较难找到入手的地方。颜回的“克己复礼”“不迁怒，不贰过”，踏实、易行，可以作为每个学习者的日常工夫。

先讲《孔子家语》里颜回的两个故事。孔子在卫国时，有一天早上，颜回在旁边陪侍，听到外面有人哭声悲哀。孔子问颜回：“你知道这个人为什么哭吗？”颜回答道：“从哭声判断，这个人不仅为死别，还为生离。”孔子问：“何以知之？”颜回说：“我听说桓山之鸟生了四个孩子，羽翼丰满后，将要离开，其母亲悲鸣而送之，悲鸣的声音跟我们现在听到的哭声很像，有一去不复返之意。”孔子派人去问，哭者说他父死家贫，卖子以葬，跟孩子永远告别。这真的是生离死别。孔子听罢说：“回也，善于识音矣。”

另外一个故事又见于《荀子·哀公篇》。有一次鲁定公问颜回：“你知道东野毕的驾马技术很好吗？”颜回说：“确实不错，但是他的马肯定会丢失的。”定公听了很不高兴，对身边人说：“君子怎么可以这样胡说八道！”三天后，东野毕的马果然走丢了。定公立刻派人召回颜回，问：“请问你是怎么知道的？”颜回说：“是因东野毕做事的方式知道的，以前舜帝巧于使用民力，有名的车夫造父善于驭马，他们都注重不穷其力，因此舜帝治下无逸民，造父驾下无逸马。（此《礼记》“君子不尽人之欢”之意，凡事留有余地，才能绵延不绝）东野毕驾马，技术不错，也有章法，但是他历险致远，用尽马力，却仍不停止，故而我知道他的马一定会丢失的。”定公听了很受启发，请颜回继续说。颜回说：“鸟被追到穷途末路，它就会啄人；人被逼到穷途末路，他就会狡诈，自古及今，没有把属下的力气用尽而不遭遇危机的事情。”定公听罢大悦，告诉了孔子，孔子说：“这便是颜回啊，这样的事，在他身上有很多。”

孔子 68 岁返回鲁国，开始整理经典，又作《春秋》，把平生的志向和寄托都放在这部书里。孔子晚年，生命中重要的人相继离世，独子孔鲤死于哀公十二年，颜回死于十四年，子路在十五年惨死于卫国内乱。在孔子 71 岁这一年，鲁哀公到郊区狩猎，获得一头麒麟，当时的人都不认识这种瑞兽，孔子知道那是麒麟，而且是在非常时期才出现，于是绝笔，《春秋》便止于哀公十六年。这一年孔子去世。两千多年后的我们可以想象到孔子晚年的心境。

返鲁后的孔子被尊为国老，鲁国君臣经常向他请教问题，对孔门人才也很重视。11.7 章执政季康子同样问过他“弟子孰为好学”，孔子的回答跟本章一样，只是少了“不迁怒，不贰过”六个字。实际上“不迁怒，不贰过”，正是好学的具体内容，亦是颜回的学问所在，更是我们学习的人手处。

孔子自称好学，是尽力培护自己的忠信本质，身心有忠信，才能做到“不迁怒，不贰过”；反过来，学习者坚持修习“不迁怒，不贰过”，便能保持自己的忠信本性。这做起来并不容易，世人往往容易任情，放纵或原谅自己的各种私情私意。一般人有过错，最常见的是文过饰非，给自己辩护，《周易·系辞》中孔子说颜回“有不善未尝不知，知之未尝复行”，知道过错已属不易，不再重犯更是大智大勇，可见颜回察觉力、反省力都非常细微。

明道先生答复横渠的《定性书》云：“夫人之情易发而难制者，唯怒为甚。第能于怒时遽忘其怒，而观理之是非，亦可见外诱之不足恶，而于道亦思过半矣。”人的本性是安定的，而情绪却浮动不定，难以自制，其中制怒最难。七情六欲中另一个非常细微且难以控制的是“矜”。一个人能在发怒时立刻控制住，并根据天理良知，观察“怒气”的是非，便可以发现外在诱惑没那么可怕或可恶，关键在于自己能否操存此心，顺理而行。

明朝大儒薛瑄的代表作《读书录》，记录了他每天反躬自省的感悟。他说自己的性格偏于急躁而且易怒。其实我们很多人都是这样，尤其是所谓的聪明人。薛瑄觉察到此，便尽最大的努力去改变，经过长期的修习，他感受到往时发怒，心是动的，近来随怒随休，所怒的事情过去，怒气很快也就没有了，心不为之动。孟子说“志壹则动气，气壹则动志”。我们都会有这种体验，强烈的情绪会触动内心，心好像跑到身体外面去，有一种无法控制的感觉。其实，只要经过如理如法的修习，慢慢学会用天理良知去控制情绪，就能体验到“随怒随休”。把注意力集中在情绪所施加的对象上，观察事情的是非，即便是发怒，时过境迁，怒气也随之消解，而内心是不动的。薛瑄自称用了二十年克制一个“怒”字，可见其难度和细微之处，也可见日常下工夫不可贪快贪多，应循序渐进，慢慢受益。作为程门四君子之一的谢上蔡，别后三年见到老师，程子问他最近工夫如何，他回答说三年克制一个“矜”字。日常用功，需工夫细密，坚持不懈，渐渐往病根那里去克治，每克治掉一分，自己便能感觉到，就会进步一分，这便是学习的得力处。学习者一定不可好高骛远，去追求自己都不太明白的所谓境界、顿悟。真正的学习，不外乎迁善改过、惩忿窒欲，把七情六欲约束在合理的范围内，逐渐让七情六欲发自天理良知，自然就不会迁怒。这便是颜回学习方法的精髓。

经典需要熟读，最好背诵下来，我们的心胸犹如水壶，时常把经典字句放在水壶里反复“涵养”，逐渐养护出自己的浑厚、平和之气，这是重要的学习方法。内心有诚敬，日常言行就远离世故及勾心斗角。内心这方寸之间像一杆秤，外面有东西来了，它就称一称，分毫不差。内心又如明镜，有灰尘了擦一擦，在世事上磨练得光明，便能减少迁怒、贰过这样的过错。

伊川先生年轻时，到汴京的太学去学习，在此期间，太学直讲（即教授）胡安定以“颜子所好何学论”为题，测试诸生，伊川先生作了一篇，极得胡安定的赞赏，并让他做了助教。孔子赞扬颜回“好学”，伊川此文讲了颜回所好何学。他认为，颜回所好乃是“学以至于圣人之道”，即圣人之学、大人之学、良知之学，是如何去做一个真正的人的学问。而具体的学习方法则为：“凡学之道，正其心，养其性而已。”

结合“十室之邑，必有忠信如丘者焉，不如丘之好学也”（5.28）和“有颜回者好学，不迁怒，不贰过”（6.2）这两章，学习者需要明确学习的关键：“忠信”是我们生而有之的本质、本性，真正的学习，便是培护自己的忠信，这是学习宗旨；而不迁怒、不贰过，是学习的具体工夫，这是从“克己”的角度讲；伊川讲的“正其心，养其性”，是从养浩然之气的角度讲。两者结合，以求知行合一，方谓之身心性命之学。

6.3 子华使于齐，冉子为其母请粟，子曰：“与之釜。”请益，曰：“与之庾。”冉子与之粟五秉。子曰：“赤之适齐也，乘肥马，衣轻裘。吾闻之也，君子周急不继富。”

原思为之宰，与之粟九百，辞。子曰：“毋，以与尔邻里乡党乎！”

有人以“子华使于齐”为一章，以“原思为之宰”为另一章。其实这两部分有相通之处，今仍合为一章来讲。

这里面有几个人物：子华、冉子、原思。第一位公西赤，字子华，故又称公西华，鲁国人，小孔子42岁，在《论语》里出现多次，他擅长外交。在5.8章孟武伯问“赤也何如”，孔子回答：“赤也，束带立于朝，可使与宾客言也，不知其仁也。”赞扬他的外交才能和外交礼仪，但在仁方面还需努力。《周礼》中有“行人”一职，大行人、小行人，负责外交工作，接待宾客，包括外交中的礼仪。

第二位冉求，章中称冉子。《论语》中曾参、冉求、有若都称“子”，后世有人认为《论语》最早是由他们三位的学生编撰的。

“子华使于齐”“原思为之宰”，这两件事情都发生在孔子56岁做鲁司寇并代理国相之时。孔子为公卿，有自己的采邑，他可以在那里安排家宰，对采邑进行管理。这一章的公西赤和原思，可能先后做过孔子的家宰。另外，孔门有好几个弟子如子路、冉求、冉雍，都做过季氏宰，一定程度上可以参与国家大事。

子华代表鲁国或代表老师去齐国访问，同门冉求向孔子提出能不能接济一下子华的母亲。未脱壳的谷子叫粟，脱壳的叫米。粟是小米，并非今天的大米，是中国古代原生态的粮食作物，古书里常见。这章的釜、庾、秉，都是当时的计量单位，古时称为度量衡。计量长短称为度，测算容积称为量，测量轻重称为衡。秦始皇统一六国，也统一了度量衡，之前的春秋战国时期，不同的国家度量衡不一致，相互换算比较混乱。夏朝时就有了度量衡制度，随后各朝代有不同的调整，变动很大，若换算成今天的计量单位，需要深入考证。这章的釜、庾、秉，折合成现在的重量具体是多少，说法不一，但我们可以折算为古人常用的斗，简单了解一个大概。

孔子说“与之釜”，一釜是六斗四升。冉求觉得还不够，“请益”，益是增加。孔子又说“与之庾”，增加至一庾，一庾是十六斗。或许冉求和子华私交很好，没有完全遵从老师的指示，私下给了子华母亲“粟五秉”，一秉是一百六十斗，五秉是八百斗，是孔子交代数目的五十倍。孔子知道后，说：“公西赤出使到齐国，骑乘高头大马，穿贵重的裘皮衣服，吃穿用度都很豪华，可见他并不缺钱，按理说他的母亲不需要接济，但他为国家做事，给他的母亲一些补助，是可以的，却无需太多。”孔子接着说：“吾闻之也，君子周急不继富。”周、继，都是周济、接济的意思，君子应接济家里贫急的人，而非富裕者。

古人做官以“石”为计量发放俸禄，《史记·孔子世家》讲，因定公和季桓子礼衰，孔子离开鲁国，第一站来到卫国，见到卫灵公，卫灵公问他在鲁国俸禄是多少，孔子说“俸粟六万”，即六万斗粟米。于是卫灵公也给了孔子同样的待遇。

这章第二段“原思为之宰”，是讲第三位人物原思，他当时做孔子的家宰。原宪字子思，又称原思，鲁国人或宋国人，小孔子 36 岁，是孔门第三期弟子。《论语·宪问篇》便因原宪提问题而命名。顺便提一下，《中庸》是孔子之孙、曾子弟子孔伋所作，孔伋的字也是子思。

先秦古书中经常讨论原宪，把他和子贡对比。大家都很熟悉子贡，他很有才能，是战国纵横家的先驱，做生意又非常成功，影响力大，司马迁认为他是推广孔子之道的关键人物。孔子去世后，众弟子庐墓三年，然后散布四方，只有子贡在墓前六年，可见他对老师的诚敬，其学习进境也是不可估量的。不过，《史记·仲尼弟子列传》记原宪穷困潦倒，浪迹江湖，而子贡做了卫国的国相，有一次他骑高头大马，带着车队，排场很大，到贫民区找原宪。原宪穿着破衣服、戴着破帽子见子贡，子贡觉得羞耻，说：“难道你病了吗？”原宪回答：“我听说无财者谓之贫，学了大道而不能行，谓之病，我跟老师学天道和仁义，而遭际如此，只能叫贫，不能叫病。”子贡听了很惭愧，耿耿而去，终生耻于自己说了过头的话。孟子专门讲过耻，孔子也讲知耻近乎勇。知耻，是重要的修习工夫。而世人常以不耻为耻，以耻为不耻。

原宪做老师的家宰，孔子给他俸禄九百斗粟，原思推辞。孔子说：“不要这样，如果你自己用不完，可以周济你的邻里乡党。”

孔子批评冉求的是取予不要过，告诉原宪的是辞受不要过，过犹不及。如果我们暂时无法判断如何做，那在物质方面宁可清廉一些，不要贪心，这样可以纠人心之偏，让自己的身心变得简洁一些，于人于己皆有益。

孟子说：“可以取，可以无取，取伤廉。”（《离娄下》）廉本指房间的犄角旮旯，引申为有棱角、有操守。廉也通“敛”，收敛之意。可取可不取的情况下，取之，对收敛自己的身心有损害。“可以与，可以无与，与伤惠。”可给可不给的情况下，若给予，对自己的恩惠有损伤，这包括财物等物质层面，也包括赞誉等精神层面。“可以死，可以无死，死伤勇。”今天很少遇到以死相许的极端情况，而在特殊时期或严峻的情况下，要不要殉国或殉节，关系到“舍生取义”的“义”。可以死可以不死的情况下，选择死，对于勇是有损的。子路遭遇卫国内乱，本来可以不死，却最终惨死，正是孔子说的“由也好勇过我，无所取材”。冉求给公西华母亲五十倍的粟米，是“伤惠”，公西华如果接受，则是“伤廉”。

这一章主要讲人如何为人处世、安身立命。人生中的取、予、辞、受，不能苟且随意，都有天理在，这是处世的根本原则。人在世间做事，要有裁断力。孔子说“周急不继富”，老子说“天之道，损有余而补不足”，都是裁断以义。但老子又说“人之道，损不足而益有余”，把天道和人道反过来，则是错误的。其实天道就是人道，人道是天道在世间的具体落实，天道损有余而补不足，人道亦然，这和孟子“不患寡患不均”的精神是一致的。原思为孔子家宰，孔子酌情予以适当的俸禄，天经地义，无需推辞，若有宽余，不妨周济邻里乡党中较为贫困者，这也是裁断以义。孟子讲：“出入相友，守望相助，疾病相扶持，则百姓亲睦。”邻里乡党之间的关系应该如此，这是中华文明的独特精神。

6.4 子谓仲弓曰：“犁牛之子骍且角。虽欲勿用，山川其舍诸？”

这章应该是孔子当众赞扬仲弓。孔门弟子里，子路、冉求和仲弓都做过季氏宰，孔子经常批评子路和冉求，但从未批评过仲弓，对他一向赞扬。

孔子打了一个比喻。犁牛是毛色驳杂、用来耕地的牛，骍是纯粹的赤色的牛。《左传》讲："国之大事，在祀与戎。"军事和祭祀，是国家最重要的两件大事。祭祀在古礼中非常重要，人要跟天地和祖先进行沟通，和山川万物进行沟通，都要靠祭祀。而祭祀会用到各种规格的礼器，钟鼎簋簠、笾豆爵觯等，加以制度礼仪，井然有序。5.4 章子贡问老师自己是什么样的人，孔子说"汝器也"，指的就是礼器。子贡继续问"何器也"，孔子答"瑚琏也"，这是祭祀中很贵重的礼器。因孔子曾说过"君子不器"，很多人会觉得这是在批评子贡，其实是很高的赞扬。祭祀时又特别重视牺牲，即新鲜宰杀的动物。今天我们到北京太庙、天坛、孔庙这样的地方，会在主要建筑周边看到有专门的宰牲亭。祭祀最高规格的牺牲是太牢，牛、羊、猪三者具备。而且一定要用新鲜的，因为新鲜的血气可以直接被天地、祖先享用，古人称为"血食"。3.17 章讲子贡欲去告朔之饩羊，子曰："赐也！尔爱其羊，我爱其礼。"饩羊便是刚宰杀有新鲜腥味的羊。"牺牲"二字，"牛"字旁，可见祭祀特别注重牛，而且三代所重视的牛的毛色不同。据《周礼》《礼记》，夏朝尚黑色，殷商尚白色，且重视雄兽，周朝尚赤红色，且需强壮的牛。

简单了解了这些背景，回头看身处周朝的孔子赞扬仲弓为骍，即赤红色的纯牛，而且头上的犄角长得周正，这是当时祭祀时所能选择的精良品种。据《史记·仲尼弟子列传》，仲弓的父亲出身贫贱，人品也不好。仲弓"骍且角"，天资很好，却是不能用来祭祀的杂色犁牛之子。"虽欲勿用，山川其舍诸?"即便有人出于偏见，不愿用这样的纯牛来祭祀，山川也不会舍弃他的。古今中外，这样的事例很多。父亲德行不好，却有性情美善的子孙，最有名的是圣人大舜和其顽父瞽叟。当然也有反过来的，家庭出身很好，父母德才兼备，子孙所受教育也很好，但后来变成恶人。古人常讲，龙生龙，凤生凤，老鼠的儿子会打洞。这种血统论是机械的世俗之见。人的出身无法选择，而且在世间摸爬滚打，也会有很多的限制和世俗污染，但人绝不能自暴自弃。自暴是拒之以不信，不相信仁义忠信，拒绝崇高，自甘下流；自弃是绝之以不为，表面相信了，但不去践行。作为天地间大写的人，不管有什么样的出身，面临什么样的困境，都应该振拔起来，奋发有为。先天无法选择，靠后天努力，仍然可以有所作为。世上可能有所谓的天才，但天才不努力，最终也会变成庸才。孔子说“十室之邑，必有忠信如丘者”，世人生出来时，品性才智都相差不远，但“不如丘之好学也”，归根结底是后天的努力和学习不足。人不学习，不在世俗里自我振拔，终究只是庸庸碌碌、随波逐流的凡夫俗子，看上去在物质层面有很多享受，可生命状态却往下走，一点一点血气衰落，以至于没世而无善闻。

孟子说有天爵者，有人爵者，仁义忠信，乐善不倦，是上天赋予的天爵，人人皆有，只是人不愿意去追寻；公卿大夫，富贵利达，是人爵，未必能求而得之，人却趋之若鹜。“古人修其天爵，而人爵从之。”以仁义忠信、乐善不倦修身，富贵利达会跟着来。而有人以仁义忠信修身，目的却是追求人爵，得到了人爵，就把天爵抛弃了，这样人爵终究也会随之而去。《大学》言“富润屋，德润身”，德性能滋润身心，而富贵只能装饰房屋，终究不是自己的。孟子讲：“待文王而后兴者，凡民也；若夫豪杰之士，虽无文王犹兴。”普通人需要靠他人带领才能兴发，而豪杰之士自己便能振拔于世。每个人都有对道德的自我期许和追求，这是人的本性。

6.5 子曰：“回也，其心三月不违仁，其余则日月至焉而已矣。”

这章常被人引用。孔子最重视德行科，上章赞扬仲弓，这章又赞扬颜回。他说颜回的身心状态，能三个月不离开仁义忠信，其余的门人不过是一日一月居于仁义而已。孔子并不是批评其他弟子，圣人满腔是仁，他说这话是为了激励振奋他人，包括我们这些后学。所谓“三月”“日月”，未必是确指，古人用数字，往往笼统，只是为了说明时间较长或较短而已。《近思录》卷之三：“所谓日月至焉，与久而不息者，所见规模虽略相似，其意味气象迥别。”时间长短，表现于外在或许偶尔相似，而身心状态和气象却完全不同。善学者“须熟玩味圣人之气象，不可只于名上理会”，潜心默识，体贴涵养，以提高自己的身心。

人的心念，宛如河流，上面是奔腾的波浪，谓之七情六欲，随时来，随时走，抓不到，留不住；下面是深厚的潜流，谓之本性，静谧而光明。我们学习和修身，以提高身心状态，正是希望光明本性能从内往外透出来，控制七情六欲，约束私情私意，最终情欲由本性发出，合情合理，自由自在。

孔子讲颜回三月不违仁，便是说他能让光明本性透出来，发而为仁义礼智信、温良恭俭让。这是浑厚的生命。孟子讲仁本是人之安宅，完全可以安心住在里面；义是人之大路，本来可以坦然而行。孔子说“志于道，据于德，依于仁，游于艺”，人要依于仁，才能让身心立起来。仁义之于人，不可离，亦天然。

因此，张横渠提醒学习者，要明白身心的内外宾主之辨。一个人以内在的仁义忠信为家，便是自己的主人；人若离开仁义忠信，为私欲所制，去追求富贵利达，看上去好像得到很多，其实身心离开了安宅，变成了人生的客人。如李白《春夜宴从弟桃花园序》中所说：“夫天地者，万物之逆旅也；光阴者，百代之过客也。”本该为主人，偏做了羁旅中的过客。

孔子教导颜回“克己复礼”，克己即克制自己的私欲，是具体的修身工夫。禅宗极有名的公案中，神秀的偈子云：“身是菩提树，心如明镜台，时时勤拂拭，莫使惹尘埃。”这其实是很好的学习方法，因其踏实可行，故而高明。时时洗心，拭去尘埃，才有可能三月不违仁，生命日渐上行。

6.6 季康子问：“仲由可使从政也与？”子曰：“由也果，于从政乎何有？”曰：“赐也可使从政也与？”曰：“赐也达，于从政乎何有？”曰：“求也可使从政也与？”曰：“求也艺，于从政乎何有？”

孔子返鲁后，威望很高，被尊为国老，国君哀公和执政季康子经常向他请教问题，比如他们都问过“弟子孰为好学”。这章季康子咨询了孔门三位弟子的从政能力，也是直接称呼名字。孔子门下人才济济，才能各异，正是执政者笼络的对象。季康子先问：“仲由（字子路）可以从政吗？”孔子答：

“由做事果决，对于从政有什么困难呢?”“端木赐（即子贡）可以从政吗?”孔子答：“赐通达世事，对于从政有什么困难呢?”“冉求（字子有）可以从政吗?”孔子答：“求多才多艺，对于从政有什么困难呢?”

果、达、艺，是孔子对三大弟子的一字评。子路、冉求都做过季氏宰，子贡做过齐国的国相，皆为当时难得的政事之才。

人的才能与天赋有关，但更重要的是后天学习，往往是在自己兴趣的基础上前进几步，完善开阔。人应当努力追寻并树立自己的毕生事业，而不仅仅是选择一份糊口的职业而已。事业，是值得你终生为之付出的东西，能让你从中得到极大的自我实现，乃至一直到老都在工作，而不分退休与否，并乐在其中，甚而不计名利。找到自己的事业，要从兴趣出发，并与自己的性情相符合。若一个人的职业和事业相吻合，想来那是很幸福的事。子路的果断、子贡的通达、冉求的多才多艺，都与天赋有关，再经过后天的学习，最终成为其专业所在。

但有一点不太被人注意，那就是果、达、艺的方向性。究竟果断在何处?如果辨别力或裁断力有问题，果断更容易酿成大祸。所以，果断一定要“断于义”。义者，宜也，《乾·文言》：“利者，义之和也。”凡事无不适宜，符合任何一方的利益，才是“义”。当然这并不是老好人或乡愿，试图四处讨好去符合各方利益，看似皆大欢喜，实则是假象。通达，是要通达天理。有一种世故之人，世事通晓，人情练达，却推崇事不关己高高挂起的哲学，看到年轻人有冲劲儿，他在旁边冷笑，这样片花不沾的袖手旁观之人，并不叫“达”。真正的“达”，是通于天理，是则是，非则非，能看清事情的前因后果，以天理仁义之心对待世事和世人。多艺是才能完备，但一定要以德性为根基，是有德之才，而不是歪才、邪才。若无德性为根基，才能越高，错误甚至危害越大。从专业性上讲，多才多艺要有秩序和顺序，十八般武艺样样都会，却都稀松平常，没有真正的看家本领，终究也只是水月镜花。果、达、艺，且具备生命主宰，以天理良知为根基，无论从政，还是从事其他任何事业，难道会有什么问题吗?

6.7 季氏使闵子骞为费宰。闵子骞曰："善为我辞焉！如有复我者，则吾必在汶上矣。"

闵损，字子骞，小孔子 15 岁，鲁国人，孔门十哲之一，属德行科。他是孔子 35 岁前在鲁国的首期弟子，其中还包括子路、曾点（曾子之父）等人。闵子骞虽属德行科，但政事方面也很突出，故而执政季氏有意请他出来做事。像同为德行科的仲弓，孔子亦夸他有"可使南面"的政事之才。

孔门特重孝，儒家经典便有一部《孝经》，是孔子和曾子的对话，自汉朝便十分流行，曾子发扬孔子一以贯之的"忠恕"之道，更包括孝道。

闵子骞在历史上一向以孝著称，元朝郭居敬编《二十四孝》，后来有人将之绘图，排第三位的就是他，称"闵损芦花"。他的母亲早逝，父亲娶了继妻，又生了两个儿子，但继母不喜欢子骞。到了冬天，处于北方的鲁国很冷，继母为亲生子做冬衣用的是棉絮，而给子骞冬衣里用的是芦花，保暖效果很不好。有一天父亲出门，让子骞驾车，因为太冷，手脚不利索，一时没有控制住，马车冲到了路沟里，父亲很生气，拿鞭子抽打他："你为什么会这样？"子骞不说实情。最后父亲把他的冬衣打破，芦花露出，才知道个中缘故，一怒之下想休掉继妻。闵子骞跪下求情："母在一子寒，母去三子单。"继母若在，只不过我一人挨冻，若被赶走，三个孩子都要受寒。父亲听从了他的话，而继母也感到后悔，从此把闵子骞视如己出。清朝有位儒者李文耕说："闵子留母之语，凄然蔼然，从肺腑中酝酿而出，虽使铁石人闻之，亦为恻恻心动，何其天性之厚且纯也！"天性纯厚的人，言辞发自肺腑，令人闻之心动。后世因此编为戏剧《芦花记》，如今京剧、豫剧中皆有此剧目。北宋时有位闵子骞的后人，叫闵称道，曾出使当时的高丽国，留在当地结婚生子，成为闵氏家族的一个分支，被称为骊兴闵氏，是朝鲜的望族，清朝初期朝鲜的仁显王后、明成皇后都出自骊兴闵氏。

回到这一章。季氏想让闵子骞做费宰，费是季氏的采邑，在今天的山东费县附近。闵子骞拒绝，对使者说："请你回去帮我善言推辞，如果不从，还要来找我，我一定在汶水（鲁国和齐国的边界河）之上了。”言辞坚决且委婉，正是“修其辞而立其诚”。常有人说自己“刀子嘴豆腐心”，不但于此没有愧意，甚而还有些自许。其实，刀子嘴不可能有豆腐心，这么说不过是给自己的“刀子嘴”找一个自我感动的借口而已。如果人的内心柔软，有仁意，怎么可能忍心出语伤人？内外不一，这并不是“诚敬”。

孔门弟子出来做官的很多，不出来做官的大概只有颜子、闵子骞、曾子这几位了，前人说他们相当于《周易·乾卦》初九所谓“潜龙勿用”，具备龙德，却潜伏于世，正是孟子讲的“天民”：“有事君人者，事是君则为容悦者也；有安社稷臣者，以安社稷为悦者也；有天民者，达可行于天下而后行之者也；有大人者，正己而物正者也。”世间有四种人：一是为国君服务的人，难免以容貌取悦于人；二是以安社稷为身心最大的愉悦，从中自我实现的人；三是天民者，上天的子民，希望天道行于当世，并能推行于后世；四是大人者，正己，进而正人，自明明德，以此新民，共进于至善，这便是《大学》所讲的大人之学。

孟子又有段话描述天民的面貌：“说大人，则藐之，勿视其巍巍然。”这里的大人指社会地位较高者，跟这些人说话，甚至有些藐视他们，不在乎其巍巍然的样子。当然这有些狂者气象，跟孔子“与上大夫言，訚訚如也”的中正气象还是有差距。“堂高数仞，榱题数尺，我得志弗为也”，他的房子很好，富丽堂皇，我若得志，不会这样做。“食前方丈，侍妾数百人，我得志弗为也；般乐饮酒，驱骋田猎，后车千乘，我得志弗为也”，他的吃穿用度，穷尽奢华，出门前呼后拥，排场阔大，我若得志，不会这么做。“在彼者，皆我所不为也；在我者，皆古之制也，吾何畏彼哉！”他那些都是我不做的，在我这里皆为圣贤之道，口舌之欲、物质享受，和圣贤之道高下立判，我对他有什么好敬畏的呢？孟子的这段话讲述了天民的风骨，以及这种风骨的底气所在，真是壁立千仞，卓尔不群。

上天赋予每个人的责任不同，有些人在世间孜孜做事，力求大行其道；有些人德行高尚，却被褐怀玉，志在天爵，无意人爵，正如闵子骞。德行自天，所行有异，人各有志，取向不同，皆为中华民族的宝贵精神。人在世间，

“出处进退”是一个重大课题，出来、自处、前进、隐退，和自身德行的深浅、时代大环境的险夷、个人遭际的顺逆等都有关系，值得每个人深思并慎重抉择。

6.8 伯牛有疾，子问之，自牖执其手，曰：“亡之，命矣夫！斯人也而有斯疾也！斯人也而有斯疾也！”

冉耕，字伯牛。牛以耕地，可见名和字的联系。他是鲁国人，小孔子7岁，是孔门第一期弟子。孔门十哲之一，属德行科。

这章讲伯牛生了很重的病，孔子去看望他，没有进屋，从窗户拉着他的手（在屋里的叫窗，在墙上的叫牖），感叹不已：“不行了，这是命啊！这样的人居然得了恶疾，这样的人居然得了恶疾！”反复痛惜，溢于言表。

《论衡》里说：“伯牛为疠。”疠就是麻风病，传染性很强，在人类史上肆虐超过两千年。古代中国从秦朝时，政府设有专门收容麻风病的场所。初唐四杰之一的卢照邻也罹患麻风病，痛苦不堪，虽然得到名医孙思邈的治疗，但最终还是自杀了。

孔子不进去见他，还有一种说法，是伯牛对孔子的尊敬。古礼，人生病后，躺在北边的窗户下将养，若君主来看望，他要迁到南边的窗户下，以便君主从南面探视。伯牛用这样的礼来对待孔子，但孔子不敢当，便不进房间，而是通过窗户拉他的手。两种说法，前说多被接受。

以前我们讲伯夷、叔齐时，曾经提过司马迁的千古之问：“人都说善有善报，恶有恶报，可为何善人不得善报，恶人却有善报?”天意到底是什么？天意从来高深莫测，世人多归结为命，往往听天由命。然而，孔子是乐天知命，懂得天地之道，知晓天命，学而不厌，乐以忘忧。横渠先生《西铭》讲命有两种，一种是气数之命，可称为宿命；一种是天赋之命，即《中庸》首句“天命之谓性”。智者当知晓宿命和天命，明白人之为人的责任，孜孜不已，以尽性致命。

6.9 子曰："贤哉回也！一箪食，一瓢饮，在陋巷，人不堪其忧，回也不改其乐。贤哉回也！"

颜回极得孔子赞赏，是孔门中"具体而微"的圣人，具备圣人气象，只需继续前进，加以扩充而已。明道先生特别表彰颜回的修身工夫，"不迁怒，不贰过"，踏实可行，通行无弊。在日常生活和学习中，我们要具备细微的觉察力，观察错误，及时改正，并进一步反省过错从何而来，以免再犯，此为"不贰过"。不迁怒，是不把此时此地的怒气迁移到彼时彼地。怒气和骄矜，是人最常见也最难控制的情欲。能克制住怒气已经不易，不迁怒更难。有的人看上去谦虚，实则内心铁板一块，骄矜、固执而不自知。人在怒火上来时，若能当下意识到自己所处的状态，怒火就能克制大半，若能不迁怒，更是大智大勇。学习工夫如此，等学习到一定阶段，身心状态便得到提高，外显的气象仍是不迁怒、不贰过。学习的工夫和目标，上下一致，内外不二。

孔子赞扬"颜回贤哉"，为何？"一箪食，一瓢饮，在陋巷"，箪是竹子做的，用来盛粮食，瓢是把葫芦劈成两半，用来舀水。古人称凉水为"水"，热水叫"汤"。颜回日常吃粗粝的食物，喝生水，住在陋巷，可能类似贫民窟。现在曲阜颜回庙前的那条小街就叫陋巷。别人都替颜回担忧，而"回也不改其乐"。"改"字是重点，颜回没有改变自己的快乐，可见他本来就是快乐的。最后孔子再次赞叹："贤哉回也！"

明清之际的方以智曾说庄子是颜回的传人，如今我们看庄子讲颜回的故事，确实耐人寻味。《庄子·让王》讲，孔子对颜回说："回，来！家贫居卑，胡不仕乎？"颜回说："不愿仕。回有郭外之田五十亩，足以给飦粥；郭内之田十亩，足以为丝麻；鼓琴足以自娱；所学夫子之道者足以自乐也。回不愿仕。"城外田地足够吃饭，城内田地足够穿衣，能弹琴自娱，所学夫子的道足以上达至生命深处的快乐，故我不愿意去做官。孔子听了赞扬："善哉，回之意。"接着又说："知足者不以利自累也，审自得者失之而不惧，行修于内者无位而不怍。"知足者不被利益所困，内心实有所得，便不担心失去其他东西，精神向内走，修养身心，在任何位置上都不会惭愧。孔子说这些话听到很久了，如今在颜回身上却可以看到。

用世俗的眼光来看颜回的遭际和命运，确实令人不堪其忧。颜回好学，不幸短命死矣；孔子连番叹惜冉伯牛得不治之症而死。这都是关系到生命的重大课题。人的身体来自于天地之气，所谓气数，渺茫难知，有富贵贫贱、寿夭困达之别；人的精神来自于天地精神，所谓天命，生生不息，万物所同。

唐李商隐有首诗《有感》："中路因循我所长，古来才命两相妨。劝君莫强安蛇足，一盏芳醪不得尝。"半路徘徊因循，是我所长，这是自嘲。从古至今，人的才华与命运是相互妨害的，上天不怜惜有才华的人，命好的人往往精神粗鄙。后两句用了《战国策》的典故。楚国将军昭阳攻伐魏国，势如破竹，转而计划攻打齐国，齐国派陈轸去游说他，说楚国有一户人家祭祀结束后，奖励工作人员（舍人）一卮酒，众舍人商量说一卮酒给一个人喝有点多，众人分喝又有点少，不如每个人画条蛇，先画成者饮之。一个人画成后，洋洋自得，一手端着酒杯，一手又给蛇画足，尚未完成，另一位画好的人夺走酒杯，说蛇哪会有脚！陈轸以此劝说昭阳将军已经功劳很大，无需再多此一举，以免招祸。这是成语"画蛇添足"的出处。李商隐讲这个故事，意思是既然才华和命运不可强求，就不要画蛇添足，强做改变了。这首诗里讲的"命"实为气数之命。

义理之命，即孔子"五十而知天命"的天命，《中庸》"天命之谓性"五个字说尽。《周易》讲"天行健，君子以自强不息；地势坤，君子以厚德载物"，讲的是天命的具体精神。天道刚健，承担世间责任；地道顺承，包容世间污秽和不如意。这是每个人本来就有的两种精神，是谓天命。孔子乐天知命，知晓天命，乐之安之。16.8 章孔子曰："君子有三畏：畏天命，畏大人，畏圣人之言。小人不知天命而不畏也，狎大人，侮圣人之言。"这段话对君子安身立命时的诚敬和小人的无知而放肆，描绘得既精确又丰富。子夏劝同门司马牛"死生有命，富贵在天"，说的是气数之命，无法确知。君子追求的是天命，"敬而无失，与人恭而有礼"，保持对万事万物的诚敬和礼节，身心内外不会有所丧失，处于有张力的向上状态，人生格局打开，天高地阔。

《中庸》讲"君子素位而行"，人在什么样的位置就做什么样的事情，需德位相配，不要好高骛远、三心二意，要一心一意做好每一个社会角色；“故君子居易以俟命，小人行险以侥幸。”大诗人白居易的名字来自于此，他自号乐天，乐天知命，世称白乐天。君子身心简约，“居敬而行简”，内心处敬，言行简易，如此进修天命，以等待气数之命。俟是等待。君子恪尽本性，达致天命，气数之命便在其中。小人身心杂乱，唯利是图，行之以险，又抱有侥幸心理。孟子说：“莫非命也，顺受其正。是故知命者不立乎岩墙之下。尽其道而死者，正命也；桎梏死者，非正命也。”世间种种遭际莫非是命，君子当顺受天命之正。真正知晓天命者，不站在危墙下面，不冒无谓的险难，这是对待气数之命的正确态度。尽天道，致良知，最终生命终结，谓之正命。反之，束缚天性，邪枉行险，尽管肉身尚在，却丧失了本性和天命，谓之非正命。

“回也不改其乐”，和孔子的“乐以忘忧”，是一个重大的人生课题，古人称为“孔颜乐处”。孔颜的快乐之处在哪里？二程兄弟少年时期，受父命向周濂溪学习，濂溪首先便让他们寻找和体验“孔颜乐处”。《传习录》记载陆澄向阳明先生请教孔颜乐处：我们有丰富的七情六欲，吃得好、穿得好，富贵利达，而圣贤之乐，与此相同否？若相同，世人皆能乐，何必圣贤？如果另有一种真乐，与世人不同，那圣贤遇到大忧大怒、大惊大惧时，他的乐还在吗？君子之心常存戒惧，保持敬畏心，这实际是终生忧虑啊，哪有乐可言呢？我平生多闷，没有尝过真乐的滋味，该去哪里寻找？阳明先生答复说：乐是心之本体，人人皆有，虽然不同于七情六欲的乐，但也没有脱离凡俗的情欲。圣贤的乐与常人的乐是一样的，只不过常人不知道自己有这样的天命之乐，反而庸人自扰，自招许多忧愁困苦，自加迷惑，甚至自暴自弃。其实尽管身处忧虑迷苦等负面情绪之中，本性之真乐始终存在，仍然可以做我们身心的主宰。若一念之转，以诚敬之心对待世界，真乐自在其中，何须骑驴觅驴，苦苦找寻？

人常说人生不如意十有八九，如何面对这十有八九的不如意呢？普通人的快乐来自外在，如名利、美食、美景等，都能不同程度满足普通人的欲望，当外在条件消失，快乐便很容易随之而去。甚至对于很多人来说，世间最大的痛苦莫过于失去生命，生死问题如同悬挂在头顶的达摩克利斯之剑一般，让人日日不得安宁。而真乐，是“乐天”，乐于天地万物包括我们生命的生生不息，这是天地赋予每个人的天命。果实的生机来自果仁，种下去能够发芽，天地的生机来自人，人是天地之仁，是天地万物保持生机勃勃的动力。唯有恢复自身之仁，才能为天地保存生机。为什么有人会觉得苦？是因为我们被情绪、感官所牵制，找不到出口，遇到艰难困苦，便哭天喊地，怨天尤人，如此就断绝了天人合一的机会，乐自然就消失了。孔颜之乐，是天命之乐与天道之乐，每个学习者都可以通过如理如法、持之以恒的学习，体悟到本性的光明与快乐。天地之间有天高云淡，也有暴风骤雨，人生会有春风得意，自然也会有不如意，其实是一物之两面而已。一个人若动辄陷于负面情绪而不能自拔，失去生机，就失去了与天地接通的能力，世界会对他关闭。

孟子说，人唯有尊德乐义，无论他人知道与否，自己都能悠然自得，不为外物所诱。困穷时不失仁义，是身心有得，有诸己之谓信；显达时不离天道良知，民众不会失去冀望。人若能得志，就把恩泽扩充到别人身上去；人若不得志，便勤勉修身，以此安身立命。“穷则独善其身，达则兼善天下。”

颜回之乐，是生命本来的底色，并不是因为他穷，故而乐。常听有人说自己安贫乐道。可前提是你得找到并深刻体验到所谓“道”，找不到“道”，何来安贫乐道？张横渠曾说，有人说要安贫乐道，只不过是为没有能力改变现状而自欺欺人而已。“君子固穷，小人穷斯滥矣。”小人穷困时什么都做得出来，君子则仍然可以将身心放在天道和天命上，固守不改，乐而忘忧。

6.10 冉求曰：“非不说子之道，力不足也。”子曰：“力不足者，中道而废，今女画。”

《论语》上下篇章之间是否有编排顺序，无需强说，以致意必固之弊。然而有些篇章前后则确有一定联系，可见编者用心。比如本章和前两章的编排就有贯连之意。先是孔子叹息病重的冉伯牛，君子当立于天命，等待气数之命；又赞叹颜回能尽天命之乐；或许冉求于此有所触动，感叹说：“夫子的天道和天命之乐，我不是不喜欢，只是力量不够，不足以求。”孔子回答说：“力量不够，是指中途而废的人，而你是画地为牢，自己裹足不前罢了。”

天命之学、大人之学，归根结底是人之所以为人的学问，在世间承担自己该有的责任而已，人人皆可做到。从一点一滴入手，孟子讲的四端（恻隐之心、是非之心、羞恶之心，辞让之心），端是端口，正是入手之处，从不熟练到熟练，渐入佳境，这是志向的问题，不是力量的问题。

公孙丑也曾说：“大道高矣，美矣，却像登天一样难，似乎遥不可及，为何不能降低要求，让人可以孜孜以求呢？”孟子说：“大匠不会为笨拙的初学者改变绳墨的标准；善射的后羿不会为拙劣的射手改变拉弓的法度；君子教人，引而不发，不把话说尽，让学习者生发继续向前探究的心，保持踊跃、有生命张力的状态，生命活水，源源不绝；不过头，也没有不及，立于中道，有志向者自然能跟从。”他又说：“后羿教人射箭，一定志于拉满弓，这是他的法度；大匠教人，一定有自己的规矩，学习者必依此规矩以学；而学习天道，何尝不是如此？学习者根据圣贤教导的宗旨和方法，循序渐进，臻于完善，不会有力不足的问题。”

《中庸》引孔子的话：“君子遵道而行，半途而废，吾弗能已矣。”君子遵循大道往前走就好，半途而废这样的事情我是做不到的。所谓遵道而行，正是我们日日学习的为人之道、仁义之学、君子之学，有宗旨，有方法，宗旨是止于至善，方法是迁善改过、格物致知，是事有不行反诸己等。学习依照宗旨和具体方法，一步一步遵循而行，日积月累，自然会有所得，身心状态就能提高。一个人若有志向，即便真的力量不足，也还有奋进的余地；但如果自己画地为牢，自欺欺人，甚至讳病忌医，那连入道的希望都没有。学如逆水行舟，不进则退，一定要持之以恒，不能半途而废。

《诗经》讲：“德輶如毛，民鲜克举之。”德性轻如羽毛，并不难去拾取，可一般民众很少能认识到这一点并愿意去做。因此孔子才说“唯上知与下愚不移”。所谓下愚，有两种：自暴和自弃。自暴是拒之以不信，不相信天道，不相信有人之为人的学问，不相信承担应有的责任即为大道；自弃是绝之以不为，归根结底是不做，自弃于天道。自暴自弃者，即便是圣人去教他，也没有用，这才是真正的下愚。而且，这样的人往往自负自得，在世人看来，都是所谓的聪明人，实则愚不可及。真是可畏！

其实，冉求说“非不说子之道”，开口便错了，为何？正如蕺山先生所说，冉求这么说是“遗却自家宝，终日数他人珠”，明明自己身上有宝贝，你不自知，却天天去数说别人的珍珠而艳羡。他说“子之道”，好像是孔子私属，跟自己没有任何关系一般。就像一个人看到别人都跑到长安去，他非常羡慕，而自己天天坐在家里，不愿意迈出一步，然后说自己力量不够。天道人人皆有，正在我们自己身上，需要靠自己的力量去寻求，而不是靠圣人或他人赋予。天道即为人之道，自我觉醒，揭示自身固有的天理和天命，以身任道，日日践行。

“今女画”，归根结底是志向不足，所以立志非常重要，是真正学习的第一步。阳明先生《立志说》一文很精辟，学习者当时时诵读。志向一旦确立，宛如利剑，人生中无论顺境和逆境、得意和艰难，心不安，意难平，都能以志向之剑披荆斩棘，一往无前。

6. 11 子谓子夏曰：“女为君子儒，无为小人儒。”

子夏擅长《诗经》，受到过孔子的赞扬。他属于孔门四科里的文学科。孔子学问的传播，有两条路径：子夏传经，往下是荀子，再到汉朝的经学；颜子和曾子传道，往下是子思和孟子，再过一千四百年，由二程兄弟再重新承担起来。

卜商，字子夏，小孔子 44 岁，卫国人，孔子去世后他住在西河，即现在山西和陕西交界的黄河边。三家分晋，其中魏国开国君主魏文侯好学，子夏曾经做过他的老师（《史记·儒林列传》），魏国的西门豹、大将军吴起都是他的学生。但他只是宣传自己，而疏于推广老师的道，受到曾子的严厉批评。

讲两个子夏的故事。西汉《韩诗外传》讲，有一次孔子去拜访康子，子张和子夏跟随。孔子坐下后，他们两个人不停辩论，喋喋不休。其间子夏用词和语气非常狭隘，脸色也大变。子张说：“你听闻过我们夫子讨论问题吗？

他说话缓慢，和颜悦色，却威仪端正，先思后说，说话前先沉默一下，以示推让，体貌巍然，道理荡荡，实为有道君子。而小人讨论问题，自以为是，不知内省，一味说别人的不是，瞠目扼腕，滔滔不绝，眼睛发红，一旦占上风，狂笑不已，形容丑陋，辞气鄙俗，为君子所不齿。”

东汉《孔子家语》讲，有一次孔子出门，刚好下雨，他的车没有车盖，门人说子夏有，孔子说子夏这个人很吝啬，我听说跟人交往时要推许其长处，不宣扬其短处，这样方可人情长久。

尽管孔门弟子有各式各样的缺点，经常被老师批评，可他们天天在老师身边，受到老师的熏陶，所造境域其实很高，后学万不可有忽视之心。

这章孔子批评子夏：“你要做君子儒，不要做小人儒!”君子、小人有根本不同，“君子喻于义，小人喻于利”。《论语》里很多这样的区分，这里又出现君子儒和小人儒。“儒”字甲骨文里就有，民国以来的学者如郭沫若、胡适他们反复辩论过“儒”字。《周礼》讲儒是“以道得民”，以身行道，以此得到民众的信服和跟从。两汉之际的《扬子法言》讲“通天地人，曰儒”，儒能通达天地之道，并接通于人道，百姓日用而不知，而儒者可以讲明大道，有学习宗旨，有学习方法，让人有章可循，有法可依。因此，君子儒是明道的，小人儒则有名利等私心。君子儒以传道，自明明德，进而新民，共止于至善。程子说：“君子儒为己，小人儒为人。”孔子赞扬子夏谈《诗》如切如磋，如琢如磨，他大概在书本上面用功太多，疏于行道，因此被孔子警告。小人儒未必是恶人，只是私心太重。

《礼记·儒行》讲君子儒的特点，儒以“忠信”为甲胄，以“礼义”为干橹，也就是兵器，戴仁而行，抱义而处，虽有暴政，也不会改变自立自强；学问广博，没有止境；笃行而不倦，独处时没有过分的言行和心念，不像小人独处时无所不用其极。君子儒能上下通达而无所困，行之以礼，以和为贵，以忠信为美，看到他人性情和柔，没有私心，能见贤思齐，勇于改掉妨碍自己进步的圭角峥嵘。君子儒之德便是如此宽容，实为每一位学习者的坐标。

6.12 子游为武城宰。子曰："女得人焉耳乎？"曰："有澹台灭明者，行不由径，非公事，未尝至于偃之室也。"

言偃，字子游，是孔门七十二贤里唯一的南方人，和子夏同属文学科。古时称文学，范围远大于现代学科分类的文学，不但包含了今天说的文史哲，甚至涵盖了全部与文字有关的领域。子游精通礼乐，《礼记》里有大量他讲礼的内容，是当时的礼学权威。

子游做过武城宰，即邑长，相当于现在的县长。武城在今山东临沂费县东南，曾子和本章提到的澹台灭明都是武城人。孔子问子游："你做武城宰，有没有得到人才呢？"孔子这句话很重要，对于治国者和管理者而言，第一要务是得人才。有些管理者不问巨细，事必躬亲，把所有资源全掌握在自己手里，不愿意放权，身心疲累，又抱怨手下没有人才可用。其实是管理原则有问题。儒家也讲无为而治，但跟道家不一样。15.5 章子曰："无为而治者，其舜也与？夫何为哉？恭己正南面而已矣。"儒家的理想是构建和谐的人间秩序，上下内外，井然有序，以和为贵。皇帝的要务是选择宰相之才，宰相的要务是选取朝廷核心管理层的负责人，各部长官的要务是选择具体的助手……若人才选取得当，管理就像大树的枝和干，上下一统，各行其是，每一级的管理者只需要按照事情固有的道理去做就好，"恭己正南面而已矣"，行事以恭，恪守本职，往往事半功倍，轻松有序，这是"无为而治"。

子游回答："得到了一个叫澹台灭明的人。"复姓澹台，名灭明，字子羽，小孔子 39 岁，有人说他是孔子最晚的弟子之一。《史记·仲尼弟子列传》记澹台灭明面貌丑陋，孔子对他有所忽视，以为他才能不够。但他很用功，坚持修身，渐有所成，后来跟从的弟子有三百人之多，闻名诸侯。孔子因此责备自己"以貌取人，失之子羽"。言语科的宰予，孔子一开始"听其言而信其行"，后来才"听其言而观其行"，孔子也自责"以言取人，失之宰予"。凡夫的习气，圣人难免，只不过圣人愿意承认错误，能马上改正，这是超逸常人的地方。

接着子游说澹台灭明"行不由径"，《说文》讲径是步行道，也就是小路。《老子》五十三章："大道甚夷，而民好径。"夷是平，大道本来很平，但普通人喜欢走小路。这话正中我们普通人的习气。澹台灭明特立独行，凡事不走小路，光明正大。子游又说他"非公事，未尝至于偃之室也"，不到领导的房间谈论私事，坦坦荡荡。不走小路，为人方正；不徇私情，秉持公心。子游以此两条来判断一个人是否为人才，而不是这个人有什么经天纬地、日入斗金的大能。这点值得领导者深思。选拔人才需以德为主，以才为次，唯有德才兼备，方为大才。

6.13 子曰："孟之反不伐，奔而殿，将入门，策其马，曰：'非敢后也，马不进也。'"

孟之侧，鲁国人，字反，故又称孟之反，是和孔子同时期人。伐，矜伐，居功自傲。人有两个毛病最难克服，一个是骄矜，今天的人其实都是很骄傲的；一个是怒，怒气上来，很容易失去判断力。孔子称赞孟之反不自我矜伐，然后举了一个例子，是真实历史事件。他所在的军队在战争中溃败，此时殿后的人非常重要，身处危险，人品和才能都很珍贵。孟之反殿后，没有矜功自伐，所有人都撤回城门，他在最后入城门前，故意鞭打坐骑，说不是我敢于殿后，而是我的马跑得太慢了。略显幽默，同时能化解其他同僚没能殿后的愧疚。

据《左传》，这场战役发生在哀公十一年，齐国因积怨攻打鲁国，鲁国执政季康子本来想请回滞留在卫国的孔子，可有人劝他："您父亲得罪了孔子，如今把他请回，若再没用好，岂不为天下耻笑？"于是季康子派人去把跟随老师的冉求请回来帮忙。后来齐国的军队一直攻到国门前，鲁国把军队分为左师和右师，右师统帅是孟武伯，冉求统帅左师，孔门另一个弟子樊迟也参加了这次战役，当时年纪很小，21 岁左右。冉求有勇有谋，左师获胜，但孟武伯率领的右师却溃败了，孟之反就在右师，才有了《论语》这一章的故事。《左传》有详细记载。最终还是冉求发起猛攻，击退了齐军。事后季康子问冉求，你的军事才能是学来的，还是本来就会？冉求说，我是从老师那里学来的，季康子说，你跟着孔子学习圣贤之道，怎么会学军事呢？冉求说，我的老师是大圣，文武兼通，我学到的还远不够精深详尽。季康子这才派人请孔子返国，这一年孔子 68 岁。

孔子教学，常以时政中的人和事为例。举世都在争功夺利，孟之反这样谦让，要么是天资好，要么是有后天的修身工夫。一定是两者兼有，方可成就人才。

我们知道，先天资质和后天因素，对学习同等重要。3.8 章子夏和孔子论《诗》，讲“绘事后素”，用来比拟人需有忠信资质，才能进一步发展出其他才能。5.28 章孔子讲“十室之邑，必有忠信如丘者焉，不如丘之好学也”，具有忠信资质的人多有，而唯有靠好学、坚持不懈，才能培护忠信品质随着时光的迁徙而愈发光明，那是终身的学习。

矜伐之心，对学习危害甚大。人不能因为自己有而别人没有的某种才能，瞧不上别人，也不能让别人因为没有某种才能而感到羞愧。只有这样，人的私心和矜心才能逐渐消磨掉。孔子讲的这个道理，不矜伐，以及温良恭俭让，两千多年来渐渐融入了中国人的精神血脉。

程门四先生之一的谢上蔡曾和程子讨论过孟之反的不伐，他说今天的人也能做到像孟之反这样，但他会想办法让别人知道他的不伐。伊川先生笑着说，这种人正是“巧于伐者”。居功自傲，自吹自擂，这当然是很愚笨的矜伐，所有人都看得出来，还会引起别人的反感。还有一种非常巧妙的自负，通过一些小动作，不经意地将自己的“不伐”示人。人心很难琢磨，这种巧于自负的小动作，有时候连自己都意识不到。又譬如行善，本是天性素有，有人虽不会公开宣扬，却会有意或无意用一些巧妙、不易察觉的方法，让别人知道他的善。

有一则禅宗语录，有人问禅师：“蚌有珍珠，它自己知道吗？”禅师回答了三个字：“知则失。”如果它自己知道的话，珍珠就没有了。这里面的工夫，非常细微。《尚书》讲：“人心惟危，道心惟微。”不自知、不矜伐的善才是真正的善。人若为自己行善而自得，善的纯度和精度会损失很多。这值得每一位学习者惕励自勉。

6. 14 子曰：“不有祝鮀之佞，而有宋朝之美，难乎免于今之世矣。”

先简单介绍一下祝鮀和宋朝。14. 19 章孔子讲“祝鮀治宗庙”，可知祝鮀（字子鱼）是当时卫国负责宗庙祭祀的大夫。春秋时期发生过两次召陵之盟，召陵在今河南漯河。第一次是鲁僖公四年（前 656）春，齐桓公率众诸侯攻伐楚国，以尊王名义巩固了霸主地位。第二次是定公四年（前 506），盟主晋国召集 18 个诸侯讨伐楚国，是春秋时期最大的一次诸侯会盟。这次会盟前，卫国大夫子行敬子向卫灵公进言，说会盟时难免有烦乱纷争，很难处置得宜，应当带上祝鮀随从。祝鮀一开始推辞，说自己的职责只在宗庙祭祀，会盟外交与己无关。最后卫灵公说你必须去，他才跟随前往。在皋鼬（今河南临颍）会盟时，果然出现了祭祀顺序的纷争。卫灵公派祝鮀私下找周天子大臣苌弘。苌弘是很有名的历史人物，孔子曾经向他学习过，后因忠良被杀，血化为碧色，即“苌弘化碧”的典故。祝鮀跟苌弘说，我听到会盟时安排蔡国在卫国前面祭祀，是真的吗？苌弘说确实如此，因蔡国的开国先祖蔡叔，是卫国开国先祖康叔的兄长，排在前面，岂非理所当然？接下来祝鮀说了很长的一段话，非常精彩，有理有据，对夏商周的历史和礼仪非常了解。可见口才好一定要有足够的知识背景，还要运用自如，不然就显得浅薄。祝鮀谈话中以周公为例，说周公功勋非常大，天子特别允许鲁国用天子礼仪，但周公并非兄弟里年龄最长的，蔡叔、管叔都是他的兄长，却伙同商纣王之子毒乱王室。您想恢复文王、武王的开国气象，却不以德为上，怎么能行？苌弘听后大悦，和另一位天子大臣刘子（他也是一位圣贤）以及霸主晋国商量，最终把卫国安排在蔡国的前面。

宋国公子朝，时人称他为宋朝，是有名的美男子。《左传》定公十四年秋，齐国和宋国结盟于洮，卫国也参加了。卫灵公夫人南子，是宋国人，在没有嫁到卫国之前，曾和宋朝私通，在这次结盟中，卫灵公因宠爱南子，居然派人去宋国，把宋朝召见到洮，让南子和宋朝见面。卫灵公的太子蒯聩（南子是其后母）知道这件事后，非常不满。他去齐国献盂，路过宋国乡下，听见乡人唱歌，讽刺南子是求欢的母猪。蒯聩感到羞耻，对家臣戏阳速说，回去后你跟我一起见少君（即南子），看到我回头示意，你就上去杀掉她。戏阳速同意了。后来见到南子，太子三次回头向戏阳速示意，他都不理。南子见太子脸色不对，知道他想杀自己，哭着跑去找卫灵公，说太子想杀我。于是太子流亡到宋国，常对人说自己是被戏阳速祸害的。而戏阳速却说太子无道，想让我杀其母，我不愿意，若我当时杀了君夫人，太子将会拿我顶罪。说句题外话，卫太子蒯聩流亡宋国的第二年，孔子到卫国，待了三年。卫灵公死后，因继承人问题，发生了内乱，子路便死于此。

祝鮀擅长辩论，能在外交场合为国家争取利益，时人以他为巧言；宋朝令色媚人，为人不齿。《汉书·古今人表》把人分成九等，上上是尧舜禹汤等圣人，最差的第九等为下下，包括商纣王、周幽王、南子、蒯聩、阳虎、吴王夫差、秦赵高这些人，祝鮀和宋朝也被列入这一等，人品最差。

6.14 章孔子意谓，在当今之世，要么有祝鮀的口才，要么有宋朝的美色，才能免于不幸。他感叹世风日下，世道衰微。古往今来，这种情况屡见不鲜，巧言令色的人，往往左右逢源。人在年轻时难免被这种风气所影响，但随着年龄增长，在世间直道而行，会逐渐明白，人贵在有主心骨，把身心立起来，方为正道。《诗经·鄘风·相鼠》讲："相鼠有体，人而无礼。人而无礼，胡不遄死？"老鼠尚有身体为根本，而人却常常无礼，丧失根本，这样还不如赶紧死了算了。礼义廉耻，实为人的根本，唯有身心的秩序感，才可以保持生命的张力，生命贵在能收敛精神，以仁义自律。

6.15 子曰："谁能出不由户？何莫由斯道也？"

孔子说："谁能出入不经门户？同理，人的日常言行何不遵循天道？"

古时门、户有别，单扇的叫户，两扇的叫门。可见户是家里像卧室等小房间的门，每天出入无数次。《老子》四十七章："不出户，知天下；不窥牖，见天道；其出弥远，其知弥近。"足不出户，可知天下；不从窗户往外看，可见天道；人若不知大道，跑出去越远，所知反而越近。很多人完全不事学习，喜欢到处旅游，四下打卡，看似身体自由，其实并不能开阔心胸，精神依旧贫乏，古人称之为佚游。16.5章孔子讲对于身心有损害的三件事，其一便是“乐佚游”。

孔子感叹世事，又在激励众人。仁义如大道，坦坦荡荡，人人皆可知，皆可行。若自暴自弃，自甘随波逐流，精神渐渐往下走，无所归止，实在是可惧的事。人在世间生存，无需惊天动地，事事平凡，这很正常，却不能被俗情俗念、私心私念所制。孟子说：“仁，人之安宅也；义，人之正路也。旷安宅而弗居，舍正路而不由，哀哉！”人的精神唯有处于仁，方为安宅；言行唯有出自义，无不适宜，方为正路。若放着自己的安宅而不住，精神游荡；舍弃自己的正路不走，言行无主，这是很令人悲哀的。羡慕并追求祝鮀之巧言、宋朝之令色，便是如此。凡事都有天理在，应当善于思考，并遵循而行。从穿衣吃饭、行住坐卧，到天地国家、世间五伦，莫不如此，任何情况下都不能忘掉诚和敬。《中庸》讲：“君子之道，造端乎夫妇，及其至也，察乎天地。”这句话非常重要，君子求道，当从夫妇之道开始，由近及远，往外扩展，通达天道。夫妇之道很能考验人。孟子说：“身不行道，不行于妻子。”行事若不遵循天理良知，在自己家里就行不通。所以《诗经》第一篇《关雎》就是讲夫妇之道。经典的道理都是相通的。学习者当由此努力，持之以恒。

6.16 子曰：“质胜文则野，文胜质则史。文质彬彬，然后君子。”

“质”即性情质朴、淳朴，“文”即性情多文饰。一个人的质朴胜过他的文饰，会显得粗野；反之，文饰胜过质朴，则外显为“史”。史，《说文》曰：“记事者也。”最早“史”的职责是记录王者各种言行，《礼记》曰“辞多则史”，言辞多则容易“史”，引申为华而不实，甚而诚意不足。今人使用成语“文质彬彬”，偏重文的一面，忽视了质的一面，其实“彬彬”是文质相杂而适度之意，不偏质也不偏文，文质均衡。进一步说，忠信仁义为质，言辞、礼仪为文，两者都恰如其分，是为君子。性情中质朴过多，会显得缺乏条理秩序，若加些礼文，可以更好展现他的质；性情中文饰过多，则显得繁杂、浮华，应当力求敦厚，以质朴来约束自己。文质彬彬是君子的追求，若两者不可兼得，宁可质朴一些，不能华而不实。子曰“十室之邑，必有忠信如丘者焉”，为人处世须以忠信为生命底色，而后文饰以言辞礼仪，这样文质适宜，内外相称，无过无不及，方为成德之君子。

有人生来气质偏质朴敦厚，有人天生气质偏灵动活泼，学习的目的，是改变自己固有的气质，文质彬彬是学习的结果，是后天之功。做人需懂礼，知进退，言辞有诚，文雅中含有真挚和质朴，合乎中道。无论何时何地，固守真挚忠信的本质，是安身立命的根本。

6.17 子曰：“人之生也直，罔之生也幸而免。”

“直”是儒学的核心词汇。《尚书》“王道正直”，王道即天道；《论语》15.25 章“斯民也，三代之所以直道而行也”，我们的民众跟尧舜禹圣王时期的民众没有区别，都是直道而行，有些人瞧不起民众，想要启蒙，实则是傲慢和偏见；《论语》2.19 章哀公问曰：“何为则民服？”孔子对曰，“举直错诸枉则民服”，以正直去矫正邪枉，则民众信服。

孔子说：“人生来是正直的，若是不直，自欺欺人，蒙蔽他人，还能在世间生存，那是侥幸得免而已。”

《中庸》讲：“君子居易以俟命，小人行险以徼幸。”君子身心正直简易，上不愧天，下不怍地，以待天命；小人铤而走险，幻想能够侥幸逃脱。人若丢掉了生来就有的正直，便不可称为人。草木有长得好的，也有枯萎凋零的，更有枯木逢春、焕发生机的，这很正常；若要矫揉造作，把它扭曲成某种器物，便戕害了它本有的勃勃生机。草木如此，人亦如此。富贵利达，自有定数，若扭曲本性，刻意钻营，行险邪枉，看似能得到很多，其实是让自己陷入人生的罗网，若能“幸而免”，也不过是被戕害的生命而已，已无生机，何以立身于世？

6.18 子曰："知之者，不如好之者；好之者，不如乐之者。"

这句话很有名，却往往真义不明。关键是"知"什么，"好"什么，"乐"什么？如人们谈起阳明先生的"知行合一"之说，以为知道某件事，起而行之，便是。岂不知"知行合一"的"知"，一定是"致良知"的"良知"，这样知和行才有章可循。阳明这两句话的含义是统一的。同样，这章的知、好、乐，都是有方向性的，有明确落脚处，那就是知/好/乐天理、知/好/乐仁义、知/好/乐忠信、知/好/乐天道、知/好/乐正直之道。这一点极关键，不能有偏差。就像一个人知道饭可以吃，是"知之者"，接下来他付诸行动去吃了，是"好之者"，吃饱后很满足很享受，是"乐之者"。

知之者未必能好之，好之则一定会去用功；好之者未必身心能有所得，有所得一定会乐在其中。一个人不知之，没什么可说的，若是深刻知道天理仁义为世间不可改易的真理，就一定会去追求，付诸行动，这是好之，是在知之的基础上更进一步。具体实践后，道理融会于身心，怡然自得，在为人处世上体验到真正自由自在的快意，这是乐之，是在好之的基础上更进一步。知之→好之→乐之，是由浅入深的过程。知之而不能好之，是知之还不够深；好之而不能乐之，是好之还不够笃实。

从具体工夫上讲，要从知之开始，没有知之，不可能好之；没有好之，不可能乐之。有些学习者重视乐之、好之，忽视入门的知之，稀里糊涂喜欢某些东西，懵懵懂懂觉得乐在其中，却不知其中的道理何在，甚而觉得不求甚解更好，其实是盲目，甚至迷信。

西汉《淮南子·缪称训》讲："故同味而嗜厚膊者，必其甘之者也；同师而超群者，必其乐之者也；弗甘弗乐而能为表者，未之闻也。"同样的味道，有些人会嗜好；同样的老师，有些人能超群，这必定都是乐之者。不能知之，不能好之，不能乐之，却想出类拔萃，是从来没有的。我们日常的学习和工作，知之深，便能好之，从而产生兴趣，提高主动性和积极性；好之深，便能乐之，从中体验到身心提高和实现自我价值的喜悦和乐趣，便能持之以恒，良性循环。当然，如前所说，尤其不可忘天理之为宗旨。

6.19 子曰："中人以上，可以语上也；中人以下，不可以语上也。"

"中人"即普通人，中等资质的人。世人向来喜欢给人分等级，《汉书》有一篇叫《古今人表》，把古今各式各样的人物分成九等，上等再分上中下，中等、下等皆如此。上上等，"可与为善，不可与为恶"，只行善，从不作恶，这是上智；下下等，"可与为恶，不可与为善"，只作恶，从不行善，这是下愚。子曰："唯上知与下愚不移。"上智和下愚都是极难改变的，那只是极少数。而世上绝大多数人，都是中人，"可与为善，可与为恶"，善恶只在一线之间。人生来资质都差不多，聪明才智和性情，皆是中人资质，若受到好的熏陶，好的教育，就往上走；若受到不良的熏陶，坏的教育，则往下走。所以在中人里，最终是要分流的，唯有好学者往上流，唯有不好学者往下流。有的人自命不凡，或自以为才智出群，其实不过仍是中等资质，若无内省能力，弄不好会流向下愚地步而不自知。

这一章孔子之意，是说芸芸中人，只能从基础部分开始学习，一步一步往前走，在基础还不够扎实的时候，不可告诉他相对高深的"上达"之理，不然他不但不能真正理解，还有可能会好高骛远，有越级陵节的非分之念。甚而一知半解，自得自满，学习和做事不切实际，不愿意脚踏实地，成事不足败事有余，进入空荡无所归宿的境地。

学习是有次序的，无论何等资质，皆需从下学处用功，勤勉不息，苟日新，日日新。每一个学习阶段，告知他相应程度的道理，渐渐向上达阶段进步。虽说"唯上知与下愚不移"，但下愚只要愿意用功，以善自治，必定可以往前进；而上智不去用功，自暴以不信，自弃以不为，终究会变成庸庸碌碌的庸人，甚至变成恶人。只有那些自绝于善者，才是"下愚"。而最基础的学习，无非"居处恭，执事敬"，端茶送水，穿衣吃饭，在一言一行、一点一滴处下工夫，这实际上是高明处。

因此，所谓"中人以上"，实为中人而能上进者；所谓"中人以下"，实为中人而甘于下流者。凡事自择，一切在己。

6.20 樊迟问知，子曰：“务民之义，敬鬼神而远之，可谓知矣。”问仁，曰：“仁者先难而后获，可谓仁矣。”

这一章极重要。樊迟先是问知，后问仁，都是儒学的核心问题。

中华文明特别注重仁、智、勇，《中庸》称之为天下三达德，五伦是天下之五达道。人人可以通达之天德，人人必由之大道，“所以行之者一”，以诚和敬贯穿一切，是人之所以为人的根本。人的身心结构中，其根本为德性，以此在天地间安身立命。人又格外重视自己的七情六欲，鸢飞鱼跃，活泼可爱。德性和感情缺一不可，但情欲须统摄于德性，以礼自持。圣人具备天地之德，有充沛的情欲，发出来为威仪三百，礼仪三千。这是衡量世间万事万物的准则。

因此，我们权舆不同文明，看待历史，评估新生事物，衡量新科技，皆当由此出发。新科技每有进展，便会引来无数人惊呼，或动辄称其改变历史，或轻易断言留给人类的时间无多。其实多是人云亦云，没有正确的裁断力。世界纷纷扰扰，乱花渐欲迷人眼，人的内心需要有主宰。某些重要的科技或许能改变历史的走向，但归根结底是人类追求仁、知、勇的手段，绝不是人类智慧的核心。如果真的像有些人所说，人类受制于自己发明的技术，甚而被毁灭，那是天地否塞，天道剥落，这样的人类也没什么可留恋的。

对于樊迟问知，孔子回答：“务民之事，是将民众引导到道义上；对于不可以用常理揣测的鬼神，因不切民用，当敬而远之。”“之义”的“之”是“到”的意思。唯变所适，唯义是从。变化是世间常态，小到个人，大到家庭、单位、民族、国家，需要常变常新，保持活力。有些人思维僵化，甚至有逆反心理，是不知道变化是万物特性、生存之本。但无论如何变化，需以“义”为核心，不能茫荡无所归。6.2 章仲弓说“居敬而行简，以临其民”，内心持敬，简易以行，这样去面对民众。《近思录》卷十收录刘安礼问如何临民，明道先生回答他：“使民各得输其情。”让每一个民众都能把自己的情感和需求充分表达，身心通畅，绝不能窒塞人情，以至祸患。这是领导者一定要知道的道理。刘安礼接着问如何做御史，御史是纠察官或监察官。明道答："正己以格物。"先把自己摆正，才能去要求别人，孟子说："有大人者，正己而物正者也。"这是政治学和领导学的本义。

"务民之义"之后，"敬鬼神而远之"。这里有两个关键字，一是敬，一是远。敬是要对鬼神保持足够的敬意，鬼神是存在的，同时与鬼神保持距离，不要太靠近。所谓敬而远之，是放在适当的位置，保持六尺之上有神明的戒慎恐惧就可以了。这是一个人有无智慧很重要的一条。

什么是鬼神？横渠先生说："鬼神者，二气之良能也。"出自孟子之言："人之所不学而能者，其良能也。"天地之间无非阴阳二气，万事万物皆由阴阳组成，阴阳二气里的精华，便是鬼神。神者，伸也，是人的精神中，乃至天地间能伸发的阴阳之气。鬼者，归也，万物来自天地，再回归天地，若暂时无所归主，游散在天地间，是谓鬼。对鬼神的认识，需要通透到这个地步，才不至于被那些神秘和迷信的东西所束缚。

比如《左传》文公二年，鲁国公室将僖公的木主跻到闵公之上，负责宗庙礼仪的大夫夏父弗忌为这次逆祀辩解说："吾见新鬼大，故鬼小。"新鬼指刚去世的僖公，故鬼指35年前去世的闵公。古人重视祭祀祖先，专门制作神主，进行供奉，能通过特殊的仪式和祖先的灵魂进行交通，祖先的灵魂也能护佑子孙以福祉，这便是神。

其实在人的身心上也能体验到鬼神。"至诚如神"，身心以至诚和这个世界交通，是自己伸张的阴阳之气。人常说的"心里有鬼"，是指人心里的阴气过重，胜过阳气。人心捉摸不定，鬼神实为形而上的部分，奇妙且无法掌握。人在世间，正己然后正人，这是正道，一般情况下无需在阴阳不测的事情上花费精力，以免形神俱疲，走向不可估量的邪枉，最好的做法便是敬而远之，尤其是务民之义时，更当如此。这才是真正的智慧。

有的人过于相信鬼神，希图用世间的利益去和鬼神交换，求神拜佛，无所不至，其实是亵渎鬼神，贿赂鬼神。有的人完全不信鬼神，甚而轻慢或谩骂，心中没有敬畏，自傲且无知。真正有智慧的君子，把全副精力放在世间秩序上，不去寻求虚无缥缈的东西。古代的地方官上任之初，第一要务就是

“毁淫祠”，淫是过分，有些无知民众建构祠堂，祭祀各种无关天地正气、世间正义的鬼神，便是淫祠。

11.12 章子路问如何侍奉鬼神，孔子告诫他：“未能事人，焉能事鬼？”人道尚未尽到，怎么能去侍奉鬼神？程子说人多信鬼神，那是迷惑，而不信的人又不能敬鬼神，则是不畏天命。专注于人道诸事，而不迷惑于难知的鬼神之道，“能敬能远，可谓智矣。”这是极富智慧的道理。

樊迟问知之后，接着问仁，孔子回答：“仁者先做难的事情，然后考虑收获。”这里的“先”“后”“难”“获”都是关键字。

为什么“先难而后获”就叫仁？平时很多人做事都能先难后易，并且颇有收获，这能叫仁吗？可见孔子的话一定有更深的道理在。什么是难？人常说最大的敌人是自己，挑战自我最难，尤其到了一定的人生阶段，有了地位与财富，走出舒适区是很难的。克治私心杂念，让身心变得通透光明，这才是最难的。阳明先生讲，破山中贼易，破心中贼难。这和 12.1 章“克己复礼为仁”可以相互印证。孔子讲的“先难”实为“克己”，“后获”实为“复礼”，礼者理也，克治己私，恢复光明本性和身心原有秩序，这就是仁。《大学》讲自明明德，然后往外推于新民，而止于至善，便是先难而后获，也是克己复礼。经典文字或有不同，含义则实同。

12.21 章记樊迟跟从老师游于舞雩之下（舞雩是当时曲阜城外祈雨的高坛，孔门师生常去此处郊游），问什么是崇德、修慝和辨惑？孔子先是称赞他“善哉问”，然后说：“先事后得，非崇德与？”这里的“先事后得”亦即本章的“先难而后获”。正如汉儒董仲舒所言：“正其义不谋其利，明其道不计其功。”立身行事，追求正义而不谋求具体利益，讲明天道而不计较是否有功效。一个人在物质和精神两个层面的功利心太强，对他的进步必定产生很大的阻碍。努力耕耘，不计较收获，德行日渐积累而不自知，是谓崇德。

既然克治自己最难，应当如何下手？14.1 章樊迟曾问过：“克、伐、怨、欲不行焉，可以为仁矣？”克是好胜心，伐是矜伐、骄傲心，怨是怨尤，欲是贪欲，克治这四者的确难度很大，以至于樊迟以为若能克治掉，便可以“为仁”。孔子告诉他：“可以为难矣，仁则吾不知也。”难度很大，但不能叫仁。

和身心性命有关的学习，概括起来，一为祛阴，一为培阳。克治阴气一分，阳气便增加一分；反之亦然，培护阳气一分，阴气便能去除一分。5.27 章“能见其过而内自讼”的悔过，是祛阴；养护浩然之气的迁善是培阳。真正的学习，需二者结合而行，若悔过太多，则变成阻力；若气息太盛，则容易“亢龙有悔”。圣人制礼作乐，目的在于对我们的性情有所束缚，充沛的性情能保持我们的生命力，但需要控制在合适范围内，不然会伤害性情。“哀而不伤，乐而不淫”，七情六欲遵循中道而行，便能不偏不倚，日臻纯粹，此为“先难而后获”。

孟子讲人皆有不忍人之心，扩充开来便是仁。“忍”字心上有刀刃，是残忍，是心中坚硬如铁处；去除心上的刀刃，为不忍，即恻隐之心，是心中柔软温润处。扩充的具体方法，是将不忍心之处，推到忍心处。每个人内心都有柔软的地方，即便只有一点，也要努力把这一点扩充到其他坚硬的地方。孟子见梁惠王时赞扬他有不忍之心，梁惠王问何以见得，孟子说我听说有一次您在堂上坐着，有人牵着一头牛从下面走过，您见牛“觳觫”，叫声很悲哀，问此人干什么去，他回答这头牛要用来祭祀，您不忍心，让他把牛放了，那人问祭祀怎么办？您说用一只羊来代替吧。君子之于禽兽，见其生，不忍见其死；闻其声，不忍食其肉。君子之心既然可以及于禽兽，更当推仁心于黎民百姓。人有恻隐之心不难，而将这点不忍之心往外推至其他人身上，乃至推至天下，才是最难的。

曾子的父亲曾点，生前喜欢吃洋枣（一种又酸又甜的小枣），他去世后，曾子终身不忍吃洋枣，这是他的不忍之心。但这还不够。孔子“食于有丧者之侧，未尝饱也”，这是将对亲人的不忍之心推广到其他人身上，这样方能开阔广大。发现并恢复自己柔软的本心，是求仁的第一步。“老吾老，以及人之老；幼吾幼，以及人之幼。”老吾老、幼吾幼是不忍之心，以及人之老、以及人之幼是达之于其所不忍。这才是君子之学、大人之学。

孟子又说，有智慧的人，没有不知道的东西，但凡事有先后，需从当务之急开始做起。仁者无不爱也，但“急亲贤之为务”，唯有从爱护亲友、亲近贤德之人先做起来。《大学》三纲领之一的“新民”之义，并非一视同仁的亲民，而是有先后顺序的。

这一章讲了智与仁的先后和难易次序，克治己私，应当把全副精力放在自己和民众追求的至善仁义上，而对变化莫测的鬼神需敬而远之。对于一般人来说，最常见的是患得患失的祸福心和欲速助长的功利心，这两点也最容易妨碍进步。因此，15.33 章孔子讲："知及之，仁不能守之；虽得之，必失之。"这十分重要，人有点聪明不算什么，唯有靠仁心呵护，智慧才能行稳致远。

6.21 子曰：**"知者乐水，仁者乐山；知者动，仁者静；知者乐，仁者寿。"**

这里"乐山""乐水"的"乐"，是动词，古人读为 yào。如今我们读为 lè，也没有问题。

中华文明讲究天人合一，人与山水融为一体，山水的性情就是人的性情，我们在大自然中体验天地之道和四季变迁，体验人道和个人之性情。《列子》中伯牙与钟子期高山流水的故事，人尽皆知，是流淌在我们文明中的血脉。伯牙擅长鼓琴，钟子期擅长听琴，伯牙鼓琴志在高山，钟子期就能听到琴声中巍巍峨峨若泰山；伯牙鼓琴志在流水，钟子期就能听到琴声中浩浩洋洋兮若江河。伯牙所念，钟子期必得之。人与人之间性情的感应，从山水中而来，山高水长，乐以忘忧，哪里有一点个人主义的自私和偏狭？这一章仁者、智者与山水的相互交融和辉映，关乎身心，系乎性命，有哲人之思，开人心胸，格外动人。

孔子讲过"仁者安仁，智者利仁"，身心安于仁，仁是身心之安宅，显然偏静的一面，即"仁者乐山"；智者以仁来利益自己的身心，偏动的一面，即"智者乐水"。这是仁者和智者的志向，也是仁者和智者彰显出来的生命气象。6.21 章不仅讲天人合一，还讲仁智合一。仁者静中有动，智者动中有静，动静合宜，是活泼有力的生命体，这是每一位学习者都能体验到的。《尚书》讲"思曰睿"，学习到了一定阶段，思考问题便不仅仅是意念层面的了，而是以天道仁义为基础，那是睿智。

仁者像山一样宁静致远，山上草木茂盛，鸟兽繁息，万物有序，生机勃勃。如此浑厚沉实，因此仁者寿。弟子问：“孔子喜欢称赞水，他从水里得到了什么？”孟子回答说：“水从源头出来以后，没有一息停止，不舍昼夜往前走，遇到艰难困苦、沟沟坎坎，能很快填满，由此充盈至于四海。”因此，身心有主宰、有根本的生命，就会有取于水的意象，源头活水，生生不息，智者乐于此。而无本的生命，就像夏天七八月之间的雨水，很快填满沟壑，但转瞬之间就干涸了。

《礼记·乐记》云：“人生而静，天之性也；感于物而动，性之欲也。”人的身心生来是静的，这是上天赋予我们的本性；随着我们在现实生活中跟这个世界打交道，会被各种事物所触动，七情六欲因此而生。这是动和静的关系。有的人性情偏动一些，有人偏安静一些，但每个人生命都是动和静相融无间，只不过人在不同的状态下，会有不同的体验。明道先生《定性书》发挥了《大学》经文的“定”字：“所谓定者，动亦定，静亦定，无将迎，无内外。……故君子之学，莫若廓然而大公，物来而顺应。”君子之学广阔雄浑，大公无私，无偏无倚，随着世间事的固有道理做出反应，因此他的身心动亦定，静亦定，对世事不拒不迎，没有内外之别。

东汉荀悦《申鉴》载：“或问仁者寿，何谓也？曰：仁者内不伤性，外不伤物，上不违天，下不违人，处正居中，形神以和，故咎征不至而休嘉集之，寿之术也。曰：颜、冉何？曰：命也，麦不终夏，花不济春，如和气何？虽云其短，长亦在其中矣。”所谓“仁者寿”，是仁者能哀而不伤，乐而不淫，将性情控制在适宜范围，从而内不伤害本性，外不伤害他人和他物，上无违天道，下不违人道，处正居中，形体和精神都充盈和气，因此各种过咎都不会临身，还能召集许多美好之事，这便是仁者长寿之道。从今天生物学角度讲，人的精神平和，身体各器官乃至细胞都能充满活力，自然长寿。至于德行很好却早逝的颜回，罹恶疾而死的冉伯牛，“命也”，这是气数之命。一如麦子不过夏，花儿不过春，它们同和四季轮替，并不影响天地间的和气，虽然生命短暂，但天地长久之道亦在其中。一个人的生命是否快乐，寿命是长是短，本属气数之命，但修身求道，获得生命的提升和本性的光明，却是永恒的天命。

生命有动有静，我们游历山川时，不妨在大自然中借此沉静身心，细心体验天人合一，体察山水的厚重和奔流不息与我们生命的对应和振奋。我们常讲身心有所得，那到底是一种什么体验？这是考量学习有无真正进步的重要关口。身心有所得，会感到有一股力量在推着你往前走，你从而会知道学习得力处在哪里。诵读、静坐、吟哦经典，这都是非常具体且有力的修身工夫，长久坚持，身心必定受用。

6.22 子曰："齐一变，至于鲁；鲁一变，至于道。"

这一章讲的是孔子在历史和政治方面的思想和深沉寄托。对于有志向有胸怀的人而言，思考民族国家乃至世界的过去和未来，都有非凡的意义。人的立身规模决定了眼界和胸襟，企业的建立规模决定了企业的根本精神以及路径，而立国规模决定了国家前途以及民族精神，这都和气运息息相关。

齐国始祖姜太公（姜尚），鲁国始祖周公，都是辅佐武王建立周朝的重臣。《史记》和《淮南子》讲，齐国的立国规模是"尊贤而尚功"，尊重贤者，崇尚功勋，精神往外走，当时周公说齐国后世必有篡弑之祸，果然春秋时期的第一个霸主就是齐桓公，而齐桓公死后国难不已；鲁国的立国规模是"尊贤而亲亲"，尊重贤者，以亲亲为重，精神向内走，当时太公说鲁国后世必弱，就国力国运而言，后来也应验了。孔子纵观齐鲁两国五百年历史，度以王道精神的消长兴衰，说齐国精神向外，易致霸道，若立国规模做一些变通，可以达致鲁国的向内精神；但达致鲁国还不够，若再做变通，内外兼顾，道器并重，便可以恢复先王之道。

春秋早期，鲁国有过一段内乱，所谓"不去庆父，鲁难未已"，齐桓公曾有意趁机攻取鲁国，被他的大臣劝止："鲁不弃周礼，未可动也。"（《左传》闵公元年，前 661 年）两个甲子后，新霸主晋国的大夫韩宣子到鲁国，见到保存下来的典籍《易象》与《鲁春秋》，感叹说："周礼尽在鲁矣。吾乃今知周公之德，与周之所以王也。”他在鲁国看到了周朝的王道精神。

至于什么是王道？《礼记·礼运》里有着清晰而动人的描述，值得反复诵读和体察：

> 大道之行也，天下为公，选贤与能，讲信修睦。故人不独亲其亲，不独子其子。使老有所终，壮有所用，幼有所长，矜寡孤独废疾者，皆有所养。男有分，女有归。货恶其弃于地也，不必藏于己；力恶其不出于身也，不必为己。是故谋闭而不兴，盗窃乱贼而不作，故外户而不闭。是谓大同。

中国人常讲的大同世界，不仅是政治制度，更蕴含了天地阴阳之道，吞吐乾坤，气魄很大。王道精神是“天下为公”，是贤能政治和道德中心主义，所用人才需德才兼备，讲究人与人之间乃至与世界之间的信誉，修整自己内部与外部的和睦气氛。老吾老以及人之老，幼吾幼以及人之幼，人尽其才，各守本分，家庭和顺，世间的各种苦难皆有完善的安置和养护。整个社会风气收敛而不放肆，井然有序。憎恶浪费，财富皆有所归，但不必归于己身；勤恳工作，凡事皆欲尽力，却不必是为了自己。阴谋诡计闭塞，私情私意不兴，盗窃乱贼没有生长的土壤，夜不闭户，路不拾遗。人人不以追求富贵为目的，而以利他利社会利国家为荣，是谓大同。孔子“鲁一变，至于道”的寄托便是如此，至于具体的制度设计和规划，皆遵循此精神随时调整和变化。

不同的国家有不同的立国规模，不同的民族有不同的民族精神。且不论1840年以前中国自身的历史以及和世界的互动史，只说19世纪中叶中国的发展开始被外力强行打断，百年来无数仁人志士救亡图存，做过无数探索，这一过程恢弘壮阔，可歌可泣。最终历史和人民做出了选择，这是国家民族精神的延续和映照。时至今日，国家和每个人都怀有梦想，如何更好往前走，孔子之言“鲁一变，至于道”，值得每一位身在其中的人思考。而“天下兴亡，匹夫有责”，勿谓我之不与，这是中华民族最宝贵的精神财富。

百年来，我们的传统文化经历了各种挫折乃至衰落，今日我们的民族开始格外重视对儒家精神的继承和弘扬，终于触底反弹往上走。《屯》卦云："雷雨之动满盈，天造草昧，宜建侯而不宁。"此时和未来正是国家和有志者奋发有为、不暇宁居的大时代。民族复兴并不是一代人两代人的事，也不是某群人的事，而是整个国家民族数代人共同努力的目标。历代中国人常有此精神。黄宗羲著《明夷待访录》，王夫之著《黄书》《俟解》，不但注重大道层面，亦偏重具体制度设计，言辞精辟，寄托深远。懂得了这些，现在我们回头去看，古人并不迂腐，而是充满了人生的智慧、历史的智慧，乃至奋发探索至于大道的智慧。

6.23 子曰："觚不觚，觚哉！觚哉！"

这一章提到了古代的一种礼器：觚。在古礼中，爵、角、觚和觯都是礼器中的酒器，饮酒用的，形制也比较接近，其中爵和觯最常用。在《礼经》中，这四种酒器的使用区分得非常严格，这是古人对秩序的精细追求。到了晋朝，人们管写字的木板也叫觚，陆机曾在赋中说"操觚以率尔"，后来"操觚"便成了写文章的意思。

这里孔子连番感叹：如今觚已经不像觚了，觚啊！觚啊！一如东晋桓温"树犹如此，人何以堪"来指代世事变化，孔子显然意有所指。

周公制礼作乐，礼乐繁盛，王道巍巍，在礼器上，制作觚的规制是很严格的，四五百年过去了，王道式微，人们连制作礼器都没那么用心了，规制淆乱，似是而非。一叶知秋，孔子从礼器的变化中看到的是礼乐文明的衰落。万事万物都有其原则和标准，若失去原则和标准，事和物就失去了它本有的意义。人间的秩序更是如此。我们常讲人在世间各自有不同的社会角色，井然有序，不能混淆，人之所以为人，需要把每一个角色的责任承担起来。进一步扩展开来，每个人身上都承担了天地精神，那就是天理良知，如此方才完备。人若失去了这些，失去了为人之道，吃喝玩乐，唯有形骸，便不能称之为人。孔子的感叹，并不仅仅为了觚的形制，实则是世上有名无实的东西太多，他借此有正名之意。所谓正名，在 13.3 章讲得很完备。名中有实，实中有名，名实须相称。今人最容易忽视这一点。名若不正，世间事会失去秩序，做事便会处处扞格不通，以至于单位或国家的礼乐刑罚混乱。礼乐是无形的精神和秩序，刑罚是具体的制度设计和管理，两者缺一不可。礼乐刑罚失序，管理会失去正当性，在这种情况下，民众手足无措，凡事不知道该怎么办。

9.16 章孔子讲一个人立于世间的责任："出则事公卿，入则事父兄。"《孟子》里也讲："内则父子，外则君臣，人之大伦。"人之所以为人，是承担了五伦的责任，保持五伦关系和谐的秩序，没有混乱，名分正当且通顺。

李零教授有一本书叫作《我的天地国亲师》，他说明朝万历年间，欧洲耶稣会士入中国，这是历史上基督教和中国最大的一次接触和交流。其中的先驱意大利人利玛窦人品和学问都很好，他有一个学生是徐光启，当时是明朝内阁次辅，他们二人合作翻译了《几何原本》前半部，是中西文明交流的一件大事。利玛窦刚到中国，最想弄清楚的一件事就是中国人最看重什么，他在中国扎根了几十年，总算是弄明白了，中国人最重视的是礼。中国的礼并不是宗教，中国的礼跟三才有关。荀子说礼有三本，天地是人的生之本，祖先是族类之本，君师是治理之本。所以，礼上事天，下事地，尊先祖，而隆君师，这是礼之三本。天地君亲师，最能代表中国的礼，维系着国家民族的秩序，这就是中国最看重的名分。我们常讲人的精神来自天地，天地是生身之本，而君代表的是国家，每个人都有自己的民族国家，在中国只有国家的大一统，没有宗教的大一统，这和西方刚好是相反的，这条很重要，不懂这条就读不懂中国。到了民国，帝制被推翻，换成了天地国亲师，君可以换成国，但是亲和师是没法换的。天还是中国的天，地还是中国的地，人还是中国的人，没有了君，我们还有国家。我们的"国"就是中华民族，我们的"国"是靠人民的力量，推翻帝国主义，自立于世界民族之林的"国"。敬畏天地、忠诚国家、孝养父母、尊重老师，仍是中国人强调的美德。"天地国亲师"这五个字，普普通通，实实在在。人在世间的名分和秩序，正是一辈子也离不开的"天地国亲师"。

本章孔子通过讲礼器中的觚，来指代人世间秩序的重要性，是人之所以为人的根本。

最后提一句，有学者怀疑“觚不觚”的“觚”，通假“待价而沽”的“沽”，这和9.13章含义相通。子贡曰：“有美玉于斯，韫椟而藏诸？求善贾而沽诸？”子曰：“沽之哉！沽之哉！我待贾者也。”孔子终生寻求能行道于世间，因此说我要待价而沽，等待来买我的人。这个说法也很积极。

6.24 宰我问曰：“仁者，虽告之曰：‘井有仁焉。’其从之也？”子曰：“何为其然也？君子可逝也，不可陷也；可欺也，不可罔也。”

朱子说，自己的老师兼岳父刘白水先生认为这章“井有仁焉”的“仁”字，应当为“人”字。宰我显然对仁义尚没有深刻的把握，因而提出了一个假设性问题：“对于仁者来说，如果有人告诉他井里有人，他到底要不要去救？”这是把事情推到极端，来看仁者的选择，以此彰显何谓“仁”。孔子回答说，为什么要这么做呢？君子可以去救，但是不要将自己陷于危险境地；君子难免会被编造或虚假的事情所欺骗，但是他不会迷惘和受骗于违背天理的东西。

孟子讲“知命者不立乎岩墙之下”，亦是此意。井里有人，当然应该去救，这是最基本的恻隐之心，但首先要保全自己的生命才可以，不要让自己陷溺进去。这是儒家学问非常重要的一个道理，需要深刻领会。好仁而不好学则愚，好仁却不去学习何谓仁，会没有裁断力，犯迂腐、愚蠢的错误。至于井中是否真的有人陷溺，君子或许会被骗，但保全自身，然后再去救人，才是天理，亦即仁义。

孟子讲，若鱼和熊掌不可兼得，则舍鱼而取熊掌。“生亦我所欲也，义亦我所欲也，二者不可得兼，舍生而取义者也。”舍生取义的前提，是要判别何谓义。君子奔走相告，迫切救人，是恻隐之心，但首先保全自己的生命和本性，不让自己陷溺，这是义。凡事都要斟酌其中的道理。仁智勇兼具，才没有弊端。

《孟子》里有一个故事：有人馈赠了一条活鱼给郑国子产，子产让工作人员（校人）把鱼养到池塘里，谁知校人把鱼烹吃了，回去禀告子产，说我刚开始把鱼放进水里，它还有点放不开，很快它非常快乐，转眼就游走不见了。子产很高兴，说："得其所哉，得其所哉！"校人出来后说："谁说子产有智慧？"接着孟子评论："君子可欺以其方，难罔以非其道。"君子可以被骗，但是他不可能违道理、昧良心。鱼入水后自得其乐，悠然游走，这是天理生机所在，子产立刻相信，毫不怀疑。人常讲吃亏是福，大多是自我安慰，其实并未深思其中的道理。一个人在物质方面或许吃了亏，可他的天理良知保全了，仍是一个身心完整的人。那个让别人吃亏的人，看似得到了物质利益或无形的名利，洋洋自得，却丧失人之所以为人最为宝贵的良知。孰轻孰重？孟子说："哀哉！人有鸡犬放则知求之，有放心而不知求。"世人把鸡犬丢了，都知道去寻求，而把自己的本心本性放失了，却不知寻求，真是一件悲哀的事。

面对极端假设，孔子的话斩钉截铁，告诉我们真正做人的原则，并不是做任人欺骗、逆来顺受、以博取好名声的"老好人"，而是凡事遵循天理，培护自己柔软的恻隐之心，世间事是则是，非则非，绝不徇私情、昧良知。

6.25 子曰："君子博学于文，约之以礼，亦可以弗畔矣夫！"

这一章在 12.15 章重出，只是没有"君子"二字。9.11 章颜回感叹说"夫子循循然善诱人，博我以文，约我以礼"，可见"博文约礼"是孔子重要的教学方法。《周易·系辞》说伏羲仰观天文、俯察地理，"文"通"纹"，人文即世人过去和现在的一言一行，所有能看得见的和看不见的，比如起心动念，都是文。博学于文，广泛学习世间的学问，范围非常大，并不局限于书册。但又不能停留、陷溺于此，否则人的所知所学乃至精神，一定会泛滥无所归，没有目标，如庄子所讲，以有涯随无涯，殆矣。以有限的生命去追求无限的知识，精神不能凝聚，是对生命的戕害。广泛学习，但一定要收敛精神，无论是书册上的学问，还是在世间处处留心的学问，最终都收敛到天理良知上，这是“约之以礼”。礼者，理也。视听言行符合天理，让天理约束博学，不至于放肆。博文和约礼，缺一不可。

唯有博文才不会孤陋寡闻，进而知人论世；唯有约礼，身心有所归，生命才有主宰。

孟子讲：“言近而指远者，善言也；守约而施博者，善道也。”言辞浅近而意旨深远，是谓善言；持守简约而所施博厚，是谓善道。蕺山先生说：“博而不约，俗学也；约而不博，异端也。”有人看似学问广博，言辞滔滔不绝，若不能以天理为归宿，实为俗学；但只追求简约，好高骛远，以一句顶一万句为高明，却两耳不闻窗外事，甚至鄙视世事，则为异端。

阳明先生讲过一句非常透彻的话：“博文是约礼工夫，约礼是博文主意。”这里的“主意”是主宰之义。身心约束于良知本体，而在世事上广泛磨练是具体修身工夫；反过来讲，在世事上磨练，需有主心骨，那便是身心约束于良知。《传习录》记载徐爱对这句话深思之未能得，向阳明问学。阳明说，“礼”字即是“理”字，天理发露出来，凡可以看到的，便是文；文背后隐微不可见的，便是天理。二者其实是一件事。约礼只是要此心纯是一个天理，要此心纯是一个天理，就必须在能看见的地方用功。比如事亲是博文，行孝便是约礼；事君是博文，忠义便是约礼；由此而推，世间事莫不如此。至于人的行动、静止、言语、沉默等，无处不然。关于知行合一，阳明也讲过“知是行的主意，行是知的工夫”，良知是一切言行的主宰，一切言行是良知的实践工夫。我们需知道“知行合一”的“知”，一定要等于“致良知”的“良知”。饿了我就吃饭，渴了我就喝水，这不足以涵盖知行合一。明白了这一关键点，身心才有主意。

6.26 子见南子，子路不说。夫子矢之曰：“予所否者，天厌之！天厌之！”

南子是卫灵公的夫人，是当时卫国政治的关键人物，但她作风不好，当时的人都知道，甚至因此导致了卫国内乱，子路就死于其中。“子见南子”之事，《史记·孔子世家》有比较详细的描述。今天我们看这个故事，需从孔子的心志上体察。孔子曾在56岁短暂代理鲁国国相，因齐国用计，执政季平子失礼，他便离开了鲁国，先到卫国，卫灵公一开始礼遇孔子，却因谗言而礼衰，孔子住了十个月就离开了。后来经历了像“畏于匡”这样的诸多磨难，第二次回到卫国。君夫人南子派人告诉孔子，说愿意到我们国家跟寡君做兄弟的四方君子，没有不见寡小君的。寡君、寡小君，都是谦称。她显然是主动向孔子发出了邀请。孔子辞谢，南子不断邀请，于是不得已而见之。见面时，南子在帷幕后，孔子入门，北面稽首。稽首是拜见尊者之礼，两手着地，额头触地或触手。今天没有这样的礼，人们会觉得是大礼，当时却很常见。孔子行礼后，南子在帷幕后回拜，“环珮玉声璆然”，环珮叮当，如在眼前，很生动。出来后，孔子说我本不想见，既然见了，我就要行之以礼。子路耿直，知道此事后，很不高兴，大概不分青红皂白，说了狠话，于是孔子措辞严峻地说：“此事若悖逆于我常讲的天理，上天也会厌弃的，上天也会厌弃的！”接下来孔子在卫国住了一个多月，有一次卫灵公跟夫人南子乘车外出，招摇过市，孔子坐在跟随的车上，回来后说：“吾未见好德如好色者也。”于是再次离开卫国。

很多人说这是孔子在发誓，其实不然，子路只是不明就里，而且他的不悦亦是正理，孔子何必发誓？孟子说：“吾未闻枉己而正人者也，况辱己以正天下者乎？”曲枉自己却想正他人，屈辱自己却想正天下，这是闻所未闻的。孔子以身任道，承担斯文，怎可能枉己行事？

孟门弟子万章问：“有人说孔子在卫国是住在一个叫痈疽的权臣家里，有这事吗？”孟子说：“没有，这是好事者编造的，孔子在卫国住在颜雠由家，颜雠由和子路以及卫灵公的宠臣弥子三人是连襟。弥子曾跟子路说，如果让孔子住我家，卫国的公卿职位，立刻便可得到。子路把这话告诉了孔子，孔子回答了两个字：‘有命。’”接下来孟子评论说：“孔子进以礼，退以义，得之不得，曰有命。”如果他住在痈疽或弥子家里，是“无义无命”，“何以为孔子”！

人在世间，难免要见一些不愿意见的人，甚至要与恶人周旋。《周易·睽卦》讲："见恶人，以辟咎也。"如果严词拒绝恶人，难免会引祸上身，所以恶人不能不见，可以避免怨咎，这才是合作之道。《扬子法言》说："诎身，将以通道也。如诎道而信身，虽天下不为也。"有些情况下屈身本是为了天道的通达，但若扭曲天道而伸展了身躯，即便给你天下也不应该做。阳明也讲过"有时而委曲，其道未尝不直也"，有时候做事曲折婉转一点，但不影响你的道是直的。君子处小人，唯有自守以正，行之以礼，以庄重的态度来对待。如此而已。

回过来再看子见南子，究竟是何意呢？《论语》7.29章讲互乡这个地方的人很难对话，大概是民风不太好，当地有一个年轻人求见孔子，孔子见了，弟子们很疑惑，孔子说："与其进也，不与其退也，唯何甚？人洁己以进，与其洁也，不保其往也。"尽管互乡民风不好，但他现在愿意洁身来见，我当然要赞赏他的意念，不去考虑过往；应该赞赏他的进步向善，而不考虑他以后会不会再退回原地。朱子说："不追其既往，不逆其将来。"不追究以前的，也不预料将来，将精神倾注在当下。他这一刻身心有诚敬，便应当接受。我们用这个道理去看"子见南子"，是以善意推测南子之心，更见孔子待人接物的洪量。就像阳明先生对弟子王心斋说："你看满街人是圣人，满街人到看你是圣人在。"人之视他人，一如他人之视己。这是圣贤的忠恕之道，值得我们每个人深思并践行。

6.27 子曰："中庸之为德也，其至矣乎！民鲜久矣。"

儒家精神，也可以说是人的觉醒之学问。觉醒自己具备天地之精神，具备光明之本性，然后以此觉醒统摄人生的一切。这是我们学习的根本宗旨和目的。

学习必须要有具体工夫。今人之所以无长进，便是学习无工夫之故。《中庸》讲了很重要的一个学习方法，是慎独，时常对身心中独有自己知道的部分保持谨慎。"莫见乎隐，莫显乎微"，看不到、听不见的隐微部分，往往是最明显、最要紧的，若不去精进克服，隐患不除，他日或许会造成更大的危害。

《中庸》讲："喜怒哀乐之未发谓之中，发而皆中节谓之和。"这是儒家学问头等重要的论述，学习到这里，算是触碰到了传统学问的核心。中、和，是关键。何谓中？喜怒哀乐之未发。我们常说人的精神分成两大部分，一是永恒不动的本性，无论顺境或逆境，即便天地颠覆，光明本性永远都在，是绝对的，没有相对，也可称为天理良知；二是喜怒哀乐等七情六欲，是变动不居的，会随着外界的变化而时刻流动，出入无时，莫知其向，是相对的。喜怒哀乐尚未形成时的生命状态，便是中，实际上即本性，"中"不偏不倚，浑然蕴藉，是对本性的一种定义和描述。我们每个人都能体验到"中"的状态。阳明先生讲："人平旦时起坐，未与物接，此心清明景象，便如在伏羲时游一般。"若晚上睡得不错，身心得到了很好的休息，早上刚起床，尚未与外界接触，整个生命状态的那种清明、安静、浑厚、自在，便是中，宛如游历于圣王伏羲时代。接着开始接触各种事物，思虑一起来，喜怒哀乐等七情六欲就纷沓发出。我们将发出来的七情六欲控制在一个合适的范围内，即"中节"，"节"的繁体字"節"，本指竹子的"節"，无论长短，终究有一个范围度数，"中节"是刚好有个节度，这样的生命状态，便是"和"，讲的是情欲的节制和适度。具体到为人处世、待人接物，是适宜而无过无不及。我们常把"和"理解为一团和气，甚至是没有原则的"知和而和"，为了"和"而和，那是误解。情欲多种多样，即便是所谓负面情绪，如看见恶事而怒，想起惨痛而哀，只要控制在合适范围，"哀而不伤"，仍是"和"。若快乐无度，喜悦无常，亦不是"和"。凡事"中节"并不容易，每件事上的"中"可能都不一样。良知亘古不变，但在具体事上却有不同表现。《近思录》卷一记伊川先生讲，"中"字最难认识，一定要默而识之，他举例说大厅的中央是中，但在家庭里堂屋是中，扩大到国家则有天下之中。周公在东方建立新都洛邑，选定的是天下之中，经过现代科学测试，洛阳和附近登封一带确为天下之中。再比如，大禹治水三过其门而不入，在当时是中；但对于颜回来说，三过其门而不入则不是中，一箪食，一瓢饮，居陋巷，不改其乐，是颜回的中。时间和空间发生变化，处理具体事情的“时中”便不同，“义者，宜也”，不同的情况下有不同的适宜。这是学而不厌的迷人之处。这两点非常重要，尤其需要学习者了解。

《中庸》接着讲：“中也者，天下之大本也。和也者，天下之达道也。致中和，天地位焉，万物育焉。”本性的特点为“中”，是我们生命乃至天下万事万物的大根大本，“和”是我们安身立命乃至处理天下事通达的道路。踏实学习而达致“中和”，恢复自己的光明本性，以天理良知统摄心念以及一言一行，天地间万事皆有秩序，万物各有正位，生长发育，井然不乱。

《中庸》“致中和，天地位焉，万物育焉”，即《论语》“天下归仁”之义。孔子曾告诉颜回“克己复礼，天下归仁”，很多人理解成，如果一个人能克治自己，天下都能认可你的仁，甚至能带动天下人归仁。其实并非如此。阳明先生说“天下归仁”是当你身心归仁，你看天下都是仁的，世界面貌在你眼里发生了根本变化。这才是真正的改变世界。明白这一点非常重要。一如阳明先生讲的“你看此花时”公案，花指喻天下万事万物，“你未看此花时，此花与汝心同归于寂”，你对世界没有诚意，万事万物对你便没有意义；“你来看此花时”，诚意显露，“此花颜色一时明白”，世界对你生机盎然。一个人怎么看待自己和这个世界，归根结底是由他的身心状态决定的。

“中庸”的“庸”，既是平常之义，亦是“庸者用也”之义。人之所以为人，回归“中和”常识而已。可惜世人忘了常识，以常识为非常，以非常为常识，甚至“小人反中庸”。我们以平常心对待日常生活中的各种事情，为人处世，待人接物，尤其以五伦为重，这是“中和”之用。

中庸的真正含义，即如上述，尽管是常识，却不容易达到，对于今人来说相当陌生，更难做到，甚至人云亦云把中庸理解成骑墙式的左右逢源，这是极大的误解。因此孔子才会说：“中庸之为德也，其至矣乎！民鲜久矣。”学习者需要以“诚敬”和“慎独”为把柄和工夫，经过不懈的学习，回归常识，努力做到“君子而时中”。

6.28 子贡曰："如有博施于民而能济众，何如？可谓仁乎？"子曰："何事于仁，必也圣乎！尧舜其犹病诸！夫仁者，己欲立而立人，己欲达而达人。能近取譬，可谓仁之方也已。"

孔子去世后，众弟子在墓前守丧三年，唯有子贡待了六年。现在曲阜孔子墓前右手边，有子贡庐墓处遗迹。子贡对老师感情深厚，亦能深刻体察老师的学问精神。这一章他问了一个非常好的问题：如果能向外推仁，在物质层面和精神层面，广博施予和接济民众，可以称作仁吗？孔子回答说："这岂止是仁，一定是圣人啊！即便是尧舜也未必能完全做到。"可见仁和圣有别，但对于初学者而言则无需刻意区分。孔子接着对"仁"进行了传颂千古的解读："己欲立而立人，己欲达而达人。"自己想立身心在天地间，同时想到别人也需要立起来；自己想通达天理世事，同时想到别人也需要通达。自立自达，是《大学》讲的自明明德；立人达人，是《大学》讲的新民。古人讲三折肱为良医，即俗话说的久病成医，唯有自立自达有心得，了解自性，进而洞晓人性，才能立人达人。自己切实走过觉醒之路，再根据别人的特点，把同样的道理和方法告诉他，使他觉醒。这也是孟子讲的"使先知觉后知，使先觉觉后觉"。这是"仁"。

但一个人若没有一定程度上的自立自达，生命尚无主宰，即便做善事，身心也是放逸的。唯生命有主宰，能自立自达，立人达人才有基础，神志清明，行事才有裁断力。《中庸》讲成己（成就自己）是仁，成人（成就他人）是智。另外，立人达人的同时，也是自立自达，此为仁德一车之两轮，需同时进行。人常讲帮别人便是帮自己。很多人有一种错误观点，是说唯有自己成就了，才能去帮助成就别人。这是不懂得自立自达必须蕴含在立人达人之中的道理，更没切实地实践。

力所能及去帮助别人，实际上是自己进步的重要方法。在此过程中，时时刻刻检查自己的敬与诚，力图排除名利、骄傲和功效等私心杂念。这些私心杂念都是不诚不敬，是自立自达的极大障碍。随着自己诚敬纯粹度的提高，整个生命便渐渐往上走，这是真正的学习，是身心性命之学。

《周易》讲“天行健，君子以自强不息”，这是仁的方向。岁月流逝，无论顺境或逆境，都能自立立人，自达达人，保持生命的张力，归根结底同归于生命的自强不息，一如天地般健朗。孔子在川上曰“逝者如斯夫”，他看见的是天地生命的奔流不息。

接着孔子又特别提醒“能近取譬，可谓仁之方也已”。“方”是具体方法，求仁的方法是由近及远，从跟自己密切相关的部分开始，从身边的人和事做起，切问近思，不要好高骛远。学习需常有疑问，无需担心自己的思考和问题太浅薄，只要跟自己密切相关，都是好问题，对自己身心的提高便有助益。

求仁的根基是诚，自我觉醒需要对自己有诚，觉醒他人需要对他人有诚。我们的学习，无需在意是否博学，只需时刻反省和检验自己诚意的纯粹度。今人重视情商，但情商必须以诚意为根本，否则便是虚伪的巧言令色。“至诚如神”，唯有诚意感人最深。反过来，是“不诚无物”，无物并非没有万物，而是世间人和事和你没有感通，断绝了天地的生机，生命只能往下走。

（本讲稿是在樊丽萍女士的整理稿上修订而成，谨致谢忱）

《中庸》首章浅讲

邵逝夫

关于《易经》的分享，因为疫情的原因，断断续续，先后持续了三年之久。今天，终于结束了。当然，结束只是一个新的开始。《既济》之后是《未济》嘛！

接下来，我们讲什么呢？我想了一下，决定讲一讲《大学》和《中庸》，但是并不做全文讲解，只讲首章。《大学》首章和《中庸》首章，这两段文字可以说是儒学的纲领，真的弄明白这两段文字，对于整个儒学就有了一纲在握、统领全局的感觉。

前人讲《大学》《中庸》，基本上都是先讲《大学》，再讲《中庸》。这一次，我们却反过来，先讲《中庸》，再讲《大学》。原因很简单：先讲《中庸》，由天讲到人，可以贯通宇宙论与人生论，把很多问题一次性讲清楚。如果先讲《大学》，就会留有夹生饭，有一些问题讲不透。事实上，不懂《中庸》，尤其是不懂《中庸》的首句——“天命之谓性”，恐怕连“明明德”的“明德”究竟是什么都很难弄明白。其实，我这也是得益于《近思录》的启发，《近思录》十四卷，卷一为“道体”，探究的乃是“义理的本源”，对于初学者而言，“道体”或许比较难领会，但是，一旦真的弄明白，对于后面的十三卷便可以说是思过半矣。同样，一旦我们真的能够弄明白《中庸》，对于《大学》的“三纲”“八目”也就可以说是思过半矣。所以，我们今天反其道而行之。

按道理，讲《中庸》，自然要讲一下“中庸”两个字的意思。我们也不着急，放到后面再讲。也许把首章讲完，“中庸”两个字的意思，也就一目了然了。所以，我们直接进入正文的讲解。

天命之谓性，率性之谓道，修道之谓教。

【浅讲】

1．“天命之谓性”

“天命之谓性”，《中庸》一上来就讲“性”。这看似很简单的五个字，却有着很多问题需要解答。例如，何为“天”？何谓“天命”？“天命”之“性”又究竟是何样的？等等。

要解答这些问题，就必须要了解一下儒家的宇宙生成论。儒家的宇宙生成论并不复杂，只要能够理解一组概念，便可以对宇宙及宇宙万物的由来有着一个较为清晰的认知，那就是：体、用、象。体即宇宙本体，所谓宇宙本体，即宇宙及宇宙万物的本源，因为一切都是从它那里来，所以称之为本体；用指宇宙本体的作用；象为宇宙本体作用所呈现出来的宇宙万象，世人口中的宇宙通常就是对宇宙万象的统称。体、用、象三者是一贯的，有其体，必有其用；有其用，必有其象。反之，无其体，自无其用；无其用，自无其象。三者之中，只有象是可见的，体和用是不可见的。然而，体和用不在别处，就潜藏在象中。所以，我们应当由象明用，由用明体。怎样才能够做到由象明用、由用明体呢？答案简洁而不简单，两个字：观象。

所谓观象，就是观察宇宙间的种种象，进而去体贴潜藏在象背后的用和体。观象是儒家体认宇宙的主要方式。大家都知道，《易经》中有一卦叫作《观》卦。往圣先贤都很擅长观象，如孔子、孟子善于观水，一个说“逝者如斯夫，不舍昼夜”（《论语·子罕第九》），一个则说“原泉混混，不舍昼夜。

盈科而后进，放乎四海，有本者如是”（《孟子·离娄下》）。宋明诸大儒如濂溪（周敦颐）、明道（程颢）、横渠（张载）诸先生悉皆善于观象，康节先生（邵雍）则撰有《观物内外篇》，对观象（物）工夫做了系统的陈述。观象工夫起源甚早，早至我们的人祖伏羲：

> 古者包牺氏之王天下也，仰则观象于天，俯则观法于地，观鸟兽之文，与地之宜，近取诸身，远取诸物，于是始作八卦，以通神明之德，以类万物之情。(《周易·系辞下》)

成语“象天法地”便源于这段话。

通过观象——观天地万物之象，观四时变换之象，往圣先贤体察到宇宙之象乃是时时刻刻、分分秒秒都在变化的，并且这种变化是循环往复、生生不已的。象的变化自然缘于某种作用力，象既是生生不已、循环往复的，这一作用力自然也是循环往复、生生不已的。于是，他们体认到潜藏在宇宙之象背后发生作用的，乃是一股生生之力。正是这一股生生之力使得“四时行焉，百物生焉”（《论语·阳货第十七》）。既然有作用之力，必定就会有一个体。因为无体便无用。力是生生之力，体自然便是生生之体。这就是经由观象而明用明体的过程：

> 宇宙之象→宇宙之用→宇宙之体

象是生生之象，用自然是生生之用，体亦是生生之体。宇宙万象之所以时时刻刻、分分秒秒都在变化，循环往复，生生不已，正是因为体为生生之体，用为生生之用。——宇宙万象悉皆为生生的体现。一言以蔽之，宇宙便是一团生意。所以，果真善于观象的人，举目所见，无非生机。进而也可以知晓，宇宙永生不灭，不但不灭，而且永远都会呈现出勃勃生机。近年来，所谓的“宇宙毁灭论”甚嚣尘上，究其实，则为无知的妄论。宇宙本体乃是生生之体，恒生不灭，宇宙又如何会消亡？况且能够被毁灭的，只会是有形的物象。宇宙本体无形无象，又如何能够被毁灭？所以，我可以断言：纵然是宇宙间的一切万物悉皆被毁灭，不久之后，宇宙间又必将会诞生出新的事物。因为宇宙本体不灭，生生的作用不灭。当然，宇宙本体无穷无尽，宇宙自然无有边际，绝不存在宇宙万物同时被毁灭的可能性。纵然是有所谓的“宇宙大毁灭”，所毁灭的也只是宇宙中极其微小的一部分，真如沧海之一粟。

宇宙本体为生生之体，那么，他又是如何化生万物并呈现为宇宙万象的呢？

我们还是先来看一看宇宙本体究竟是何样的。关于宇宙本体，今人有两种说法：气本体论与理本体论。所谓气本体论，又称作气一元论，即认为宇宙的本体是气，一切都是本源于气；所谓理本体论，又称作理一元论，即认为宇宙的本体是理，一切都是本源于理。两派各执己见，相互倾轧，至今还在争论不休。其实都不甚确当。为什么？因为单纯的理，或是单纯的气，都是无法化生万物的。有理无气，理就只是空理，没有载体，又如何化生万物？有气无理，气就只是乱气，混沌无序，自然也无从化生。——宇宙本体既不是单纯的理，也不是单纯的气，而是即理即气、理气不二的。理是气具之理，气是载理之气，理与气乃是浑然为一的。正因为此，在先儒那里，理与气从来都是合一的、不相分离的，如朱子（熹）曾说：“天下未有无理之气，亦未有无气之理。”又说：“既有理，便有气；既有气，则理又在乎气之中。”（皆见《朱子语类》）又如明儒叶向高说：“要之，天地间，理气二者原不相离，理乘乎气，气之流行，即理之著见。”（《正蒙释序》）或许有人又会称此为理气二元论，殊不知理气本来不二，分理分气，只是为了便于理解。在儒学体系中，分理与气，分形而上与形而下，分道与器，全都是为了便于理解。究其实，则理与气、形而上与形而下、道与器本来是一。关于这一点，明道先生说得尤为清晰：

形而上为道，形而下为器，须着如此说，器亦道，道亦器，但得道在，不系今与后、己与人。（《河南程氏遗书》卷一）

宇宙本体即理即气、理气不二，作用乃为生生，所含有的理自当是生生之理。气是载理之气，理是生生之理，气自然是生生之气。既是生生之气，就必然会有所运动，有运动就必然会有对应，如有升必有降，有往必有来。于是，一气分而为阴阳，以升降言，升者为阳，降者为阴；以往来言，则往者为阳，来者为阴。阴阳二气乃是此消彼长的，阳长则阴消，阴长则阳消。在此消彼长之中，阴阳二气又会呈现为四种形态：太阳、少阳、太阴、少阴。再加上一个中枢，也就成了五种形态，这便是五行之气的由来。究其实，则五行之气原本只是一气。有了五行之气，便有了化生万物的基础元素，五行之气在时空中随机凝合而化生万物。这就是宇宙本体化生万物并呈现为宇宙万象的过程：

宇宙本体→生生之气→阴阳二气→五行之气→化生万物→宇宙万象

在此过程之中，宇宙本体所含有的生生之理则会逐次转换为阴阳二气之理、五行之气之理以及万物之理。这也是必然。理是气具之理，气是载理之气，理不离气，故而，气虽然有分有合，而理则恒随。生生之理体现在万物，便为万物之性。伊川先生（程颐）所谓“性即理也”，正是此意。就此则知，万物之性悉皆为生生之性。或可图示如下：

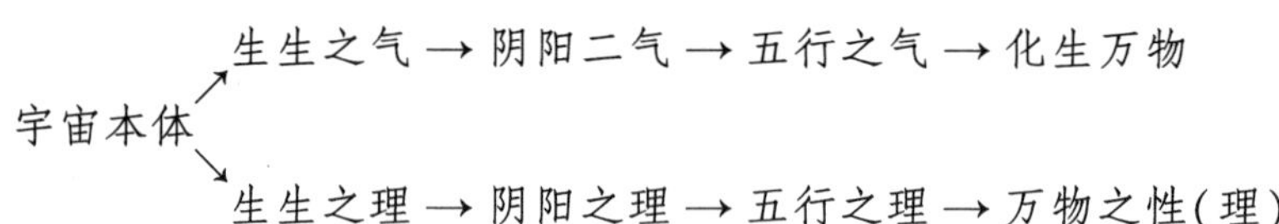

这一个过程又被称作随形赋性。宇宙万物悉皆本于宇宙本体而化生，皆为生生的体现。其形，本于生生之气；其性，本于生生之理。理气浑然为一，形性自然也是浑然为一，有其形，必有其性，故知万物生而皆备生生之性。

还有两点需要指明：

一、所谓时空，也是本于生生之气的运行。时空缘于差距，时间缘于先后的差距，空间缘于上下左右的差距。没有差距，便没有时空可言。而一旦有运行，就必然会产生差距。所谓宇宙，正是对时空的命名，时空即是宇宙，宇宙即是时空。“四方上下曰宇，往古来今曰宙。”“四方上下”，空间是也，空间即是宇；“往古来今”，时间是也，时间即是宙。故知，宇宙（时空）也是本于宇宙本体而存有。宇宙本体无穷无尽，宇宙（时空）自然无有边际，诚所谓大而无外。

二、由生生之气而化生万物，中间似乎存在着一个渐进的过程。其实不然。宇宙本体不灭，生生之理恒在，生生之气恒转，故而时刻都在生阴生阳；阴阳二气又时刻都在此消彼长，故而时刻都存有五行之气。弥漫在宇宙之中的，正是五行之气。五行之气随机凝合化生万物，所在的时空下，有一物生成的机缘，便生成一物；有两物生成的机缘，便生成两物；有万物生成的机缘，便生成万物。也就是说，自生生之气而化生万物，这其中乃是当下的、即时的。宇宙本体与宇宙万物的关系乃是创生与呈现并存，正因为此，宇宙万象才会呈现为生生不已。

到此，我们就可以对儒家的宇宙生成论做一个总述了：

宇宙本体即理即气，理气不二，所含有的理是生生之理，所含有的气为生生之气。生生之气运行不息，产生了二者：一是时空，亦即宇宙；二是五行之气，亦即化生万物的基础元素。时空中所弥漫的，正是五行之气，五行之气相互激荡，相互聚合，使得时空不断变换，一旦有了适宜某一物生成的时空状况，弥漫着的五行之气便会随机凝合而化生此物。

当然，五行之气化生万物乃是随机的、灵动的，而绝非单一的、固定的。诚如《中庸》后文中所说，乃是“生物不测”的。在五行之气化生万物的同时，生生之理随即转化为万物之性。万物生而形性皆备，形为载性之形，性为形具之性。

宇宙及宇宙万物的由来，正是如此。这就是儒家的宇宙生成论。关于万物化生，濂溪先生在《太极图说》中有着较为完备的陈述：

无极而太极。太极动而生阳，动极而静，静而生阴，静极复动。一动

> 一静，互为其根；分阴分阳，两仪立焉。阳变阴合，而生水、火、木、金、土。五气顺布，四时行焉。五行，一阴阳也；阴阳，一太极也；太极，本无极也。五行之生也，各一其性。无极之真，二五之精，妙合而凝。“乾道成男，坤道成女”，二气交感，化生万物。万物生生，而变化无穷焉。

关于《太极图说》，我已经反复陈述，此不复赘。

了解了儒家的宇宙生成论，再来看“天命之谓性”，也就很容易理解了：

“天命”的“天”，不是别的，正是宇宙本体，亦即生生之体。“命”，动词，命令之意，引申为赋予、赐予。“天命”，即宇宙本体所赋予的。赋予给谁？自然是万物。在五行之气化生万物的同时，宇宙本体所含有的生生之理随即转换为万物之性，这个过程便称作“天命”。宇宙本体所赋予给万物的，便称作万物的性。所以，朱子注曰：

> 命，犹令也。性，即理也。天以阴阳五行化生万物，气以成形，而理亦赋焉，犹命令也。于是人物之生，因各得其所赋之理，以为健顺五常之德，所谓性也。（《中庸章句》）

所谓“性”，其实就是万物的本质。孟子有曰：“天下之言性也，则故而已矣。”（《孟子·离娄下》）“故”，《说文》：“使为之也。”段玉裁注：“今俗云原故是也。”“故”就是缘故、根由。则知所谓“性”，即某一事物之所以为该事物的根由，也即事物的本质。如于人而言，人性便是人之所以为人的根由。一个人倘若违背了人性，也就是丧失了人之为人的本质，也就沦为空具人形的行尸走肉了。“天所赋为命，物所受为性”（《伊川易传》），“命”是就“天”而言的，主体是“天”，“天”——宇宙本体所赋予给万物的，便称作万物的“性”，亦即万物的本质；“性”则是就万物而言的，万物从“天”那里所秉承而得的便是“性”。究其实，“性”便是宇宙本体所含有的生生之理落实在万物，万物之性皆为生生之性。宇宙间的一切，天、地、人、物，无一不是如此。（此处的天，指自然之天，也是万物之一）生生之理在天，即为天之性；生生之理在地，即为地之性；生生之理在人，即为人之性；生生之理在物，即为物之性。概而言之，天、地、人、物之性，无非是生生之性。

儒家讲"性"，讲的正是这一个生生之性。如《周易·系辞上》有云："一阴一阳之谓道，继之者，善也；成之者，性也。""道"即生生之理。"一阴一阳之谓道"，是说一阴一阳所体现的便称作道。生生之理支配生生之气分阴分阳，则知一阴一阳所体现的正是生生之理。"继之者，善也"，承继生生之理，便是善；"成之者，性也"，生生之理落实到万物，便是性。性即是生生之理落实到万物，乃为生生之性。孔子论性，《论语》中仅一见，究其实，正是生生之性：

> 子曰："性相近也，习相远也。"(《论语·阳货第十七》)

生生之性，人人生而皆具，所以说"性相近"。有人认为孔子所说的"性"乃是气质之性，非也。这一点，阳明先生（王守仁）早已有所驳斥：

> 夫子说"性相近"，即孟子说"性善"，不可专在气质上说。若说气质，如刚与柔对，如何相近得？惟性善则同耳。人生初时，善原是同的，但刚的习于善则为刚善，习于恶则为刚恶；柔的习于善则为柔善，习于恶则为柔恶，便日相远了。(《传习录》)

至于孟子"道性善"，所说的"性"，自然也是这一个生生之性。

"天命之谓性"，交代了万物之性。万物之性，悉皆本于宇宙本体所含有的生生之理，悉皆为生生之性。生生之性自然是善的，不但是善的，而且是至善无恶的。故而，真正的儒者必定是"道性善"的。

可是，宋明儒者论性，常常有"气质之性"与"天地之性"之别，如横渠先生有云：

> 形而后有气质之性，善反之则天地之性存焉。故气质之性，君子有

弗性者焉。（《正蒙·诚明篇》）

由“气质之性，君子有弗性者焉”，则知横渠先生论性，必以“天地之性”为本。所谓“天地之性”，实即生生之理之在万物，亦即生生之性。顾名思义，所谓“气质之性”，自然本自于气。无论是气化，还是形化，万物依旧是由五行之气凝合而成的。五行之气乃是生生之气的五种状态，然而，“五行之生也，各一其性”（《太极图说》），这一个性，说的便是气质之性。水、火、木、金、土五行之气，在生成之后，各有各的气质之性。关于五行之气的气质之性，《尚书·洪范》中曾有所陈述：

水曰润下，火曰炎上，木曰曲直，金曰从革，土爰稼穑。

事实上，不但五行之气各有各的气质之性，即便是阴阳二气，也是各有各的气质之性。阴气重浊而下沉，阳气轻清而上浮，重浊而下沉、轻清而上浮便是阴阳二气的气质之性。总而言之，任何事物，一旦生成，就势必会有气质之性。五行之气各有各的气质之性，气质之性又会体现在由它们所凝合而成的万物上，从而成为万物的气质之性。前面已经交代，宇宙间所弥漫着的正是五行之气，一旦时空的条件允许某物生成，五行之气便会随机凝合化生该物。然而，各个时空中所弥漫着的五行之气并不是相同的，恰恰相反，它们是“纷扰”的“游气”，于是，所生成的物的五行构成自然也就会有所不同，横渠先生有云：

游气纷扰，合而成质者，生人物之万殊。（《正蒙·太和篇》）

与此同时，物与物的气质之性也就会各有不同。究其实，则不仅异类的气质之性各有不同，即便是同类，也会因为生成时空的不一而导致气质之性的差别。俗语有云：“世界上没有两片完全相同的树叶。”这句话很好地表达了气质之性的差异性。同样，人的身形既由五行之气凝合而成，自然就会带有五行之气的气质之性。旧论论人，动辄会依据五行构成的偏重立论，所论的正是气质之性。例如，水气偏多的，便称作水性人。以此类推，火气偏多的，便是火性人；木气偏多的，便是木性人；金气偏多的，便是金性人；土气偏多的，便是土性人。五性之人各有各的气质之性，水性人阴柔而智慧，火性人热情而循礼，木性人正直而仁爱，金性人刚健而仗义，土性人敦厚而守信。当然，这些只是大体，想要确切评述一个人的气质之性，就需要分析他的五行构成的具体细节。这就非常复杂了。正因为此，亿万个人便会有亿万个面孔，亿万个人便会有亿万样气质之性。因为气质之性源于所凝合的五行之气，是生来如此的，故而，人往往很难改变气质之性。俗语有云："江山易改，禀性难移。"所谓"禀性"，正是气质之性。

宋明儒者往往认为气质之性是有善有恶的，如明道先生有云：

> 人生气禀，理有善恶，然不是性中元有此两物相对而生也。有自幼而善，有自幼而恶，（后稷之克岐克嶷，子越椒始生，人知其必灭若敖氏之类）是气禀有然也。善固性也，然恶亦不可不谓之性也。（《河南程氏遗书》卷一）

明道先生以"有自幼而善，有自幼而恶"的现象论证了气禀之性有善有恶。濂溪先生也曾对气质之性陈述道：

> 性者，刚、柔、善、恶、中而已矣。……刚善，为义，为直，为断，为严毅，为干固；恶，为猛，为隘，为强梁。柔善，为慈，为顺，为巽；恶，为懦弱，为无断，为邪妄。（《通书·师第七》）

据此，则气质之性大体分为三类：刚、柔、中。刚、柔二类，本于五行之气的阴阳偏重，阳气偏重者，为刚；阴气偏重者，为柔。无论是刚，还是柔，都是有所偏颇的。唯有中，阴阳平衡，五气和谐，无所偏倚，中正平和。故而，气质之性为中的人，往往是生而知之的天生贤圣。此即所谓"元气会则生圣贤”（《河南程氏遗书》卷六）。刚、柔二类又会分别表现出善、恶：刚善、刚恶和柔善、柔恶。刚善与刚恶、柔善与柔恶又是相互对待的。总之，在濂溪先生看来，气质之性也是有善有恶的。

诸大儒之所以有这样的体认，乃是因为气质之性有“攻取之性”：

> 湛一，气之本；攻取，气之欲。口腹于饮食，鼻舌于臭味，皆攻取之性也。知德者属厌而已，不以嗜欲累其心，不以小害大、末丧本焉尔。（《正蒙·诚明篇》）

然而，不得不说，这是一个误会。气质之性本于五行之气，五行之气本为生生之气，则知气质之性亦源于生生之体，也是生生的体现。且以水为例，水的“润下”之性，正是生生的体现，水丧失了“润下”之性，便失去了其生生之能。而五行之气既然本于生生之体，由它们凝合而成的身形必然就会具有谋生之欲，为了满足谋生之欲，自然就会向外索取而呈现为“攻取之性”。然而，这一“攻取之性”也正是生生的体现，是每一个生命体所缺少不得的，故而，船山先生（王夫之）论之曰：“性有之，不容绝也。”（《张子正蒙注》）若是只看到口腹、鼻舌有“攻取之性”，便将气质之性体认为恶的，则未免失之武断。

我以前也认为气质之性是有善有恶的，去年年底，潜居在这里（指同里复园）时，重新研读濂溪先生的《通书》，对于他的“五性”之说（即刚、柔、善、恶、中）终究觉得心头难安。于是，又重新体贴了《系辞》《孟子》《中庸》等诸多经典，从而体认到气质之性虽然有刚柔、智愚之分，却绝无丝毫的恶可言。人与人的五行构成不同，气质之性自然不同，气质之性的不同，在性格方面，会体现为刚柔之别，然而，如果没有私欲的参与，刚性之人必定会“为义，为直，为断，为严毅，为干固”，柔性之人则必定会“为慈，为顺，为巽”，而绝不会出现刚恶、柔恶的状况；在体道方面，则会体现为智愚之别，后文中所谓“或生而知之，或学而知之，或困而知之”“或安而行之，或利而行之，或勉强而行之”，所述即为智愚之别，然而，智愚也是与恶毫无关系的。我们不能说聪慧的人就是善人，而愚笨的人就是恶人。

气质之性也本源于生生之体，也是生生的体现。既是生生的体现，自然是善的，而且是至善的。这一点，纵观诸多贤圣之说，又以孟子之说最为确切：

> 富岁，子弟多赖；凶岁，子弟多暴。非天之降才尔殊也，其所以陷溺其心者然也。(《孟子·告子上》)

“才”即气质。人之“才”，莫不由五行之气所凝合，虽有刚柔、智愚之别，然而，悉皆本于生生之气，从本质上而言，万物是同源的、同根的。这就是孟子所谓的“圣人与我同类者”(《孟子·告子上》)，也就是横渠先生所说的“民，吾同胞；物，吾与也”(《西铭》)。至于人，或有赖有暴，但那不是才的罪，而是因为他们“陷溺其心”。至于他们为何会“陷溺其心”，则是因为私欲。

孟子又说：

> 形色，天性也，惟圣人然后可以践形。(《孟子·尽心上》)

“形色”自然是“才”，是气质，乃是“天性”的，是生来如此的。所谓“践形”，即充分践履了形的价值。唯有成为圣人，方才可以将自身的气质特性充分发挥出来。由此可见，圣人并不是统一的，而是各有各的特征，特征则取决于各自的气质之性。故而，圣人有着清、任、和、时之分：

> 伯夷，圣之清者也；伊尹，圣之任者也；柳下惠，圣之和者也；孔子，圣之时者也。孔子之谓集大成。(《孟子·万章下》)

很显然，“圣之任者”，气质之性偏于刚；“圣之清者”与“圣之和者”，气质之性则偏于柔。至于孔子，气质之性乃为“中”。又如明道先生论孔子、颜子与孟子，则曰：

> 仲尼，元气也；颜子，春生也；孟子，并秋杀尽见。……仲尼，天地也；颜子，和风庆云也；孟子，泰山岩岩之气象也。(《河南程氏遗书》卷五)

据此亦可知，孔子的气质之性为“中”，而颜子的气质之性偏于柔，孟子的气质之性则偏于刚。总之，不论气质之性如何，悉皆与恶无关。恰恰相反，气质之性往往会成为诸贤圣所特有的气质与气象。

有人说：“气质之性既有刚柔之别，亦有智愚之分，智者固然可以成圣成贤，愚者修身则往往难以有成。”此说不甚确当。人与人的气质之性固然有别，有人聪慧，有人愚钝，这是事实，无须回避。然而，无论是“生知安行”“学知利行”，还是“困知勉行”“及其知之”“及其成功”，则“一也”。《中庸》后文中又有云：

> 博学之，审问之，慎思之，明辨之，笃行之。有弗学，学之弗能弗措也；有弗问，问之弗知弗措也；有弗思，思之弗得弗措也；有弗辨，辨之弗明弗措也；有弗行，行之弗笃弗措也。人一能之，己百之；人十能之，己千之。果能此道矣，虽愚必明，虽柔必强。

由此可见，但能勤学修道，即使是愚者也可以明，即使是柔者也可以强，(所谓可强，不是说气质之性可以由柔转变为刚，而是说柔者亦可成就柔者之强，这一个强，乃是“君子和而不流，强哉矫；中立而不倚，强哉矫；国有道，不变塞焉，强哉矫；国无道，至死不变，强哉矫”的“强”。究其实，则此“强”与刚柔无关）这就是变化气质。“为学大益，在自求变化气质。”(《经学理窟》)故而，曾子虽然生来鲁钝，最终却“竟以鲁得之”(《朱子语类》)，成为传承孔门正学之一人，为后世追奉为宗圣。

气质之性也是至善的，那么，恶又是从何而来的呢？一言以蔽之，曰：“恶本于私欲。”私欲则本于自我，自我产生于个体意识。五行之气随机凝合化生万物，万物一旦生成，势必会以独立的个体形态存活于天地之间，虽然从本质上而言，万物都是生生之体的创生呈现，宇宙乃是一个浑然整体。然而，个体生命在与外在的交流与碰撞之中，往往会逐渐形成强烈的自我意识。与此同时，原本意在谋生的“攻取之性”在自我意识的支配下，逐渐转变为以自我为中心的私欲，如此一来，便会为了满足私欲而不断攫取外物。人在私欲的驱使下，不断地去追逐外物，从而成了外物的奴隶。用《礼记·乐记》中的话来说，便是“物至而人化物”：

人生而静，天之性也；感于物而动，性之欲也。物至知知，然后好恶形焉。好恶无节于内，知诱于外，不能反躬，天理灭矣。夫物之感人无穷，而人之好恶无节，则是物至而人化物也。

人之所以“好恶无节”，乃是因为被私欲所蒙蔽，若是没有私欲，自然就会有“节”，当取则取，不当取则不取，又如何会“无节”？一旦“物至而人化物”，则会沦为“灭天理而穷人欲者也”，于是，种种的恶不可避免地发生了，就此天下也陷入了“大乱”：

人化物也者，灭天理而穷人欲者也。于是有悖逆诈伪之心，有淫泆作乱之事。是故强者胁弱，众者暴寡，知者诈愚，勇者苦怯，疾病不养，老幼孤独不得其所。此大乱之道也。

概而言之，举凡是恶，势必是出于私欲，没有私欲，又是何来的恶？故而，历代儒者悉皆以去欲为教，如孟子有“养心莫善于寡欲”之教，宋明儒者则悉皆提倡“存天理，灭人欲”。而私欲又本于自我，但能克除自我，自然便无有私欲可言。无有私欲，则所作所为无不合于生生之理。故而，颜子问仁，孔子答以“克己复礼为仁”：

颜渊问仁，子曰：“克己复礼为仁，一日克己复礼，天下归仁焉。为仁由己，而由人乎哉？”颜渊曰：“请问其目？”子曰：“非礼勿视，非礼

勿听，非礼勿言，非礼勿动。”颜渊曰：“回虽不敏，请事斯语矣。”（《论语·颜渊第十二》）

“己”即自我。而孔子自身正是克除了自我：

子绝四：毋意，毋必，毋固，毋我。（《论语·子罕第九》）

“克己”乃是儒门修身的核心工夫，后面还会讲到，此则不赘。

有人或许会问：“生生之性是至善的，气质之性也是至善的。那么，荀子、扬雄、韩愈等人论性悉皆是错的了，甚或所论的根本就不是性？”

确切而言，荀子、扬雄、王充、韩愈诸人所谓的性恶、性有善有恶、性三品等论，乃是建立在对气质之性的误解上而立论的。如荀子说：“生之所以然者，谓之性。”（《荀子·正名篇》）又说：“人之性恶，其善者伪也。今人之性，生而有好利焉，顺是，故争夺生而辞让亡焉；生而有疾恶焉，顺是，故残贼生而忠信亡焉；生而有耳目之欲，有好声色焉，顺是，故淫乱生而礼义文理亡焉。”（《荀子·性恶篇》）“生之所以然者，谓之性”，固然不错。然而，观其所论，则又是本于气质之性的“攻取之欲”而立言的。唯有本于气质之性的“攻取之欲”，才会“生而有好利”，才会“生而有疾恶”，才会“生而有耳目之欲，有好声色”等。可是，“攻取之性”本是生生的体现，又有何恶？《大学》讲“诚意”，尚且曰：“所谓诚其意者，毋自欺也，如恶恶臭，如好好色，此之谓自谦。”荀子的问题在于，他只看到了不知节制的“攻取之欲”而沦为“灭天理而穷人欲”的一面，于是，“争夺生而辞让亡”“残贼生而忠信亡”“淫乱生而礼义文理亡”等悉皆成了“性”之所然。由此可见，一方面，荀子所谓“性恶”之“性”，乃是气质之性，而绝非天地之性（生生之性）；另一方面，荀子所谓“性”，其实是对气质之性的误解，他只看到了私欲下的“攻取之欲”，却没有看到“攻取之欲”的本质。至于扬雄、王充、韩愈诸人所谓的性，也是被误解之后的气质之性——掺杂了私欲的气质之性。诚如横渠先生所言，“气质之性，君子有弗性者焉”，更何况是被误解的气质之性？至于《中庸》所论的性，“天命之谓性”的“性”，乃是生生之性，乃是天地之性。儒者论性，必当以这一个性来立论。

正因为荀子、扬雄诸人所论并非生生之性，故而，遭到了伊川先生的驳斥：

> 荀子极偏驳，只一句“性恶”，大本已失；扬子虽少过，然已自不识性，更说甚道？（《河南程氏遗书》卷十九）

亦因为此，后世儒者才会将荀子等人划归在道统之外。近年来，学界提升荀子地位的呼声很高，甚至有人想以荀子来替代孟子的地位，这是很有问题的。荀子在某些方面是做出了贡献，可是在性的体认上却出现了差错，只能算是登了儒学的堂，却没有能够进入儒学的室。过于推重荀子，只会导致儒学的大本越来越模糊。

2. “率性之谓道”

上句讲“性”，本句讲“道”。

“率性之谓道”，“性”自然是“天命”之性，也就是生生之性，乃是万物生而皆备的。“率”，《毛传》：“循也。”遵循之意。遵循于生生之性，便称作“道”。性为生生之性，道自当为生生之道。万物之生，悉皆有形有性，“率性”自当是形遵循于性。以人而言，便是身遵循于性。形与性乃是浑然合一的，性为形具之性，形为载性之形，形自然会遵循于性。由此则知，“道”——“率性”其实是万物的本然状态。由此可知，下句所谓“修道”，其实就是返归生命的本然状态。至于“道”既然是生命的本然状态，又如何需要修呢？又应该如何“修道”呢？这些问题我们放在下一节中去讲述。在这里，先来讲述一下生命的本然状态——履道（“率性”而为）是何样的。

道为生生之道，履道（“率性”而为），则所作所为无非是生生的体现。细而言之，乃为好生、利生、尊生、循生、守生，等等。明眼人一眼就可以看出，儒家讲德，正本于此。儒家讲德，有天德之说，有性德之说，有道德之说。所谓天德，是说德本于天（宇宙本体），人人生而具足。“圣贤论天德，盖谓自家元是天然完全自足之物”（程颢语）；所谓性德，是说德本于性，性为生生之性，德自为生生之德；所谓道德，是说德本于道，履道而为，所发自然为德。究其实，则天德、性德、道德三者，只是一德，只不过陈述的角度有所不同。“天命之谓性”，性由天命，性德不正是天德？“率性之谓道”，道本于性，道德不正是性德？一言以蔽之，生而为人，别无二德，其德则必曰生生之德。

“天命之谓性”，性由天命；“率性之谓道”，道本于性；履道所发，悉皆为德。就此形成了“天—性—道—德”的架构，天为生生之体（宇宙本体），性为生生之性，道为生生之道，德为生生之德，生生二字，诚可谓彻上彻下，贯通天人。就此，使得宇宙与人生全然一贯。理解了这一架构，自然也就可以明晓儒家“天人合一”主旨的真理，也就知晓儒家的人生观与宇宙观乃是一以贯之的，绝不是割裂的。当一个人履道而为，全然呈现为生生之德时，便是与天（宇宙本体）相合。诚如《周易·乾·文言》所云：

> 夫大人者，与天地合其德，与日月合其明，与四时合其序，与鬼神合其吉凶。先天而天弗违，后天而奉天时。天且弗违，而况于人乎？况于鬼神乎？

“大人”，即履道之人，亦即圣贤。天地、日月、四时、鬼神，无非都是宇宙本体创生所呈现的种种的象，悉皆为生生的体现。“大人”履道而为，所作所为也无非是生生，故而，与天地、日月、四时、鬼神相合，而“先天而天弗违，后天而奉天时”。——履道而为，便是与天合一。

前面已经讲到，“道”——“率性”乃是万物的本然状态，万物的本然都是履道而为的。就此则知，“天人合一”乃是吾人的生命本然状态。进而亦知，生而为人，人人都应当成圣成贤。唯有成圣成贤，才算是活出生命的本然状态，才算是成为真正的人。而先贤动辄曰“志在圣贤”，其实只是要我们返归生命的本然状态。

德为生生之德，先贤论德，又有偏言与专言的分别：

四德之元，犹五常之仁，偏言则一事，专言则包四者。（《伊川易传》）

张伯行释曰：

人得天地之理以生，故在天为元、亨、利、贞之四德，在人即为仁、义、礼、智、信之五常。而元者，天地之生理也，犹仁者，人心之生理也。生理不息，循环无端。是以偏而言之，则元者，四德之一；仁者，五常之一。若专言之，则亨只是生理之通，利只是生理之遂，贞只是生理之藏，一元可以包之。礼者，仁之节文；义者，仁之裁制；智者，仁之明辨；信者，仁之真实，一仁可以包之。《易》曰：'大哉乾元，万物资始，乃统天。'谓统乎天，则终始周流，都是一元。孟子四端之说，亦以恻隐一端贯通乎辞让、羞恶、是非之端而为之统焉。(《近思录集解》)

元、亨、利、贞四者，是天的生生之德；仁、义、礼、智、信五者，是人的生生之德。天的四德，分而言之，则元是元、亨是亨、利是利、贞是贞；统而言之，则单纯说一个元字，便已包含了元、亨、利、贞四德。同样，人的五德，分而言之，则仁是仁、义是义、礼是礼、智是智、信是信；统而言之，则单纯说一个仁字，便已包含了仁、义、礼、智、信五德。先贤动辄曰"生生之仁"，便是以仁该摄生生之德。分而言之，则五常正好对应着本于生生的诸德：仁为好生之德、义为利生之德、礼为尊生之德、智为循生之德、信为守生之德。

"天—性—道—德"，究其实，则德本于天，乃是生而具足、不假外求的。正因为生而具足，孔子才会说："仁远乎哉？我欲仁，斯仁至矣。"（《论语·述而第七》）唯有仁德生而具足，方能"欲仁"而"仁至"。孟子才会说："恻隐之心，仁也；羞恶之心，义也；恭敬之心，礼也；是非之心，智也。仁、义、礼、智，非由外铄我也，我固有之也，弗思耳矣。故曰：'求则得之，舍则失之。'"（《孟子·告子上》）今人受西学影响，将儒家的德混同于西方所谓的德，而以为儒家的德是外在的准则，着实大谬！

在《中庸》中，履道——“率性”而为的状态又称作“诚”，“诚者，真实无妄之谓”（《中庸章句》），履道——“率性”而为，活出生命的本然状态，自然是“真实无妄”的。“诚者，非自成己而已也，所以成物也。成己，仁也；成物，知也。性之德也，合外内之道也，故时措之宜也”，履道——“率性”而为，不只是率己之性，还需率物之性。率己之性，乃是“成己”层面事。“成己”的“己”，与上文中所讲的“克己”的“己”正好相对应，“克己”所克的“己”乃是自我，是个体生命在与外界的交流和碰撞中所形成的自我意识，这一个自我乃是由长期的“意”“必”“固”所形成的：

> 意，私意也。必，期必也。固，执滞也。我，私己也。四者相为终始，起于意，遂于必，留于固，而成于我也。盖意、必常在事前，固、我常在事后，至于我又生意，则物欲牵引，循环不穷矣。（《论语集注》）

自我一旦形成，往往很难克除。而“成己”的“己”，则是生命的本然状态，指的是“践形”——充分践履身形的价值。要做到“践形”，既要“率性”而为，还要充分发挥个体的气质特性。由此可见，“成己”的“己”，既活出了人类的共性——生生之性，又活出了个体的特性——气质之性。如此之人，即为圣贤。当然，但能纯然“率性”而为，自然就能充分发挥出个体的气质特性。概而言之，所谓“成己”，就是成就真实的自己，活出生命的本然状态。率物之性，则为“成物”层面事。古人讲一个“物”字，常常该摄事与物。所谓“成物”，即应事应物之时，使事皆得其正、物皆得其归。而率己之性即率物之性，因为己之性与物之性，悉皆本于宇宙本体所含有的生生之理，悉皆为生生之性。但能率己之性，自能率物之性。“唯天下至诚，为能尽其性；能尽其性，则能尽人之性；能尽人之性，则能尽物之性”，“尽其性”，即穷尽其性，亦即纯然“率性”而为，但有一分未能“率性”而为，便不足以称作“尽其性”；纯然“率性”而为，即“能尽人之性”“能尽物之性”，因为人、物之性无非是生生之性。“能尽人之性”“能尽物之性”，自然能够成人、成物。“‘天命之谓性’，此只是从原头说否？”曰：“万物皆只同这一个原头，圣人所以尽己之性，则能尽人之性，尽物之性，由其同一原故也。”（《朱子语类》）故知，“成己”即“成物”，“成物”即“成己”。“成己，仁也；成物，知也”，仁、智，皆“性之德也”，就“成己”而言，智在仁中；就“成物”而言，仁在智中。“率性”而为，自然仁智并具，而非先具仁德，而后再具智德。

有人或许会问：“事物有事物之理，率己之性，如何便能成事成物？”答曰：事物虽然各有其理，究其实，则莫非生生之理。率己之性，即尽己之生生之性。应事应物时，尽己之生生之性，对于所应的事物，自然就会去求生生之理，当好生的就好其生，当利生的就利其生，当尊生的就尊其生，当循生的就循其生，当守生的就守其生，自然能够成事成物。且以孝亲为例，古人讲孝亲，常有夏清冬温之说。一个人若是“率性”而为，于事事物物上全都去求生生之理，那么，夏日里自然会去思量父母的热，便要去求清；冬日里自然会去思量父母的寒，便要去求温。夏清冬温也只是“率性”而为。

换一个角度而言，万物悉皆本于宇宙本体而化生，皆为生生的呈现，物我同源，本为一体。既为一体，自然会有同体之感。正因为此，我们见到万物获得生机，心中便会油然而喜；见到万物生意盎然，心中便会油然而乐；见到万物遭遇戕害，心中便会油然而怒；见到万物生意衰败，心中便会油然而哀。喜怒哀乐之情，无非是生生之性的发用。履道——“率性”而为，当喜则喜，当怒则怒，当哀则哀，当乐则乐。这就是同体之感。孟子曰：“万物皆备于我矣。”（《孟子·尽心上》）明道先生有云：“仁者，浑然与物同体。”（《河南程氏遗书》）又云：“仁者，以天地万物为一体，莫非己也。”（《河南程氏遗书》卷二上）横渠先生则曰：“民，吾同胞；物，吾与也。”（《西铭》）悉皆为体验得物我同源、万物一体之言。有此体验，自然就会担当起宇宙内的生生之责，“宇宙内事，乃己分内事；己分内事，乃宇宙内事”（陆九渊语），“天下兴亡，匹夫有责”（顾炎武语），也就成了当然之事。

履道——“率性”而为，活出生命的本然状态，即为圣贤，即为诚，即可成德，即可成己成物，即可与天合一。故知，儒家之学无非是指引我们返归生命的本然状态，成就真实的自己。所以，我常说儒学是生命之学，是修身立命之学。

当然，需要指明的一点是：宇宙间的万物，唯有人才可以履道——“率性”而为。尽管人、物悉皆本于宇宙本体而存有，悉皆由五行之气凝合化生而成，然而，因为生成人、物的五行之气是“游气”，是“纷扰”的，故而，在凝合之时，往往会有清浊之别，从而导致了“人、物之殊”。依照濂溪先生的说法，便是“惟人也，得其秀而最灵”（《太极图说》），只有人是由五行之秀气凝合化生而成的，其他万物则不是，所以，人优于万物。这一说法由来已久，如《礼记·礼运》篇中有曰：“故人者，其天地之德，阴阳之交，鬼神之会，五行之秀气也。”于是，将人称作“天地之心”。那么，人的灵秀又体现在何处？答曰：人能推求而“全其性”。

> 人与万物同乎天，其体一也，禀气赋形则有分焉。至若禽兽，亦为有情之类，然而隔于形气，而不能推也。人则能推矣。（张栻《孟子说》）
>
> 人物之生，同得天地之理以为性，同得天地之气以为形。其不同者，独人于其间得形气之正，而能有以全其性，为少异耳。虽曰少异，然人物之所以分，实在于此。（《孟子集注》）

所谓“全其性”，即“尽其性”，也就是纯然“率性”而为。这就是人与其他万物的差别。有人或许会说：“你又不是万物，又如何知晓万物不能够推求而全其性？”答曰：“我虽不是万物，然而，我可以观物。”“率性”而为，自然会去致力于生生的事业，自然就会好生、利生、尊生、循生、守生，自然就会具备仁、义、礼、智、信五常之德，其他万物或许可以具备其中之一二，如动物也有循生之意，然而，远远不能够“全其性”。诸如此等，略加观察即可知晓。孟子曾说“人之所以异于禽兽者几希，庶民去之，君子存之”（《孟子·离娄下》），人与禽兽相异的那个“几希”，正在于人能推求而“全其性”。至于推求之法，孟子也曾有所指示，那便是“思”：

心之官则思，思则得之，不思则不得也。(《孟子·告子上》)

人之所以能够推求，在于人能思。人经过思而推求，终而能够“全其性”，从而纯然“率性”而为，活出生命的本然状态。活出生命的本然状态，便是“大人”，便是圣贤。故知，人若是不能够推求而“全其性”，实在与禽兽并无分别，曾文正公（国藩）有云：“不为圣贤，便为禽兽。”诚哉斯言！

然则，生而为人，吾等又岂可辜负天命之性？岂能不去推求而“全其性”，而自甘沉沦于禽兽之途哉？

3. “修道之谓教”

“修道之谓教”，本句讲“教”。“教”，《说文》：“上所施，下所效也。”简而言之，便是上行下效。故知，“教”的根本在于以身作则。《大学》所谓“君子不出家而成教于国”，所谓“一家仁，一国兴仁；一家让，一国兴让”，讲的就是上行下效，讲的就是以身作则。当然，“教”不单单局限于以身作则，还需要设教、兴校，以适当的方式方法去教化世人。然而，不论是以身作则，还是教化世人，都应当以“修道”为根本宗旨。

“修道”，所修的正是“率性”之道。所谓“修道”，即通过修而合乎于道。关键在于修，不修则不能合道。“修”，《说文》：“饰也。”段玉裁注曰：“饰，即今之拭字，拂拭之则发其光采，故引申为文饰……不去其尘垢不可谓之修，不加以缛采不可谓之修……修者，治也，引申为凡治之称。匡衡曰：‘治性之道，必审己之所有余，而强其所不足。’”“修”就是治理，包含着两个方面：一是“去其尘垢”，也就是“拭”，拂拭之后发出本有的光彩。匡衡所谓“必审己之所有余”，也是找到尘垢（所谓多余的，正是尘垢）而后去除之，近似于“拭”；二是“加以缛采”，也就是“文饰”。匡衡所谓“强其所不足”，也是加以缛采。（缛，繁多之意，古时多用于礼仪方面，缛采即是符合礼仪）故知，“修”有两个方法：一个是减法，一个是加法。那么，减要减到什么地步？加又该加到什么程度？答案正在于“道”，减要减到合乎于“道”而后已，加也要加到合乎于“道”而后已。这便是“修道”——通过“修”而全然合乎于“道”，如果有一点偏离于道，无论是过，还是不及，那就还得“修”。“率性之谓道”，则知“修道”就是为了达到纯然“率性”的境地，有一丝一毫的不“率性”，便是还未曾“修”好“道”。

然而，据前文所述，“道”（率性）乃是万物的本然状态，人人生来合道，可为何却又需要“修道”？就万物化生而言，五行之气凝合化生万物之形，生生之理随即转换为万物之性，形、性二者浑然合一，万物自当“率性”合道。可是，现实却远非如此。伊川先生曾说：

> 大抵人有身，便有自私之理，宜其与道难一。（《河南程氏遗书》卷三）

这句话透露了两点：一是有了身形之后，人往往便会自私。其实，不单单是人，万物莫不如此，只是唯有人会去思、去推求，从而能够“率性”合道，故而，此处仅仅就人而言。二是人有了自私之后，就很难与道合一。这就解释了人为何需要“修道”。因为人不“修道”，就会沉湎于自私，从而“灭天理而穷人欲”。“修道”就是要克除自私，重新回归到“率性”合道的生命本然状态。“修道”就是返归生命的本然。至于“人有身”为何“便有自私之理”，前文中已经作过交代，此则不复赘述。

“自私”，即以自我为中心的私欲。有自我，方有私欲；无自我，便无私欲可言。故而，克除自私，要在“克己”。“克己”便是“拔其本，塞其源”的工夫。克除了己，自然“率性”，自然合道。“克己”乃是孔子之教。克己的工夫则有深有浅，应当循序渐进，如曾子有“三省”之说：

> 曾子曰：“吾日三省吾身：为人谋而不忠乎？与朋友交而不信乎？传不习乎？”（《论语·学而第一》）

“省”即反省，是反求诸己的工夫。“三省”侧重于事后反省，在“为人谋”“与朋友交”“传习”三方面，凡有“不忠”“不信”“不习”，悉皆及时省察，及时改正。“三省”的根本在于改过。改过是初学者必不可少的工夫，所谓“人谁无过？过而能改，善莫大焉”（《左传·宣公二年》），孔子也说：“过而不改，是谓过矣。”（《论语·卫灵公第十五》）

孟子则有“寡欲”之教：

> 孟子曰：“养心莫善于寡欲。其为人也寡欲，虽有不存焉者，寡矣；其为人也多欲，虽有存焉者，寡矣。”（《孟子·尽心下》）

“寡”，少。“寡欲”，即减少私欲。自我与私欲乃是共生共存的，自我得以克除，私欲便会随之而除。同样，私欲减少，自我意识自然就会淡薄。

“三省”和“寡欲”，都是克己的工夫，都有由浅而深的过程。如“三省”，事后反省，工夫较浅；事中反省，工夫则较深。“寡欲”工夫则最初易行，越往后越难，而抵达“寡焉以至于无”，则已然成贤入圣矣：

> 予谓养心不止于寡焉而存耳。盖寡焉以至于无，无则诚立、明通。诚立，贤也；明通，圣也。（周敦颐《养心亭说》）

阳明先生则将“寡欲”视作“医人的方子”：

> 一友问：“欲于静坐时将好名、好色、好货等根逐一搜寻，扫除廓清，恐是剜肉做疮否？”先生正色曰：“这是我医人的方子，真是去得人病根，更有大本事人，过了十数年，亦还用得着。你如不用，且放起，不要作坏我的方子！”（《传习录》）

“静坐时将好名、好色、好货等根逐一搜寻，扫除廓清”，正是“寡欲”的工夫之一。

无论是“三省”，还是“寡欲”，到了最后，工夫往往都在一念之间，一念本于自我而发，及时省觉，及时克治，而这便是后文中所讲的“慎独”工夫。孔子为颜子讲授“克己”工夫，其目有四：“非礼勿视，非礼勿听，非礼勿言，非礼勿动。”其实便是在一念间下工夫，便是“慎独”工夫。“礼”者，理也；理者，生生之理是也。凡是不合理的，则一概不视、不听、不言、不动。要做到不视、不听、不言、不动，工夫则必须在视、听、言、动之前，亦即一念不合于理，及时省察，及时克治，方才有可能做到“非礼勿视，非礼勿听，非礼勿言，非礼勿动”。关于“慎独”，下文中会有专文讲述，此则不赘。

无论是“三省”“寡欲”，还是“慎独”，都还是“克己”工夫，皆为减法。“修道”还有加法，我最初习儒，得益于孟子“察端扩充”之教处颇多，而“察端扩充”便是加法。

> 人皆有不忍人之心。先王有不忍人之心，斯有不忍人之政矣。以不忍人之心，行不忍人之政，治天下可运之掌上。所以谓人皆有不忍人之心者，今人乍见孺子将入于井，皆有怵惕恻隐之心。非所以内交于孺子之父母也，非所以要誉于乡党朋友也，非恶其声而然也。由是观之，无恻隐之心，非人也；无羞恶之心，非人也；无辞让之心，非人也；无是非之心，非人也。恻隐之心，仁之端也；羞恶之心，义之端也；辞让之心，礼之端也；是非之心，智之端也。人之有是四端也，犹其有四体也。有是四端而自谓不能者，自贼者也；谓其君不能者，贼其君者也。凡有四端于我者，知皆扩而充之矣，若火之始然，泉之始达。苟能充之，足以保四海；苟不充之，不足以事父母。(《孟子·公孙丑上》)

所谓“不忍人之心”，即舍不得别人的心。这一个心便是本于生生之性的好生之心，便是仁心，乃是人人生而具足的。然而，却并不是每一个人都能够意识到自身具足这一个仁心，所以，需要“察端”。“端”即发端。“察端”，即体察仁心的发端。“乍见孺子将入于井”时，油然生发的“怵惕恻隐之心”，便是仁心的发端。生而为人，人人具备生生之性，即便是生生之性被私欲所遮蔽，也绝不会消亡。所以，纵然是沉湎于私欲之中的人，在一些特定的情境之下，受到激发，也会“率性”而生发出“端”。只是于常人而言，“端”生发也就生发了，往往觉察不到，纵然是觉察到了，也不会去深究。孟子则把握住了这一个“端”，并对之做了探究，终而指出这一个“端”与自私无关，“非所以内交于孺子之父母也，非所以要誉于乡党朋友也，非恶其声而然也”。“内交于孺子之父母”“要誉于乡党朋友”“恶其声”，皆为自私的表现，“怵惕恻隐之心”则与它们无关，因为“怵惕恻隐之心”乃是油然而发的。既然是油然而发，自然与自私无关，若是本于自私而发，其间就必然会有考量与计较在，也就不可能做到油然而发。既非本于自私而发，自然是本于生生之性而发。就此，孟子发明了“察端”之教。一个人果真体察到“端”，就会意识到“端”乃是本于生生之性而发，进而明晓自身生而具足生生之性，但能“率性”而发，自然就会好生、利生、尊生、循生、守生。概而言之，生生之德乃是生而具足的，不假外求。诚如孟子所说，“人之有是四端也，犹其有四体也”，“仁、义、礼、智，非由外铄我也，我固有之也”。

体察到“端”，进而对“端”进行探究，究明“端”乃是本于生生之性而发，而但能“率性”而发，所发便悉皆为“端”。于是，在应事应物之时，时时都力求“率性”而发，这就是“扩充”。“凡有四端于我者，知皆扩而充之矣，若火之始然，泉之始达”，一旦笃实“扩充”，就会像火苗一样越烧越旺，就会像泉水一般越流越远。最终纯然“率性”而合道。

“修道”之方有二：一为减法，减法要在“克己”；一为加法，加法要在“察端扩充”。究其实，则二者乃为一体两面：减得一分私欲，便是扩充得一分生生之性；扩充得一分生生之性，便是减得一分私欲。学者实能一面下“克己”工夫，一面笃实去“察端扩充”，那么，“修道”有成指日可待。

“修道之谓教”，“修道”便是儒家之教。儒家之教，不仅要自身以身作则，笃实“修道”，还应当设教、兴教，指引世人去“修道”，若是人人都能够“修道”而履道，这就是实现大同的根本。人与人的气质之性自然是有差异的，然而，生生之性则是相同的，所谓大同，唯有建立在人人“率性”而为的基础上，方才有可能。关于这一点，阳明先生在其“拔本塞源论”中有着清晰的陈述：

夫圣人之心，以天地万物为一体，其视天下之人，无外内远近，凡有血气，皆其昆弟赤子之亲，莫不欲安全而教养之，以遂其万物一体之念。天下之人心，其始亦非有异于圣人也，特其间于有我之私，隔于物欲之蔽，大者以小，通者以塞，人各有心，至有视其父子兄弟如仇雠者。圣人有忧之，是以推其天地万物一体之仁以教天下，使之皆有以克其私，去其蔽，以复其心体之同然。其教之大端，则尧、舜、禹之相授受，所谓“道心惟微，惟精惟一，允执厥中”；而其节目，则舜之命契，所谓“父子有亲，君臣有义，夫妇有别，长幼有序，朋友有信”五者而已。唐、虞、三代之世，教者惟以此为教，而学者惟以此为学。当是之时，人无异见，家无异习，安此者谓之圣，勉此者谓之贤，而背此者，虽其启明如朱，亦谓之不肖；下之闾井、田野、农、工、商、贾之贱，莫不皆有是学，而惟以成其德行为务。何者？无有闻见之杂，记诵之烦，辞章之靡滥，功利之驰逐，而但使之孝其亲，弟其长，信其朋友，以复其心体之同然。是盖性分之所固有，而非有假于外者，则人亦孰不能之乎？学校之中，惟以成德为事，而才能之异，或有长于礼乐、长于政教、长于水土播植者，则就其成德，而因使益精其能于学校之中。迨夫举德而任，则使之终身居其职而不易。用之者惟知同心一德，以共安天下之民，视才之称否，而不以崇卑为轻重，劳逸为美恶，效用者亦惟知同心一德，以共安天下之民，苟当其能，则终身处于烦剧而不以为劳，安于卑琐而不以为贱。当是之时，天下之人熙熙皞皞，皆相视如一家之亲，其才质之下者，则安于农、工、商、贾之分，各勤其业，以相生相养，而无有乎希高慕外之心。其才能之异，若皋、夔、稷、契者，则出而各效其能。若一家之务，或营其衣食，或通其有无，或备其器用，集谋并力，以求遂其仰事俯育之愿，惟恐当其事者之或怠而重己之累也。故稷勤其稼，而不耻其不知教，视契之善教，即己之善教也；夔司其乐，而不耻于不明礼，视夷之通礼，即己之通礼也。盖其心学纯明，而有以全其万物一体之仁，故其精神流贯，志气通达，而无有乎人己之分、物我之间。譬之一人之身，目视、耳听、手持、足行，以济一身之用。目不耻其无聪，而耳之所涉，目必营焉；足不耻其无执，而手之所探，足必前焉。盖其

> 元气充周，血脉条畅，是以痒疴呼吸，感触神应，有不言而喻之妙。此圣人之学所以至易至简，易知易从，学易能而才易成者，正以大端惟在复心体之同然，而知识技能非所与论也。（《传习录》中《答顾东桥书》）

“天地万物为一体”，乃是天地万物的本然状态，天地万物莫不由生生之体创生而呈现，自然为一体。然而，世人因为自我意识而将自身独立于宇宙之外，（其实并未曾真正脱离于宇宙之外，所谓独立，只是世人的一份自我感觉罢了。笔者旧日常常以宇宙是一本书为喻，倘若宇宙是一本书，则个体也就只是其中的一个笔画，或是一个标点符号，即便是有笔画或标点符号自以为自身是独立的，它们又何曾独立于整本书之外？这个譬喻还有一个重要的启示：宇宙是一本书，若是笔画或标点符号没有在适当的位置上，没有如实履行自身的责任，那么，宇宙这本书就会变得混乱无章，乃至于成为一堆乱码。由此可见，探究生命的真义，履行生命的责任，本就是在为整个宇宙负责）从而丧失了同体之感，就此“隔于私欲之蔽”。圣人则体验到天地万物本来一体，故而设教，以天地万物一体之仁教化世人，“使之皆有以克其私，去其蔽，以复其心体之同然”。这就是大同之教。所谓“教之大端”——“人心惟危，道心惟微，惟精惟一，允执厥中”，实即“复其心体”的工夫，要在“惟精惟一”，而纯然“率性”便是精一于道心。所谓“教之节目”——“父子有亲，君臣有义，夫妇有别，长幼有序，朋友有信”，实即“率性”的自然。也就是说，在父子，“率性”而为，自然“有亲”；在君臣，“率性”而为，自然“有义”；在夫妇、长幼、朋友，“率性”而为，自然“有别”“有序”“有信”。概言之，则亲、义、别、序、信，悉皆本于生生之性。这里面包含着一个“理一分殊”的架构。所谓“理一”，即生生之性；所谓“分殊”，则在父子为亲，在君臣为义，在夫妇为别，在长幼为序，在朋友为信。亲、义、别、序、信五者看似不一，其实悉皆本于生生之性，乃是生生之性在五种关系中的体现。明白了“理一分殊”的架构，就会明白世间各行各业，士、农、工、商等，但能“率性”而为，各尽其性，虽有职业之别，也悉皆可以成就贤圣。与此同时，这其中还体现了一个才——气质之性的差异，才——气质之性乃是生来如此的，故而，每个人都应当发挥自身的才质，而“各效其能”，就像皋、夔、稷、契一般。大同之同，不在于职业之同，也不在于才能之同，而在于人人生而具足的生生之性。普天之下，人人“率性”而为，方是大同。“修道之谓教”，以“修道”教导世人，正是实现大同的路径。

《中庸》之“教”，又有“自诚明”与“自明诚”之别：“自诚明，谓之性；自明诚，谓之教。诚则明矣，明则诚矣。”横渠先生曾评曰：

> 须知自诚明与自明诚者有异。自诚明者，先尽性以至于穷理也，谓先自其性理会来，以至穷理；自明诚者，先穷理以至于尽性也，谓先从学问理会，以推达于天性也。(《张子语录》)

一言以蔽之，则“自诚明”近乎于“生而知之”“安而行之”，如此生而圣者，极其罕见；而“学而知之”“利而行之”“困而知之”“勉强而行之”，则全都为“自明诚”者。圣人设教，自然是普适性的，是针对大多数人的。而据“天命之谓性，率性之谓道，修道之谓教”，由天而性，由性而道，由道而教，先明性，再明道，而后再指示教——“修道”，则知《中庸》之教侧重于“自明诚”而言。

此处当对《中庸》的起始三句略作总述。“天命之谓性”，交代了“性”——人之为人的根本。“性”由“天命”，则知“性”乃是人与天之间的纽带。一个“性”字，便将宇宙与生命贯通了起来。“率性之谓道”，讲述了道——人之为人的准则。人能“率性”合道，便是尽“天命”，便是与天合一。这就为天人合一打开了通道。生而为人，理当如此。用今天的话来讲，这就是人生论。“修道之谓教”，自身“修道”，可为世则，这就是以身作则之教。而设教、兴教，则为教化之教，二者实为一贯。修道有成之人，自然“以天地万物为一体”，也就自然会“推其天地万物一体之仁以教天下”。当然，各人有各人的才质，尽其性，践其形，方是根本。

“天命之谓性，率性之谓道，修道之谓教”，陈述了天人一贯之旨，并指示了天人合一的路径，最终落实到各人的生生事业上来。就此可知，于儒家而言，宇宙、生命、人生、事业乃是一贯的，人生论本于宇宙论。反观其他诸学说，则宇宙论与人生论往往是截然二分的，终难一贯，这也是我最终返归于儒的根由。

道也者，不可须臾离也，可离，非道也。是故君子戒慎乎其所不睹，恐惧乎其所不闻。莫见乎隐，莫显乎微，故君子慎其独也。

【浅讲】

既然“道”必须要经过“修”而后才能够成就，那就应当指明具体的“修道”工夫。所以，接下来开始讲述“修道”工夫——“慎独”。“慎独”是儒家重要的修身心法，正因如此，《大学》与《中庸》全都做了强调。具体而言，“慎独”工夫偏向于减法。

1.“道也者，不可须臾离也，可离非道也”

“道”，自然便是“率性”之道，亦即生生之道。“须臾”，片刻。“不可须臾离也”，即不可以离却片刻。“可离非道也”，可以离却的就不足以称作“道”。也就是说，“道”是恒在的，是不可以离却的，片刻也不行。这其中包含着两层意思：

一、“道”是恒在的，片刻都没有离失过。也就是说，无论如何，“道”始终都在那里。朱子所谓“无物不有，无时不然”，正是此意。

二、“道”是不可以离却的，可以离却的，就不能够称作“道”。朱子所谓“若其可离，则为外物而非道矣”，正是此意。

乍一看，颇令人费解：现实中，明明大多数人的生命状态都是违背于“率性”之道的，为什么还要说道是恒在的，是不可以离却的？此中自有深意。

其一，无论我们履不履行，道都始终在那里，对我们不离不弃。也就是说，履不履行是人的事，与“道”无关，对于“道”没有丝毫的影响。“率性之谓道”，生生之性不灭，道即不亡。活在私欲之下的人，生生之性虽然被遮蔽了，可是却并没有消亡，只要他们意识到自身的问题，切实地去“修道”，自然也就可以成道。——“道”从不曾放弃过任何一个生民。

其二，生而为人，绝不可以离却“道”。“道”是万物之为万物的根本，是人之为人的根本，离却了“道”，我们就只是空具人形的行尸走肉而已，就不配称作真正的人。所以，绝不可以离却“道”。而那些可以离却的一切，必定不是“道”。原因很简单，离却了它们，并不会影响我们作为一个真正的人，也就是说，它们无关乎人之为人的本质。正因为此，生而为人，就必须笃实地去“修道”，使得自身时时都能够“率性”合道。幸运的是，“道”始终都在那里，对我们不离不弃，只要我们真心去“修道”，就一定可以“修”成。

2. “是故君子戒慎乎其所不睹，恐惧乎其所不闻”

“修道”的方法，要在“慎独”。所谓“戒慎乎其所不睹，恐惧乎其所不闻”，正是慎独工夫的着手处。“戒慎”“恐惧”讲的是“慎”，“其所不睹”“其所不闻”讲的是“独”。在别人看不见、听不到的情况下，时时保持“戒慎”“恐惧”。为什么要保持“戒慎”“恐惧”？自然是为了确保自身能够时时合乎于道，故知，所“戒慎”的、所“恐惧”的，乃是自私。因为私欲一旦生发，生生之性便会被遮蔽，与此同时，也就违背了“率性”之道。——“戒慎乎其所不睹，恐惧乎其所不闻”便是“修道”，“戒慎”“恐惧”便是“修道”的具体方法。

那么，为什么要强调“不睹”“不闻”呢？原因在于：在别人所“不睹”、所“不闻”的时候，以为无人可见无人可知，人往往就会放肆，进而任意妄为。诚如《大学》所说：

> 小人闲居为不善，无所不至。见君子而后厌然，掩其不善，而著其善。

所谓“闲居”，即是独处，也就是在别人所“不睹”、所“不闻”的时候。小人在别人所“不睹”、所“不闻”的时候，就会干不善的事，乃至于无所不作。可是，一旦见到了君子，他们又会“掩其不善，而著其善”——将自己不善的一面掩盖起来而展现善的一面，这就是伪装了。所以，小人通常都活得很累，孔子说“小人长戚戚”，诚不妄也！君子则不会这样，他们“修道”是为了修身立命，是为了履行人之为人之道，是为了成人——成为真正的人，而与他人无关。所以，无论别人睹还是不睹、闻还是不闻，都会保持着“戒慎”“恐惧”。

由此可知，强调“不睹”“不闻”，是为了告诉学者：修身是自己的事，与他人无关。

3.“莫见乎隐，莫显乎微，故君子慎其独也”

到这里，明确提出了“慎独”。有人认为“慎独”是一种超越了“戒慎乎其所不睹，恐惧乎其所不闻”的更深层次的工夫，如朱子，他说：

> 隐，暗处也。微，细事也。独者，人所不知而己所独知之地也。言幽暗之中，细微之事，迹虽未形而几则已动，人虽不知而己独知之，则是天下之事无有著见明显而过于此者。是以君子既常戒惧，而于此尤加谨焉，所以遏人欲于将萌，而不使其滋长于隐微之中，以至离道之远也。(《中庸章句》)

很显然，在朱子看来，较之于“不睹”“不闻”，“隐”“微”更为细密，所以，“君子既常戒惧，而于此尤加谨焉”。也就是说，“慎独”乃是一种更为谨慎的工夫。我认为这一说法不甚妥当。其实，“隐”“微”所说的，仍是“不睹”“不闻”，只不过陈述的角度有所不同。正因为“隐”，正因为“微”，所以才会为别人所“不睹”、所“不闻”，“隐”“微”与“不睹”“不闻”一般，讲的都是“独”。

也许对“独”字略作一番解说，会更加有利于理解。

“慎独”的“独”，有着两层意义：其一，独处。一个人独处之时，别人既看不见，也听不到，这便是“独”。很多学者解析“慎独”的“独”，仅仅解释到这一个层面，其实是远远不够的。其二，独知。独处，注重的是状态，别人看不见也听不到；独知，则较为微妙，注重的乃是意识活动。例如，一个人生起一个念头，即便是面对面的人也不见得能够觉察、知晓，可是他自己却心知肚明，这便是独知。"慎独"自然是侧重于后者——独知而言的。在《大学》中，"慎独"出现在"诚意"一目的传文部分，也可以显见"慎独"是侧重于"人虽不知而己独知"的意识层面而言的。意识活动是"隐"的，是"微"的，为他人所"不睹""不闻"，但是，自身却明了分明，这就是"莫见乎微，莫显乎隐"。"见"，同"现"。既然如此，君子又怎么能够不笃行"慎独"工夫呢？而独知本已涵盖着独处了。——独处之时，虽然为别人所"不睹""不闻"，但是，自己又怎么能够不知道呢？唯有将"慎独"落实到独知的层面上来，方才可以彰显君子"修道"的真义。

"慎独"，必须要落实到别人所"不睹""不闻"的"隐""微"之处，方算是工夫到家。简而言之，"慎独"，即在独知的状态之下，始终都保持着"慎"——"戒慎""恐惧"。而所"戒慎"、所"恐惧"的，乃是自私。自私本于自我，故知"慎独"工夫重在谨防自我，进而克除自我。——"慎独"即是克己的工夫，当我们完全克除了自我，自然也就时时"率性"合道。

"慎独"乃是儒门修身心法，不但《中庸》，《大学》中也做了提示：

> 所谓诚其意者，毋自欺也，如恶恶臭，如好好色，此之谓自谦（慊），故君子必慎其独也。小人闲居为不善，无所不至，见君子而后厌然，掩其不善，而著其善。人之视己，如见其肺肝然，则何益矣。此谓诚于中，形于外，故君子必慎其独也。

相传《大学》乃是曾子所著，《中庸》的作者则为孔子的孙子子思子，子思子曾经受教于曾子，从子思子对"慎独"的强调与重视来看，曾子、子思子之学可谓一脉相承。

在这里，我再依据《大学》所述，对"慎独"工夫略作一点补充。

《大学》在讲"慎独"工夫时，提出了"毋自欺"和"自谦（慊）"的方法。“谦（慊）”，朱子注曰：“快也，足也。”“自谦（慊）”，即自我满足，也就是问心无愧。“毋自欺”与“自谦（慊）”，讲的其实是同一个意思，只不过一个从反面说，一个从正面说，唯有“毋自欺”，方才能够“自谦（慊）”，若是自欺欺人，又如何能够“自谦（慊）”呢？同样，“自谦（慊）”的人，一定是“毋自欺”的。“慎独”工夫，从“毋自欺”和“自谦（慊）”入手，是一个较为容易并且便捷的方法。每当生发起一个念想，每当去干一件事，无论是别人睹还是不睹、闻还是不闻，都扪心自问一下：“我自欺了吗？我问心无愧了吗？”但能如此笃实地践行下去，“慎独”工夫自然就会日渐得力。有一段时间，我便在书房内挂着“自欺乎，自谦乎”六个字，时时提醒自己，还是蛮得力的。

当然，“慎独”工夫乃是由浅而深的。概而言之，可以分为静中工夫与动中工夫。初学者心思不定，往往省察不到自我，所以，需要通过修静来加强省察之力，一旦省察，旋即克去，这就是静中的“慎独”工夫。阳明先生有云：

> 初学时心猿意马，拴缚不定，其所思虑，多是人欲一边，故且教之静坐，息思虑。久之，俟其心意稍定，只悬空静守，如槁木死灰亦无用，须教他省察克治。省察克治之功则无时而可间，如去盗贼，须有个扫除廓清之意。无事时，将好色、好货、好名等私欲逐一追究搜寻出来，定要拔去病根，永不复起，方始为快。常如猫之捕鼠，一眼看着，一耳听着，才有一念萌动，即与克去，斩钉截铁，不可姑容，与他方便，不可窝藏，不可放他出路，方是真实用功，方能扫除廓清。到得无私可克，自有端拱时在。(《传习录》)

“好色、好货、好名”，全都是本于自我的私欲，实能克尽私欲，自我也就会随之而除。然而，单单在静中下“慎独”工夫，远远不够，还需要在应事应物的过程中“慎独”，这就是动中工夫。很多人静时工夫颇为得力，可是，一旦到了动中——应事应物时却用不上力，无法做到动静一如，这就需要在动中狠下工夫。较之静中工夫，动中工夫对省察的灵敏度提出了更高的要求。人处在静中，私意一生，往往便能省察。然而，在应事应物时，私意生起，则往往浑然不觉，这就需要保持敏锐的省察力，及时省察并克治私意。阳明先生有一段对话，可以作为动中工夫的指导：

> 有一属官，因久听讲先生之学，曰："此学甚好。只是簿书讼狱繁难，不得为学。"先生闻之，曰："我何尝教尔离了簿书讼狱，悬空去讲学？尔既有官司之事，便从官司的事上为学，才是真格物。如问一词讼，不可因其应对无状，起个怒心；不可因他言语圆转，生个喜心。不可恶其嘱托，加意治之；不可因其请求，屈意从之；不可因自己事务烦冗，随意苟且断之；不可因旁人谮毁罗织，随人意思处之。这许多意思皆私，只尔自知，须精细省察克治。惟恐此心有一毫偏倚，枉人是非，这便是格物致知。簿书讼狱之间，无非实学。若离了事物为学，却是着空。"（《传习录》）

动中"慎独"工夫，就是在具体的事务中践行，随时随地，随处随在，省察克治，一旦私意生起，当即克去，久而久之，自然可以去尽私意，克除自我。

在孔门三千弟子中，曾子是"慎独"工夫最为坚定的践行者，穷其一生，都是在"慎独"中度过的：

> 曾子有疾，召门弟子曰："启予足！启予手！《诗》云：'战战兢兢，如临深渊，如履薄冰。'而今而后，吾知免夫。小子。"（《论语·泰伯第八》）

曾子还为我们留下了著名的"一日三省"的教导。那么，曾子为何会如此笃行"慎独"之工夫呢？原因居然是因为他"鲁"（见《论语·先进第十一》），"鲁"就是迟钝，也就是不聪明，曾子不聪明，最后却成了孔门之学的传承人，所以，明道先生才会说他"竟以鲁得之"。其实，在修道之路上，

“鲁”并不是坏事，因为“鲁”，所以不会讨巧，不会想着走捷径，反而能够沉下心来，扎扎实实地狠下工夫，笃实地去“慎独”。相反，那些聪明人却整天想着如何讨巧，如何走捷径，希望一劳永逸，乃至于不劳而获。今天，之所以很少有人能够体道、合道，正是因为大家都太聪明，想法太多，总想着一步登天，而不愿意老老实实付出。所以，我常常说修道不需要聪明人，而需要实在人，需要像曾子一般的“鲁”人，需要像颜子一般的“不违如愚”的“愚”人。

喜怒哀乐之未发，谓之中；发而皆中节，谓之和。中也者，天下之大本也；和也者，天下之达道也。

【浅讲】

“慎独”是儒门修身心法，所要实现的生命境地，无非是时时合道，也就是纯然“率性”而为。可是，到了这里，子思子却笔峰一转，谈起了“中”与“和”。对此，我曾经反复思量，不能识其用意。直到有一天，思及应事应物，唯有时时合道，方可发而中节，方可称作“和”，于是，知晓“慎独”工夫的效用正在于“和”。而“和”的根本又在于“中”。就此明了子思子此处谈“中”谈“和”，实在是一贯而下的，就此也识得圣贤作文，当真是丝丝入扣，字字珠玑。

很显然，“中”与“和”是截然不同的：“中”讲的是“喜怒哀乐之未发”，“和”讲的是喜怒哀乐“发而皆中节”；“中”讲的是“天下之大本”，“和”讲的是“天下之达道”。我们来细述一番。

1.“喜怒哀乐之未发，谓之中；发而皆中节，谓之和”

首先来看“中”。“喜怒哀乐之未发，谓之中”，“喜怒哀乐”是情，情在未曾发出来之前，称作“中”。故知，“中”为体，情为用。《郭店楚简》有云：“情生于性。”情既生于性，则无性即无情。据此也可以知晓，性为体而情为用。性是情的本体，情是性的发用，这是诸多儒者的共识。如横渠先生有云：“性者，理也。性是体，情是用，性情皆出于心，故心能统之。”又如王安石说："性者，情之本；情者，性之用。"朱子也说："喜怒哀乐，情也。其未发，则性也。"进而则知，"中"即是性。

这一点，吕与叔（大临）先生其实早就已经指出：

> 盖中者，天道也，天德也，降而在人，人禀而受之，是之谓性。（《蓝田吕氏遗著》）

"中庸"的"中"，正是这一个"中"。可是，朱子对"中"的解释，却令人心生疑惑：

> 中者，不偏不倚、无过不及之名。（《中庸章句》）

他的这个解释又是本于伊川先生的解释："不偏之谓中。"于是，"中"成了对不偏不倚、无过无不及的恰到好处的状态的描述。伊川、朱子，都是我至为推崇的大儒，可是，在对于"中"的解释上，我反复思量，也不能够认同他们的解释，原因有二：

一是"不偏不倚、无过不及之名"，应当是"和"，而不是"中"。"喜怒哀乐之未发，谓之中；发而皆中节，谓之和。""中"与"和"，一个讲的是情的未发，一个讲的是情的已发。情在未发之时，无所谓"中节"与不"中节"，只有已发的情况下，才会有"中节"与不"中节"的说法。所谓"中节"，即是不偏不倚、无过无不及，也就是恰到好处。"喜怒哀乐"之情发出来之后，全都不偏不倚、无过无不及，全都恰到好处，便称作"和"。由此可见，伊川先生与朱子将"中"误解成了"和"。

二是后面说"中也者，天下之大本也"，"中"乃是"天下之大本"，而"不偏不倚、无过不及"只是一种状态描述，又如何能够承担起"天下之大本"？由此也可知，伊川先生与朱子误解了"中"。至少将"中"解释为"不偏不倚、无过不及"，是不够准确的。

而关于"中"即是性，伊川先生也并不是没有认识到，他曾说过："喜怒哀乐之未发，谓之中。中也者，言寂然不动者也，故曰‘天下之大本’。”(《近思录》)所谓“寂然不动者”，说的正是性体。朱子也曾明言“中”即是性：“喜怒哀乐，情也。其未发，则性也。”可是，为了自圆其说，他却偏偏又说：“无所偏倚，故谓之中。”(《中庸章句》)仿佛性是不偏不倚、无过无不及的，所以，才会被称之为“中”。其实，性乃是“寂然不动”的，是不可以用“不偏不倚、无过不及”来形容的。事实上，用任何语言来描述性，都是多余的。即便是我们退一步来讲，性是因为“无所偏倚”而“谓之中”的，可是，“中”所指代的也依然只能是性。“不偏不倚、无过不及”至多也就只能算是对“中”的描述，而不是“中”本身，就“中”本身而言，则“中”即是性。而在“中也者，天下之大本也”一句中，“中”即是性得到了更为清晰的体现：“中”乃是“天下之大本”，而能够承担起“天下之大本”的，唯有性。

明白了“中”即是性，对于“中庸”便可以有一个正确的理解。但是，关于“中庸”，我们还是放到最后去讲。先回到正文中来。

“喜怒哀乐之未发，谓之中”，“中”不是别的，“中”正是“天命”之性，正是生生之性，乃是万物之所以为万物的本质。正因为此，后面才会说：“中也者，天下之大本也。”当然，这句话绝不仅仅是为了告诉我们：“中”为情的本体，“中”即是生生之性。事实上，这句话也为我们指明了一条体证天命之性的路径。性，无形象、无声气、无方所，不可以见闻觉知。情却是可以觉知的，性既是情的本体，那么，通过它的发用——情来体证它，也许是一个较为妥当的方法。孟子正是通过这个方式来指导我们体证性的，而他的“性善说”也源于这一份体证。

> 孟子曰：“乃若其情，则可以为善矣，乃所谓善也。”(《孟子·告子上》)

“乃”，发语词，无实义。“若”，《毛传》：“若，顺也。”即顺应、随顺的意思。“乃若其情”，即顺着本性而发出情。孟子说：“顺着本性而发出情，那就可以是善的，这就是我所说的人性本善啊。”情为性之用，性为情之体，体用一如，用既为善，体自当为善。孟子此语，正是以情善证实性善。

“喜怒哀乐之未发，谓之中”，既交代了“中”（性），又提供了一条体证“中”（性）的路径——由情体中（性）。

再来看“和”。“发而皆中节，谓之和”，所谓“中节”，即恰到好处，无过无不及。情发出来之后，全都恰到好处，无过无不及，便称作“和”。故知，“和”是对“发而皆中节”这一状态的描述，是结果。

结合“喜怒哀乐之未发，谓之中”，可知情有未发、已发的分别。未发之情，即是性——情的本体，无所谓中节与不中节。已发之情则有中节与不中节的分别，中节为和，不中节则为不和。情发而中节，便是当喜则喜，当怒则怒，当哀则哀，当乐则乐。反之，当喜不喜，当怒不怒，当哀不哀，当乐不乐，则是不中节。

正因为已发之情有中节与不中节的分别，有和与不和的分别，从而导致了诸多学者对情产生了误解。他们认为情既然有中节有不中节、有和有不和，情就应该是有善有不善的、有正有不正的。朱子便是如此：“发皆中节，情之正也，无所乖戾，故谓之和。”（《中庸章句》）意思很明显：情有正有不正，有乖戾的，也有无所乖戾的。“发而皆中节”的情便是正情，便是无所乖戾的。反之，发而不中节的情自然就是不正之情，就是乖戾的情。至于唐朝的李翱，则因为情有中节有不中节、有和有不和而提倡“性善情邪”，他说：“情者，妄也，邪也。”而遮蔽纯善之性的，正是这一个邪恶的“妄情”：“妄情灭息，本性清明，周流六虚，所以谓之能复其性也。”（《复性书》）直至今日，持有如此认知的人尚且不在少数，故而，此处应当为情正名一番。以情有善有不善、有正有不正，至少有两点需待商榷：

其一，已发之情虽然有中节有不中节、有和有不和，但是，却不能说明情是有善有不善、有正有不正的。这两者之间似无必然的联系。

其二，体用一贯，情是性的发用，性是情的本体。既然如此，情与性就应当是统一的，而不存在什么性善情恶的状况，也不会存在性善而情有善有不善的状况。也就是说，如果情是恶的，性也就必定是恶的；情是有善有不善的，性也就必定是有善有不善的。总之，朱子、李翱等人关乎性情的论述，无疑是存在问题的。

我早年也曾秉持过性善而情有善有不善的论断，可是，始终觉得心头难安。直到有一天，突然明悟：情中不中节、和不和，与情本身无关，而是取决于所应对的事物。——情之所以中节，是因为适宜所应对的事物；情之所以不中节，则是因为不适宜所应对的事物。有了这一个体悟，进而我认识到：情与性一般，性是纯然至善的，情也是纯然至善的。

情之所以会发而不中节，乃是因为不适宜所应对的事物。那么，为何会出现情不适宜所应对的事物的状态呢？原因很简单：对于所应对的事物体认不够。例如，一件事的中节之情应当是喜，可是因为体认不够准确，情发出来之后成了大喜，这就是过，就是不中节。由此可见，要做到“和”——情“发而皆中节”，有着一个前提条件：对所应对的事物有着准确的体认。换言之，便是要明了所应对事物的理（性）。在这里，我们或许应该先了解一下性、心、情三者的关系。

性是情的本体，情是性的发用，性要发用为情，必须经由心。也就是说，心是贯通性与情的桥梁，也可以说心是性与情的主体：性是心具之理，故有心性之说；情是心发动的状态，故有心情之名。正因为此，横渠先生才会主张“心统性情”。性、心、情三者之中，性是心具之理，情是心发动的状态，都不足以担任应事应物的主体，唯有心可以应事应物。性既为心具之理，心在应事应物之时，自然就会“率性”——遵循于性。心纯然遵循于性去应事应物，自然就能穷尽所应的事物之理，因为事物之理与心具之理（性）乃是一贯的，全都本于宇宙本体所含有的生生之理。这就是“能尽其性，则能尽人之性；能尽人之性，则能尽物之性”。而心纯然遵循于性应事应物，本于性而发出情，这一个情自然是中节的，是当喜则喜、当怒则怒、当哀则哀、当乐则乐的。

心在应事应物之时，有着两个步骤：一是对所应的事物进行准确的体认；二是对所应的事物做出适当的处置。前者是基础，因为对所应事物的体认不准确，就不可能做出适当的处置。对事物的体认准不准确，根本又在于应对事物的主体——心。在应事应物之时，若是尽心（即尽心具之理，亦即纯然遵循于性），则对所应对的事物就会有着准确的体认。有了准确的体认，“率性”而应，自然就会做出适当的处置。究其实，这两个步骤的核心在于一点：究明所应事物的理。对所应的事物进行准确的体认，根本在于究明其理，不明其理，便不能有准确的体认；要对所应的事物做出适当的处置，根本也在于究明其理，不明其理，就不能够做出适当的处置。而事物之理与心具之理（性）乃是一贯的，故而，尽心即能究明事物之理。

尽心，即尽心具之理，即纯然“率性”。情是心发用的状态，应事应物之时，但能尽心，则心所发用的状态无不适宜，喜怒哀乐之情，发而皆中节。由此可知，应事应物的根本在于是否尽心，而不在于外事外物。很多人应事应物之时，在外事外物上用功，却不知在心上用功，真可谓南辕北辙，犯了方向性错误。阳明先生有云：

> 夫物理不外于吾心，外吾心而求物理，无物理矣。遗物理而求吾心，吾心又何物耶？心之体，性也，性即理也。故有孝亲之心，即有孝之理，无孝亲之心，即无孝之理矣；有忠君之心，即有忠之理，无忠君之心，即无忠之理矣。理岂外于吾心耶？（《传习录》）

又有云：

> 若鄙人所谓“致知格物”者……致吾心良知之天理于事事物物，则事事物物皆得其理矣。（同上）

所说全都是这一个意思。后世动辄依性、心来判别理学与心学，仿佛理学与心学截然二途，却不知离却了性，便无以成心之名；离却了天理，也无有良知可言。理学、心学本自一贯。

然犹有说。心具之理与事物之理悉皆本于宇宙本体所含有的生生之理，但能尽心，即可尽事物之理；尽事物之理，则可成事成物。然而，又当如何尽心？尽心，即尽生生之理（性），也就是在应事应物之时，于事事物物上尽吾心所具的生生之理。生生之理落实在事上，事便有生生之机，如此则事得其成；生生之理落实到物上，物便有生生之机，如此则物得其归。于事事物物上尽吾心所具的生生之理，则应事应物之时，纯然依循于生生之理，当好生时即好其生，当利生时即利其生，当尊生时即尊其生，当循生时即循其生，当守生时即守其生。如此一来，则何事不得其成？何物不得其归？

有人会说："如何才知道当好生、当利生、当尊生、当循生、当守生，而好其生、利其生、尊其生、循其生、守其生呢？"不见孟子有云：

> 恻隐之心，人皆有之；羞恶之心，人皆有之；恭敬之心，人皆有之；是非之心，人皆有之。恻隐之心，仁也；羞恶之心，义也；恭敬之心，礼也；是非之心，智也。仁义礼智，非由外铄我也，我固有之也，弗思耳矣。(《孟子·告子章句上》)

恻隐之心，即好生之仁；羞恶之心，即利生之义（当利生而不利之，则心头难安而羞愧；见人害生而利生之心生起，则必厌恶之）；恭敬之心，即尊生之礼；是非之心，即循生之智（知事物何以能生，遵循其生理以成其生，此即是非之心）。四者悉皆本于生生之性（理），"非由外铄我也，我固有之也"。既然我们生而具足是非之心，那么，在应事应物之时，但能尽心，自然能够知晓所应的事物是当好生、当利生、当尊生、当循生，还是当守生。这就是阳明先生以"良知"（是非之心）为本体的缘由。

应事应物之时，要成事成物，根本在于尽心——尽吾心所具的生生之理。如此一来，便是合心与事物为一，也就是后文中所说的"合外内之道"：

> 诚者，非自成己而已也，所以成物也。成己，仁也；成物，知也。性之德也，合外内之道也，故时措之宜也。

今人论学，又有所谓德性与知性之别，仿佛在德性之外，另有所谓的知性存在，却不知知性本于智（是非之心），实为德性发用的一端，离却了德性，何来知性？象山先生（陆九渊）有云："既不知尊德性，焉有所谓道问学？"说的就是这个意思。牟宗三先生又有"良知坎陷"之说，仿佛良知在应事应物之时，会陷入世俗之中，故而不能保持纯粹的形而上学。却不知，道即器，器即道，形而上即形而下，形而下即形而上，心与事物合一，内与外不二，又何来"坎陷"之说？

尽心——纯然"率性"而应事应物，则情之所发悉皆中节。那么，不中节的情究竟是从何而来的？概而言之，不中节的情有二：一是在应事应物时，对所应的事物未能做出准确的体认，如此一来，所发的情自然会或过或不及；二是在私欲的支配下所发出的情，究其实，这样的情并不是情，性是情的本体，情是性的发用，唯有本于性而发的方才称作情。而这样的情，乃是本于自私而发，是虚情假意，又如何可以称作情？然而，因为它的表现接近于情，故而，我们可以姑且称之为伪情。

论情，自然应当论真情。所以，对于伪情，我们暂且放下不论。在应事应物之时，因为对所应的事物未能有准确的体认，从而导致所发出的情不中节。之所以会出现这样的状况，原因在于未能尽心——纯然"率性"。确切而言，便是因为"慎独"工夫不够。

如此一番分析之后，"中"与"和"的关系也就一目了然了。"中"即是性，要做到"和"，就必须尽心——纯然"率性"，也就是纯然遵循于"中"(性)。由此可见，"中"是本，"和"是末。而由"中"而"和"，则在于"慎独"之工夫。但能时时"慎独"，克除自我，而纯然"率性"——遵循于"中"，自然便能"和"——情之所发悉皆中节。

讲论这一句时，很多人又往往会纠缠于未发、已发之别，如有以性为未发、心为已发者。其实，性、心、情三者一贯，性为心具之理，情为心之所发，心时时率性，无分乎动静，诚如明道先生所说："动亦定，静亦定，无将迎，无内外。"所谓定，即定于性。所谓动静，则是讲应事与无事之时，心应事时为动，无事时则为静，而无论应事无事，心都只是个率性而已。心无事时安于性，应事则率性而发为情，无事即为未发，未发为性；应事即为已发，已发为情。就未发而言，讲一个性，情已经包含在其中，未发之情即是性；就已发而言，讲一个情，性也已经包含在其中，中节之情即是性。性情二者，本来是一。而无论未发、已发，心都从未曾缺席过。由此可知，以性为未发、心为已发，截然将性、心二分，极不妥当。

2. “中也者，天下之大本也；和也者，天下之达道也”

继续讲“中”与“和”的关系。“中也者，天下之大本也”，“中”即是性，性乃是万物之所以为万物的根由，乃是万物的本质，所以为“天下之大本”。此其一。其二，应事应物，要做到“和”——情发而皆中节，又需要以“中”为本。唯有纯然遵循于“中”（纯然率性），方才能“和”，“和”则可使所应的事物事皆得其成、物皆得其归。故知，成己、成物，合外内为一，悉皆以“中”为本。“中也者，天下之大本也”，说的就是这一个意思。

“和也者，天下之达道也”，“和”，指应事应物之时所发的情悉皆中节。“和”则事得其成，物得其归。故而，为“天下之达道”。所谓“达道”，即通达之道，亦即万事万物的共通之道。朱子注曰：“达道者，循性之谓，天下古今之所共由，道之用也。”（《中庸章句》）

然而，这样草草说过，实在于事无补，并不能够把握子思子的深意。对于“中”与“和”，需要放在“理一分殊”的架构下来阐述，方才能够穷尽其中的要义。所谓“理一”，即根本之理，也就是生生之理。所谓“分殊”，是指生生之理在万事万物上的体现，也就是万事万物的具体之理。万事万物的具体之理，本于生生之理，自然也全都是生生之理。然而，因为事物各个不同，故而，虽然万事万物的具体之理全都为生生之理，却也会各有不同。例如，以事言，则孝亲有孝亲之理、事君有事君之理、读书有读书之理、学习有学习之理。究其根本，则又全都是生生之理在孝亲、事君、读书、学习诸事上的体现。根本之理只有一个，落实到不同的事物上却各有各的体现。这便是“理一分殊”。

依据“理一分殊”的架构，可知要成就事物，就应当遵循于事物的具体之理而为。而要究明事物的具体之理，则又在于根本之理——生生之理。无论面对何样的事物，但能本于根本之理——生生之理去探究，自然就能够明了其具体之理，并采取适宜的处置方法。例如，对待老人和孩子，但能本于生生之理去探究，自然就会“老者安之”而“少者怀之”。

现在再来看“中”与“和”，则知“中”即“理一”之理，“和”则为遵循于万事万物的具体之理而为，而使得事得其正、物得其归。要做到“和”，务必需要本于“中”。但能尽“中”（即纯然率性），势必会“和”。

致中和，天地位焉，万物育焉。

【浅讲】

朱子教人读四书，首读《大学》，次读《论语》，再次读《孟子》，最后才是读《中庸》：

> 学问须以《大学》为先，次《论语》，次《孟子》，次《中庸》。《中庸》工夫密，规模大。
>
> 某要人先读《大学》，以定其规模；次读《论语》，以立其根本；次读《孟子》，以观其发越；次读《中庸》，以求古人之微妙处。（皆引自《朱子语类》）

简而言之，就是《中庸》不容易读懂。《中庸》之所以难懂，原因之一便在于其中有着诸多描述圣贤境地的内容，本句便是其一。除了本句，尚有讲“至诚”之境的：

> 唯天下至诚，为能尽其性；能尽其性，则能尽人之性；能尽人之性，则能尽物之性；能尽物之性，则可以赞天地之化育；可以赞天地之化育，则可以与天地参矣。

讲“圣人之道”的：

> 大哉圣人之道！洋洋乎，发育万物，峻极于天。

此等境地，悉皆超越于常人的思维，乃为圣贤亲身体证的境地。倘若缺乏对儒家之道的真切体验，对于这些内容，也就只能望文生义，或是单凭一己之见妄加臆测，其结果，势必就会失之毫厘而谬以千里。

“致中和”，“致”，“推而极之也”。所谓“中和”，即由“中”而“和”。但能纯然遵循于“中”，应事应物之时，自然就会“和”。“致中和”，即通过推求而抵达“中和”之境。“致中和”乃是合而言之的，分而言之，则为“致中”与“致和”。所谓“致中”，即通过推求而纯然遵循于“中”；所谓“致和”，即通过推求而时时发而中节（和）。而但能“致中”，自然“致和”；若要“致和”，必由“致中”。“致中”即“致和”，“致和”即“致中”，二者浑然合一，故而，子思子以“致中和”为言。后世儒者则往往会将“致中”与“致和”分裂开来，如西山先生（真德秀）有云：“静时无不敬，即所以致中；动时无不敬，即所以致和。”（《大学衍义》）又如许谦先生有云：“致中是逼向里极底，致和是推向外尽头。”（《读中庸丛说》）无论是以静、动分别“致中”与“致和”，还是以内外分别“致中”与“致和”，都是失之偏颇的，“致中和”实是无分乎动静、无分乎内外的。我以前所提倡的先“致中”而后“致和”，也是分裂之论，甚为不当！

至于“致”的工夫，正是前文中所讲的“慎独”。一旦切实地去“致”而抵达“中和”之境，则“天地位焉，万物育焉”。

“致中和”何以便“天地位焉，万物育焉”？朱子释曰：

> 位者，安其所也。育者，遂其生也。自戒惧而约之，以至于至静之中，无少偏倚，而其守不失，则极其中而天地位矣。自谨独而精之，以至于应物之处，无少差谬，而无适不然，则极其和而万物育矣。盖天地万物本吾一体，吾之心正，则天地之心亦正矣；吾之气顺，则天地之气

> 亦顺矣。故其效验至于如此。（《中庸章句》）

所谓“天地位焉”，即天地各安其所；所谓“万物育焉”，即万物各遂其生。朱子据“天地万物本吾一体”，指出“吾之心正，则天地之心亦正矣；吾之气顺，则天地之气亦顺矣”，故而“致中和，天地位焉，万物育焉”。

盖犹有说。“致中和”，既尽己之性，又尽物之性；既成己，又成物。成己，即使自身成为真正的人。《礼记·礼运》篇有云：“人者，天地之心也，五行之端也。”故知成己（成为真正的人）即是“为天地立心”。心为主宰，心立定之后，天地自然各安其所。成物，要在率物之性。应事应物时，纯然率性而为，尽吾心所具的生生之理，则事物各得其生生之理而遂其生。故知，成己则“天地位焉”，成物则“万物育焉”，如此便是“赞天地之化育”而“天地参矣”：

> 唯天下至诚，为能尽其性；能尽其性，则能尽人之性；能尽人之性，则能尽物之性；能尽物之性，则可以赞天地之化育；可以赞天地之化育，则可以与天地参矣。

至此，我们才算是成为真正意义上的人，才算是尽到了自身的天职，才算是活出生命的真正价值。而这又是我们生命的本然状态。故知，儒家修身之学，一切归旨都只是为了“复”——指引我们复归于生命的本然。“致中和”，即通过推求而复归于“中和”——生命的本然状态。

“致中和，天地位焉，万物育焉”，交代了个体与整体、个人与宇宙的关系。个体与整体、个人与宇宙，可谓息息相关。“天地万物本吾一体”，个体本就是整体的一部分，个人本就是宇宙中的一份子，整体的和谐、宇宙的生机，正在于个体能否尽“中”、个人能否“率性”。果真明了这一点，世人也就不会再妄自菲薄，而是会以道自任，勇于担当，从此为整体计、为宇宙计。如此一来，自然而然就会具足“舍我其谁”的浩然之气，并承担起“天下兴亡，匹夫有责”的天下事业，承担起“宇宙内事乃己分内事，己分内事乃宇宙内事”的宇宙事业。

这样一来，我们便对《中庸》首章做了一番解说。现在，我们就可以来解说一下“中庸”的真义了。前面说过伊川先生与朱子对“中”的误解，其实，他们对“庸”的解释也是错误的。朱子对“庸”的解说是：“庸，平常也。”同样，这一解说也是本自于伊川先生：“不易之谓庸。”伊川先生还说：“庸者，天下之定理。”结合他们对“中”的解释，“中庸”的意思便成了：“中庸者，不偏不倚、无过不及而平常之理，乃天命所当然，精微之极致也。”(《中庸章句》)自朱子之后，大多数学者都是如此来解释“中庸”的。亦因为此，后世有学者径直将“中庸”理解为“度”的哲学。如李泽厚认为，“度”的建立是为了“用”，也只有在“用”中才能有“度”的建立。中国人说的“中庸”，即此意。

与对伊川先生、朱子对“中”的解释一般，我也不认同他们对“庸”的解释。将“中庸”解释为“不偏不倚、无过不及而平常之理”，实在不合于“中庸”的本义。对于“中庸”，孔子明明说：“中庸之为德也。”(《论语·雍也第六》)为何到了伊川先生和朱子这里，“中庸”却成了理？

围绕着孔子的话，我曾经对“中庸”进行反复体味，最终发现“中庸”的“庸”，绝不是不易、平常的意思，而是应当采用它的本意——用。《说文》：“庸，用也。”为什么？因为唯有这样才可以表示“中庸”为德。“中”即是性，“庸”是用的意思，“中庸”即是性的发用。性的发用，正是德。古来讲德，或曰直心，或曰率性，其实都是性的发用。也唯有性的发用，方可以称作德。在这里，需要对“德”略作一番解说。现在人讲到德，都认为德是一种外在的为人处世的准则，所以，在他们看来，德是一种约束。这是本源于西方的道德观。而我们传统文化中的德，却不是一种外在的准则，更不是什么约束，而是遵循于天命之性而为便是德。这一点，在前面“天—命—道—德”的架构下，可谓一目了然。性为心具之理，天命之性不在别的地方，就在我们的心上，所以，孔子反复强调“反求诸己”，当我们切实地“反求诸己”，在自己的心上去探求时，就会逐渐发明天命之性，而后遵循于天命之性而为，这一个过程便是立德。立德的最终，便是实现“中庸”——性的全体发用。即时刻遵循于天命之性而为，没有一丝一毫的违背。抵达这样的生命境地，也就是圣贤了。

概而言之，“中庸”即是性的发用，即是德。当然，“中庸”讲的乃是性的全体大用，讲的乃是统摄之德。所谓统摄之德，即是统摄诸德的根本之德，也就是说，仁、义、礼、智、信五常之德等，其实全都是“中庸”的体现。正因为此，孔子才会赞叹道：“中庸之为德也，其至矣乎！”也唯有性的全体大用，唯有统摄之德，方才可以称之为“中庸”。之所以称之为“中庸”，乃是为了彰显性的全体大用乃是即体即用、体用不二的，虽然“中”从体言，“庸”从用言，然而，唯有依“中”起用、用不离“中”，方可以称之为“中庸”。

至此，我们可以对《中庸》首章做一个简要的总述。

“天命之谓性，率性之谓道，修道之谓教”，乃是纲领，由性而道，由道而教，已然将《中庸》大意揭示了出来。“天命之谓性”，“性”即是“中”，“中也者，天下之大本也”，“中”——“性”乃是天下的大本。由此可见，《中庸》一上来便将“天下之大本”揭示了出来。由此可见，“天命之谓性”一句乃是《中庸》纲领中的纲领，但能对这一句有了真切理解，对于整篇《中庸》便可谓思过半矣。“道也者，不可须臾离也，可离非道也。是故君子戒慎乎其所不睹，恐惧乎其所不闻。莫见乎隐，莫显乎微，故君子慎其独也”，指出了“修道”的工夫——“慎独”。“慎独”乃是儒家修身的方法，极其重要。当然，“慎独”需要循序渐进，由浅入深，到最后，工夫一定要落实到意的层面上。但有一念不遵循于生生之性，及时克治。唯有如此，方能够渐入圣贤之境。“喜怒哀乐之未发，谓之中；发而皆中节，谓之和。中也者，天下之大本也；和也者，天下之达道也”，讲明了“中”与“和”，这一个“中”也正是“中庸”之“中”。“和”则为“中”之用，唯有“中”之用，方才能够“和”。与此同时，也为后面的“致中和”做好了铺垫。“致中和，天地位焉，万物育焉”，讲述了“中庸”——性的全体大用的效用。“致中和”便是“中庸”，做到了时时“率性”而“和”，不正是“中庸”——性的全体大用吗？

《中庸》首章，仅仅百余字，却本末皆备、彻上彻下而贯通乎天人，无怪乎明道先生赞叹道："放之则弥满六合，卷之则退藏于密。"学人但能于此细细体味，切实领悟子思子的深意，对于修身立命之学、儒家之道，也就可以操之在我了！

｜生生之学｜

由“生”照见“死”的生生之义

潘英杰

一

生死可以作为一门学问来研究，而生死本身就是一个事实。万物有形，便必然有生有死，人也不例外。对于人，出生总在后天还未自觉时就发生了，接下来则是不断生存，直至肉体死亡。借由身边人的告知，我们能知道自己是何时出生，不过，在生存过程中，由于被各种现实事物所浸染，人经常会忘记死亡的存在。虽然我们都知道人总有死的一天，也可能听到有人死去的消息，甚或参加葬礼，但未必会真切地意识到：原来我也会死，这是必然发生的事。死亡什么时候到来？我们一般无法准确预测。死后将去哪里？很多人也是未知。这都是切身的问题，不可空谈。有人会意识到，原来死亡是我人生中的一件大事，它不知何时降临，我仍然在浑浑噩噩地活着，追求着虚幻的东西，这样浑浑噩噩地生，也将浑浑噩噩地死。他们不想如此了，于是借着就自身死亡的真实性有深切感触的契机，开始挣脱对某些名利的执着，多少抖落了旧日习气的束缚，想去探寻生命的意义，从而走上了求道的路。

我们往往不愿谈死，也忌讳谈死，甚至用避讳的方式来表达死，让自己更能接受。当然，这一方面是出于对死者的尊重，另一方面则可能认为死是一件痛苦的事，不希望让这种痛苦一直延续。死为何会让人感到痛苦？就生者而言，他们将失去一位在心头颇有分量的亲友，无法重现当年各种温馨快乐的场景。死者也将因为死亡，离开人世，生前的各种现实事物不管多么舍不得，都得被迫立即割离。那一种舍不得又必须割离的现实处境，加上对死后去向未知的恐慌感，甚至还有肉体上的难受，便让人深感痛苦。某些人不觉得这是痛苦，他们或有其他方面的症结，这都得根据具体情况来看。不过，我们大部分人的心态，是不喜欢死亡，也难以接受死亡的。如果有一天死亡突发性地降临到身边的亲友处，自己知道后，心中总会第一时间生起哀伤。若突发性地降临到自己身上呢？当意识到这是早晚必发生的事，我们也就真正走近了死亡；通过不断对此切实地生命修习，有了更通透的精神呈现，则可以坦然地接纳死亡了。横渠说："富贵福泽，将厚吾之生也；贫贱忧戚，庸玉女于成也。存，吾顺事；没，吾宁也。"（《正蒙》）这里的"宁"，就是对死亡（"没"）的接纳与释然，没有痛苦，没有困惑，反而还有一种任何处境都剥夺不了的大乐在无尽地从心性那里喷涌出来，浸透自己，弥漫整个天地，生命也可以由此得到安顿。

二

为何会有死亡？曾经子路问过孔子关于死亡的事，孔子回答他："未知生，焉知死？"（《论语·先进》）有人对这句话解读为孔子只谈生存，不谈死亡，实际上恐非如此。程子便很明白此话中的深意："知生之道，则知死之道。"（《二程全集》）即要看明白"死"，就得回到"生"那里，由"生"照见"死"表象下的深意。"生"是什么？东汉许慎从汉字的角度解释道："进也，象草木生出土上。"（《说文解字》）"生"是有一股无穷的力量，推动万物不断前进，就像草木从土里冒出来，向上生长一样，能呈现出具体的运动变化。这种运动变化，是往好的方面去的，如《易经》云："一阴一阳之谓道，继之者善也。”所以，“生”是从内到外都充满了生机，即便有一些现实性的艰难，只要这力量足够饱满，就会不断冲出重围。当草木枯萎，生机似乎不再有了，但其并非由此便一直处于枯萎状态，而是在不断运动变化。清代诗人龚自珍说：“落红不是无情物，化作春泥更护花。”枯萎的草木便成为一种养料，去滋养另一事物的生机，而他们也各自融到这新的生机里，继续运动变化。一般我们会认为，草木在他们本有形态中的生长才算“生”，其枯萎则为“死”，但这“死”并非与“生”相对。反而，“死”也是“生”的一部分。朱子说：“气聚则生，气散则死。”(《朱子语类》)构成草木现实样貌的气之聚就是我们通常认为的“生”，而气之散则为“死”。然而，气之聚散只是其明显性的变化，从气本身的角度看，它是一直都在运动的，即气聚之时也在运动，气散之时仍在运动，聚散本身同样是运动，没有停止的片刻。更深含义的“生”，就是这一种气不断运动的真实呈现。因此我们看万物，都是处于无穷的“生”里。古人云：“天地之大德曰生。”指的正是这种根本意义上的“生”。

所以，“死”只是表象的“生”的一个阶段变化。就具体事物而言，似乎因为“死”而结束了，但从天地的角度看，它并没有结束，而是转成新的形态，一直在“生”。古人为了说明“生”的持续不断，便用了一个词，叫“生生”，也就是生之又生，没有停止，故又称“生生不息”。如《易经》中云：“生生之谓易。”万物生之又生的运动变化，背后是有一股无穷的力量在推动，这力量并非悬隔于万物而有，它是与万物不分的。此力可谓之“生生之力”。脱离了万物的具体形态，生生之力如何呈现？而抽掉了生生之力，又如何能有此万物？进一步说，生生之力不是有所谓的起始点与终结点，它是无始无终的。为什么？如果说生生之力有始终，则在其起始之前无生生，那么无中如何能生有？不管我们怎样定义这个“无”与“有”，既云“能生”，本身就说明了在此之前，依然是生生的呈现形态，只是并非我们所见的当前形态，或非我们当前所能理解的形态而已。由此可知，生生之力无其始。既言无始，何来有终？且以宇宙为例。不管科学家如何探寻宇宙的起始，也不管当前宇宙形态在什么时候会有一个质性的终结，无可置疑的是，宇宙一直在运动变化，背后推使宇宙不断运动变化的力量也是喷薄不止，即便当前这种质性的宇宙毁灭了，生生之力依然会推使新的宇宙出现，没有终结。可见生生之力本然存在，不是由谁创造出来，因为“创造”本身就在生生之力里，它是自我具足的。然而，当我们执着于某一具体物质形态的呈现，明显的“始”与“终”就出现了，相对的“生”与“死”也就出现了。当我们放开对某一具体物质形态呈现的执着，就此透入以感受背后那持续不断的生生之力，或把自己确实放进去观察万物所连成的无止境的运动变化，则知从根本意义上说，天地只有不断地生，而没有死。

回到人本身看。我们每个人必然会死，因为人都有肉体。肉体就是一种具体物质形态呈现。从出生到死亡，我们会发现，哪怕是肉体，其实一直都在变化，有时候我们察觉不出明显的变化，更多是被同为肉体一部分的感官功能所限，如人的眼睛若非借助相关器材，则难察觉其精微变化。但肉体一直都在变化，每隔一段时间，感受都会更明显。等肉体变化到一个节点，其机能用尽，或受到外力的破坏而丧失，死亡便出现了。这就是“气散”。此肉体之气散了，不是说气便没有，它于此散，与其他形态呈现的气不断抟合，而成新的形态呈现，但不可能都是原有之气的完整凝聚，必然有所散失，又有新的补充。这气之聚散所依循的规律，就是所谓的“理”，或云“天理”，也可相应于此不断聚散的“生生之气”，而称之为“生生之理”。所以，即便肉体死亡，变化并没有停止，依然在继续。有人会想，是不是肉体散了之后，依然会有灵魂恒久存在？若认为此是所谓的暗物质，可能更容易为人所理解。即便如此，暗物质本身也是生生之气，既为生生之气，则必然有聚有散，不可能一直保持原样。所以，不管是我们看得见的还是难看见的、能感受到的还是难感受到的气，全在生生之力的推使下，依循天理不断运动变化。这就是《易经》之“易”的第一个含义：变易。一切都在变化，古今中外很多哲人都努力地要揭示这个真相，《易经》本身也是如此，而《易经》很可贵的一点是，它指出这变化是“生生”，不是带人一直走向灭亡，而是带人不断走向新生，有一股充满生机的力量，在不断喷薄，继之而为善，偏之乃见恶。当人体认到这一点，会发现自己连同万物都是如此的，于此便能消泯主客之别、物我之分，进入浑然天地万物一体的真相自觉中。孟子说：“万物皆备于我矣！”（《孟子·尽心上》）恐即是他的生命体认到此后发出的感叹。纵然肉体消亡，也不会由此觉得自己就消亡了，因为气依然还在。

那么，在变化中，是否有不变的？有，此即生生之理、生生之力。理是气之聚散所依循的规律，此规律之本则为不变；力是气之聚散所必备的机能，此机能之有则为不变。理有根本之理、分殊之理的区别，在具体事物上所呈现出来的理（即“分殊之理”，或云“物理”——具体事物之理）或各有不同，但分殊之理是统一在根本之理（即“天理”）那里，此根本之理在最深处起着决定性的作用。同样地，生生之力在具体事物上也有差别性的呈现，而所有事物呈现出来的机能都是源于最根本的生生之力。此则为《易经》之“易”的第二个含义：不易。古人一般只提理与气，或认为理具根本性与静态性，气具质化性与活动性，笔者则把作为气的活动性之源的力再明确，以见古人所云的理气并非对立，而是统一的。不过，说理、说气、说力，都是分解式地说，为了方便我们理解而为。因为，说生生之理，则生生之气与生生之力必然涵具于其中；说生生之气，生生之理与生生之力必然涵具于其中；说生生之力，生生之理与生生之气必然涵具于其中。这不是虚说、玄说，归诸我们的日常生活，不管是人本身的肉体，还是任何眼见手触的事物，我们仔细去探寻，均能发现必然是理、气、力三者合一，缺一不可，人也同样离不得此三者。《中庸》说：“天命之谓性。”对于理、气、力之生生，其赋在人身上与此相应的本性，必然也是合乎生生的。

三

当我们发现，原来我们正处于天地浑然的生生状态中，一切都在变化，有其内在的规律，就会觉得生死是很正常的呈现。程子说：“圣贤以生死为本分事。”（《二程全集》）即看到生死是依循天地之道必然有的事。然而，就一般人的心态来说，我们常常是好生恶死。因为好生恶死，所以我们身体饥饿了会去觅食，遇到危险了会想躲避，等等之类，逐渐成为本能的反应。也由此，我们往往习焉不察，不能自觉地反身观照，来探寻推使我们觅食、躲避等更深的力量是什么。若人能反身层层深入探寻，便会体认到原来背后最深的力量正是天地的生生之力，我们唯有自觉循此而行，才是与天地同频共振，无愧于天地所赋予人的本性。孔子说："朝闻道，夕死可矣。"（《论语·里仁》）当生命切实体认到这天地之道，自觉地完全浸润其中，哪怕生命只剩下很短的一天，都不会有遗憾，因为已经活得彻底明白了。那是一种生命的醒悟、通透、光明，照见了死亡的生生之义。反过来，若对此不能自觉，则在人相对其他物种更明显的自我意识的作用下，会更容易偏离这生生之力，产生种种之恶。其实，在一般人所接受的常识里，我们就知道人必有死的一天，只是总不能真切察觉到这个人包括自己。若我们从个体出发，猛然意识到原来自己会死，可能为之一悚。《中庸》说："道不远人。"生命的最深奥秘，往往就在人身上。所以，我们厌恶死亡、畏惧死亡，这看似负面的厌恶与畏惧，剥去自我意识的杂质而见，正是来自对生的追求，而若一念不正，或将误入歧途。

有人想追求延长肉体的寿命，甚至让肉体不死；有人则追求在肉体死后，让那不死的自己能到另一个他们认为永远快乐的地方。至于那些只想在生前及时行乐，不管死后如何的人，自无须谈论。肉体可以经过细心的保养延长寿命，但只要是有形的，终还是会死亡，如果目标是这个，恐难实现。生死本是万物都必然经历的常道，自己却想刻意地让肉体不死，则有违于道。更何况，我们还得明了更长久活着的意义是什么？这种意义的明白与落实，岂不比要单纯活得长久更重要？可见这一种做法，便是由于对肉体死亡的恐惧，转而着眼到表面的肉体上，希望肉体不死。更深一点，是他们因为恐惧，产生对死亡的不接受，于是千方百计想逃离死亡。死亡则像张着嘴追赶的猛兽，等他们逃不过，便一口吞没。到那一刻，之前一切努力便难免陷入幻化。这一过程，他们更多是看到自己，未必看到别人甚至万物的生生死死。另外一些人看到了，故他们不追求肉体不死，但希望在肉体死亡后，自己仍能不死，到达一个永远没有死亡和痛苦的地方。肉体死亡后，那不死的自己是什么？而永远没有死亡和痛苦的地方在哪里？又怎样到那里？不同学派对此有不同认识。希望肉体死亡后仍有一个不死的自己，这一种希望，本身就是对生的追求，只是不追求表面肉体的生，而是追求更深层的生。他们从万物的生生死死中看到了，有形的肉体必然会死，因此，他们不追求这样，知道这不可能实现，也没有彻底的意义。但是，他们不愿由此就让生命完全消失，想找到不会跟随肉体一起死亡的那个自己。这一念之纯发，其实正是生生之力的涌现。如果没有反身对当下这一念自觉而深入探寻，就容易离己而往外寻找。但这个世界必然有生有死，故得另外找一个不生不死的世界，生命才能得到终极安顿。我们会发现，这本来是对生的追求，最后却走向了不生，由此在当前世界外另寻一个异质的世界，于是就有两个世界的区别。当前的世界在本质上不是善的，而是恶的，那另外的世界才是善的。在有生有死的肉体外，也得存在一个不生不死的自己，他们追求的正是要保全这不生不死的自己，那有生有死的肉体，则成了终将被遗弃的累赘。这里就有两种对立：当前世界（有生有死）与另外世界（不生不死）的对立，及肉体（有生有死）与所要保全的那个自己（不生不死）的对立。在此般追求中，这两种对立是难以弥合的，永远有一条线将其切成两种异质的呈现。而此前后的关系如何，也不容易说清楚。他们便需要某类神秘存在来做主，让所要保全的那个自己可以顺利到达心仪的另外世界。这就出现了第三种对立：他们（不能根本实现不生不死）与某类神秘存在（可以根本实现不生不死）的对立。如果这三种对立不得弥合，则生命在死后的安顿便难说是彻底的。

归诸生生之义，这些事便能看得明白。肉体终有死之一日，因为气聚一定会散，但不是由此就可以随意戕害肉体。孟子说："莫非命也，顺受其正，是故知命者不立乎岩墙之下。尽其道而死者，正命也；桎梏死者，非正命也。"(《孟子·尽心上》)人有此肉体，依照气之聚散的规律，必然会死，这可以算是一种命，我们能尽量依循肉体生生的规律进行保养，令其延长寿命，但无法回避最终的死亡。即便如此，如果明明知道有一种无谓的危险要降临，损害自己的肉体，甚至让它死亡，也是应当努力回避的。不过，当我们清楚保养肉体最终是为了自觉呈现生生之道，就知道在特定的时空中，若不得已必须不顾肉体的保养，成全根本性的生生，也当如此而为。即便因此死亡了，仍是一种“尽其道”，这为“正命”的表现。孔子说：“志士仁人，无求生以害仁，有杀身以成仁。”（《论语·卫灵公》）求肉体之生本含生生的流露，但如果求肉体之生，或将有违生生之道，志士仁人就不会这样做，反而宁可在不得已的情况下牺牲肉体而成全之。这看似是一种现实性的无奈与悲壮，其实是对生更透彻的契入。因为他们发现，一我之生死不是终极性的生死，其本与天地不二，故愿意把自己积极投进生生的大化里，直下承担生生在他们特定的时空中所赋予的使命。孟子对此看得很明白，他说：“生亦我所欲，所欲有甚于生者，故不为苟得也；死亦我所恶，所恶有甚于死者，故患有所不辟也。如使人之所欲莫甚于生，则凡可以得生者，何不用也？使人之所恶莫甚于死者，则凡可以辟患者，何不为也？由是则生，而有不用也；由是则可以辟患，而有不为也。是故所欲有甚于生者，所恶有甚于死者。非独贤者有是心也，人皆有之，贤者能勿丧耳。”（《孟子·告子上》）好生恶死，是一种本能性的欲求，但人并非只为了肉体的生存而活，若依义不得已要损害甚至牺牲自我，正是在顺生生而行。所以，人本有比生死更深的好恶：符合生生之道则好之，背离生生之道则恶之。这不是贤者才具备，人人都有，贤者能自觉存之不丧而已。当体认到这一点，则肉体死亡，就不会有无谓的恐惧，而在生命里开始涌现出浑融了天地万物为一体的真实感，于是不再只看到一我之生死，知道自己不是隔离天地万物而独存，依循生生，彻底的安顿就在当下。由此，也不必为了不死而求不生，也不会因为痛苦而想逃离当前世界。痛苦之由，原因种种，根本上当是自我意识把人带偏了，从而有意无意地背离天地的生生之道。其痛苦里，或有生生之力要把人拉回到与天地一致的状态中的成分，这也是人的本性所指向的应有之义。肉体有生有死，本是生生的呈现，自己根于此，世界也根于此，要化尽痛苦同样得根于此。蕺山说：“天地之大德曰生，圣人而仁者曰寿。然有生必有死，仍是天地间生生不已之理，即天地亦在囿，而况于人乎？人将此身放在天地间，果能大小一例看，则一身之成毁，何啻草木之荣枯、昆虫之起蛰已乎？而人每不胜自私之为见，将生死二字看作极大。”蕺山之言甚明，他说的“自私之为见”，在于有些人不想同万物一样生死，而求肉体等方面的永远不死。这本含生生的流露，却在自我意识的作用下，背离了生生之道，误入歧途。不过蕺山所云的有生有死的天地，仍是质性层面的天地，不是根本意义上的天地。就像这当前宇宙，或有毁灭之一日，而宇宙无数次生灭的那个整体，及不断推使宇宙生灭的那个核心，才是根本意义上的天地。因此，若想在当前宇宙外另寻一个不受生死影响的宇宙，是不可能有的，只有从一我生死的表象，深入到背后的生生之本，以契进这不断推使万物生死的根本意义上的天地，方能不离生死证生生，不离当前证永恒，不离自己证存在，而得生命的终极安顿。

四

曾经，孔子在河边感叹："逝者如斯夫！不舍昼夜。"(《论语·子罕》)有人认为，这是孔子在感叹时间流逝，一去不复返。程子则认为："此道体也。天运而不已，日往则月来，寒往则暑来。水流而不息，物生而不穷，皆与道为体，运乎昼夜，未尝已也，是以君子法之，自强不息。及其至也，纯亦不已焉。"(《二程全集》)若如程子所云，那么孔子便不是在表面性地感叹时间流逝，而是借由水流不断的现象，透进去体证到了生生大道。在另一处，孔子表达得更明白："天何言哉？四时行焉，百物生焉。天何言哉？"(《论语·阳货》)天不像人那样进行言说，却以四时行、百物生将其所欲言说者昭露无余。四时行，百物生，及前所提到的水流不断，呈现出来的都是生生不息的动态感，尽见万物的充实与生机。人处其中，自然也是如此，自然也当如此。当"生"的意义找到了，"死"的困惑将被照透。孔子或发现了这个事实，领悟到万物包括自己原来一直都处于大化流行中，不由生出一种欢喜、赞美、安宁，进一步也涌现出一份天德在我的责任感：人本当如此自觉地生生而行。这就是继天德（天之生生）而为人德（人之生生），活出人该有的模样。孔子揭橥的仁，便是天之生生在人身上的集中体现。他说："君子去仁，恶乎成名？君子无终食之间违仁，造次必于是，颠沛必于是。"(《论语·里仁》)无论多么紧急惶恐的处境，一个自觉要继天德为人德的君子，都当时时处处体贴自家生命里的生生之意，将之视为最核心的事去做。人能这般长久深入地体贴，此心当下即安，无论是死亡，还是其他什么困苦，都不再容易乱了阵脚，反而还可能成为协助自己更好体贴此意的各种养料。所以，由“生”照见“死”的生生之义，不能只是脑袋知道就行，当我们面对现实发生的死亡，或会有各种本能性的反应、症结性的问题从内心深处涌出，尤其在死亡刚降临的一瞬间，我们未必不会被这突发性的变故给打蒙，若没有如孔子一般笃切的生命修习，则难说真正照透死亡。

在我们的日常生活中，死亡往往表现为新闻所呈现的人物或数据，除非亲眼见过人的死亡，甚至为此刻骨铭心，不然，它对我们而言总像隔了一层膜，似乎离得很远，与自己没有关系。可能是生了大病，乃至绝症，也可能是面对生命的威胁，或至亲至爱的人去世，我们才意识到原来死亡离自己不远。最怕这一瞬间的震惊让人误入歧途，还怕很快就近乎无感，仍浑浑噩噩地活着，直至也走入死亡。有人通过发现死亡，开始领悟到生命的真谛，他们知道人必有一死，这个人正是自己。于是死亡对他们来说就不是概念，而是真实会发生的事，他们也早在为此做生命性的准备。当那一刻到来，或许会震惊，但不至于陷入负面的反复挣扎中，因为已经有了持久训练所涵养出来的力量让自己能对此化解，而生出一种笃定、充实与温暖。当然，人不是为了死亡而活着，死亡却是可以促使我们更懂得如何活着的一个契机。若人在生前所为违背了天德，如此仍希望死后有一个好的去处，其实都是功利心在使然，不可能根本性地解决问题。有人因为恐惧死亡、困惑死亡，走进了某些团体，借由各种方法让自己不再恐惧困惑，以为问题解决了，却不知功利心一直在暗中起作用，他们也可能因为功利心被利用，如果这个问题没有自觉到，并不断去克除，则在不经意的某个瞬间，还是会发现似乎哪里不对劲，或许是一个念头生起，又或许是一种感觉忽现，但就怕还是在逃避甚至麻醉的状态中，不能由此及时惊醒，仍是把自己托付给死后某种未知的美好期盼。若一个人找对了方法，一定可以在当下的状态中得到生命性的印证。生死一定是当下的事，忽视了当下，却寄希望在死后会有生前所期待的那种世界出现，都是妄谈。知此，再来看孔子对子路说的“未知生，焉知死”，实有很深意味。并不是孔子不谈死后如何及怎样应对死亡，而是孔子看到了问题的根本：若连当下的“生”都不留意，那“死”的根将在哪里？不知此来谈死亡，都可能是在助长请教者自己暗藏的功利心。功利心也就是人自我意识所流露出来的一种私，它背离了生生之道，只希望依照其欲求去行事，不管这样的欲求是否贴合天德。当洞见了这个生命真相，明白要让自己更纯粹地活出生生的状态，这也就是孔子所说的“闻道”。蕺山说：“‘然则百年生死，不必知乎？’曰：‘奚而不知也？子曰“朝闻道，夕死可矣”是也。如何是闻道？其要只在破除生死心，此正不必远求百年，即一念之间，一起一灭，无非生死心造孽。既无起灭，自无生死。’”（《明儒学案》）蕺山所指的生死心，便是功利心在生死面前的体现。所以，我们要彻底解决“死”的问题，一定得从“生”入手。

且回到发生问题的源头来说。其实，在自己突然间会畏惧死亡、困惑死亡的当下，这一念透入，就有两个层面须留意：一是就死亡而畏惧困惑本身，其萌生是因为自己暗存一种本能反应，对可能带来痛苦及危险的陌生事物会抗拒。畏惧就是抗拒的一种体现，因为抗拒而想暂时拉开点距离，给自己安全，这其实含有循生的内涵，贴合生生之道。又由生生之道出发，会有一股力量不断蔓延，希望了解这种陌生事物，进而有自主性的把握。如果顺此而发，则畏惧与困惑都是可取的，不是负面的表现，也会进一步在其驱动下转化为具体的行为去化除，让自己最后不再对此有畏惧困惑之感；二是经常出现的问题是，当就死亡而萌生畏惧困惑时，我们若对这由生生涌出的力量没有自觉体认，或有意或无意地顺此而行，则容易被人的自我意识所左右，急于去摆脱，一急，就要么寻求躲避，要么自我麻痹，要么急功近利，要么胡乱投医，只希望不再如此了，不知道在这表面的安稳下，可能隐藏了一直以来都没有留意和解决的问题。人们满足于既得的安稳，越把关注点放在这里，对当下生命状态在某些时候偶然涌现出的那种刻意、别扭、不对劲的感觉越留意。然而，这正是一种真实的信号，也可以说是印证：是否找对了？是否真的解决了？所以，答案往往就藏在当下的生命状态里。知此，便知我们得留意自己当下的生命状态，并慢慢训练出一种层层深入的敏锐感，直至透进本源。这也就是孔子所说的“知生”。有些学派提倡使用静坐、冥想等方法，当是为了对自己的生命状态有确切的自知与自主，只是不知人在训练时是否有此意识。儒家不排斥静坐、冥想，原因正是这样也可以让人得到一定的训练，这训练除了指向当下的生命性，也指向生生的本源性。若因静坐而有耽溺，便背离了生生，需要警惕并及时拔出。阳明教人静坐，又怕人只是静坐，原因恐在这里。他说："吾昔居滁时，见诸生多务知解，口耳异同，无益于得，姑教之静坐。一时窥见光景，颇收近效。久之，渐有喜静厌动，流入枯槁之病，或务为玄解妙觉，动人听闻。"（《传习录》）如何既能敏锐察觉当下自己的生命状态，又能切入生生之本？儒家一直以来传统的做法，就有观象，此实存二意：一是观天地万物之象，由其象之生生而体认背后的力量与实体，这里得把自己放进去，不能主客对立性地观，也不能内外分离性地解；二是观人己言行之象，由此外化的言行而透入到内在的心性，体认此心性的生生不息、光明饱满，同样得视言行心性为一体，进而视心性与天地之本为一体。这用程子的话说，便是体贴天理。天理即生生之理，生生之理与生生之气、生生之力浑然为一，是天地之本，也是自家生命之本。自《易经》揭橥"天地之大德曰生"以来，这已逐渐成为后人的一种共识，《中庸》也说："天地之道，可一言而尽也：其为物不贰，则其生物不测。"从天地到自家生命，必然是一致的，所以孟子才会说"万物皆备于我"。朱子则称："发明'心'字，曰：'一言以蔽之，曰"生"而已。"天地之大德曰生"，人受天地之气而生，故此心必仁，仁则生矣。'"（《朱子语类》）所以，观象的本质就是观生，观天地万物连同人己的言行之生，进而透入到背后的生生之力、生生之理连同人己的心性之生，并将此打通而浑然为一。这样，死亡怎么会成为一种孤立、未知、静寂的存在？知得生，便知得死了。而具体如何观生？前人已多有揭示。如程子云："万物之生意最可观，此'元者，善之长也'，斯所谓仁也。"（《二程全集》）即细细感受万物冒出生机的那个端倪，得留意把自己放进去，不能物我对立式地将自己抽离出来，而冷冰冰地观察、剖析，因为自己正是万物的一部分。若人能如此不断训练，或体察草木的生机，或体察鱼鸟的游跃，或体察事物的流动，或体察生命的沛然，或体察心性的喷涌，则会让自己越来越体验到一份充实感、安稳感、喜悦感，当恻隐则恻隐，当羞恶则羞恶，当辞让则辞让，当是非则是非，而逐渐趋近孟子所说的那种生命状态：“君子所性，虽大行不加焉，虽穷居不损焉，分定故也。君子所性，仁义礼智根于心，其生色也，睟然见于面，盎于背，施于四体，四体不言而喻。”（《孟子·尽心上》）生生之力自然充溢体内，沛然涌出，盈科而进，由此穷达一贯，生死也得一贯了。

五

笔者从年幼起，有多次经历促使自己对死亡产生了真切感受，也早早体会到那种畏惧与困惑，其中不乏刻骨铭心的场景。因此，渐能真切意识到死亡的存在及其必将到来，故一直在思考有关死亡的事，想如何让自己彻底明白、安心？这一念生起，就是漫长而艰难的摸索。虽然尝试过一些方法去解答，但发现还不够通透，当下细细自问，此心未必能安。笔者不在于追随哪一种学派，只是不愿辜负自己的生命。作为中国人，很自然会先从身边的资源中寻求解答，最开始却跳开了儒学，因为一般性的认识中，儒学似乎不谈死后的世界，也不谈如何具体面对死亡。当初笔者也是这么认识，觉得儒学讲修身，讲济世，但不讲死亡，要解决死亡的问题，得从其他学派那里找答案。当摸索一番，回到自己真实的生命状态，仍发现没有真正解决。于是从此状态入手，而察觉到：生命或有支离、趋迎，把最终希望放在某个外物上，当下的生命却无意中成了附庸。难道这生命就是污浊的，只能等待被他者洗濯，不能靠自己挺立起来吗？难道当下的天地根本上无法安顿这生命吗？笔者如此反复自问，终于明白孔子的“未知生，焉知死”里原来有很透彻的解答。当进一步对儒学的生生之义有更清晰、深刻、切身的了解，才发现生死原来是相通的，从生生而发，问题的症结并不在死亡，而在当下的生命状态中，由此更看清了此生当努力的方向。曾经，笔者写过一句诗：“安我岂由天地外，藏身自在古今中。”便是在流露对生死的真实信念。不过，生命修习是一辈子的事，得不断提醒自己去做，不要觉得已经变成了本能性的反应，即萌生懈怠之意。因为个人的习气在自我意识的鼓动下还可能冒头，如果没有长期对治，则难根本化除，就死亡而生的各种负面感受便会再出现。其实，这样持续训练的过程，正是生生之力在人身上的自觉流露。莫问修习何时终止，一问，生生即见断痕，故安于此便是了。《易经》云："天行健，君子以自强不息。"又云："地势坤，君子以厚德载物。"无论是自强不息，还是厚德载物，都是生生之道在君子那里的心性豁朗。由"生"照见了"死"，又由"死"显明了"生"，从万物有生有死，到万物必生必死，再到万物能生能死，最后到万物当生当死，慢慢地体认这"能"与"当"背后的力量，才知拯救不由他者，当下自有力量，当下直通本源。所以，自觉回到生生的状态中，是生命的原初，实也是生命的终极。

前贤遗风

王学讲会白描《冬游记》

张卫红

笔者按：《冬游记》再现了念庵在嘉靖十八年为期近三个月的游历及与王门学者讲学论学的活动历程，融沿途山水游历与讲学辩论为一体，福田殖先生称之为“日记体讲学游记”，在中国古代的游记体散文中别具一格。相比于王龙溪的《东游会语》、邹东廓的《冲玄录》以讲学辩论具体内容为主的记录，念庵《冬游记》的特色在于，一是详细记录了旅途行止日程、路线、沿途见闻等；二是就多数人聚集的讲会略写，对于少数几个亲近知己之间的论学场面则有着生动丰富的描写：三五好友，指顾山川之余，谈学论道，在具体的情境中随机指点批评，以友辅仁——在《冬游记》中，念庵用平实的描述生动再现了王门诸子融生活、论学为一体的场景，以及有着共同良知信念和希圣继绝使命感的王学士人形象。因此，《冬游记》无论是作为一篇游记的文学价值还是作为了解阳明学者生活—思想世界的史料价值都可称道。笔者依据游记内容先后，除了文中的思想对话部分原文不动地体现，其余的游历内容、生活场景基本按原文翻译为白话文（极个别处有删减），并按游历日程分作若干小节，在注释中加入相关地名、背景之解说，以便于读者阅读。笔者这样处理的目的在于，以白描手法再现阳明学者特别是罗念庵此期的生活—讲学世界，此文纯粹是笔者阅读兴趣驱使下的一件“小作品”，似乎无甚“思想价值”，以飨同好。

嘉靖十八年（1539），念庵三十六岁。这一年念庵守丧期满，召拜詹事府左春坊左赞善，欲携家眷赴京任职。恰逢唐荆川与邹东廓亦欲北上——荆川自嘉靖十二年（1533）起即致仕居家，闲赋于家乡毗陵（今属江苏常州）多年，是年始起为右春坊右司谏。是年东廓亦由南京吏部考功郎中迁太常少卿，故二人约念庵由江西至镇江，然后三人联舟北上赴京。念庵自念山中离索，难逢嘉会，便于闰七月十八日登舟赴约。因途中耽搁，于十月二日才抵达镇江，此时邹、唐二人已经等不及北上了。恰逢王龙溪在南京任兵部武选郎中，去信约念庵往南京一叙，于是念庵欣然前往。这便是冬游论学的缘起。

十月九日——十三日　南京论学

念庵①于十月六日从镇江出发，十月七日抵达南京郊外龙潭驿②，夜宿东流寺。念庵派人入城约龙溪与王鲤湖会。初八日，鲤湖亦派人约念庵，与念庵派去的人未能相遇。这日又有雨，因此未能相会。初九日中午，王龙溪、王鲤湖相继来到东流寺。念庵与龙溪自嘉靖十一年相逢于北都之后已经七年未见，此时再度重逢，执手相对，不由得感慨时光迅速。这日龙溪、鲤湖留在寺中一天，与念庵共话。言谈之间，龙溪极赞荆川近来为学造诣颇异往日，并询问念庵近况。念庵答：“数年前居丧，虽不敢自放弃，毕竟朋友疏远，不得长进。近于静坐中，稍见精神，当敛束，不宜发散，一切寂然，方有归宿。”龙溪问：“自信何如？”念庵答：“此去尚远。”龙溪默然不语。

① 笔者将原文的第一人称叙述法（“余”）改为“念庵”之第三人称叙述法。

② 龙潭驿在南京之东，距应天府90里，据韩大成《明代城市研究》之附表《各地水陆交通干线简表》，中国人民大学出版社，1991，页704~794。

十一日，龙溪、鲤湖邀念庵同游南京胜景。薄午时分，三人自南京外郭城东边的麒麟门入观音寺①。寺中坐定，龙溪接着昨日念庵关于“收敛寂然”的话题问道：“寂得下否？吾人说静，终不归静，有多少不妥帖处。”鲤湖趁机请教龙溪慎独之旨。龙溪答：“独知甚微。虽至微，却是大命脉。纵是口说得是，事干得好，诚与不诚，终逃此间微处不得。毕竟分分晓晓皆能自觉，费力与不费力，一毫瞒他不得。圣学舍此，别无可下手处矣。”鲤湖曰：“但令善意必行、恶意必改，接续去，如何？”龙溪曰：“如此，却是大不慎矣。古人所言慎者，正指微处不放过说。正是污染不上，正是常彀得不欺，皆如好好色、恶恶臭始得。若善恶二念交起，此是做主不得，纵去得，已非全胜之道矣。”

十二日，龙溪入城处理公事。念庵与鲤湖同游钟山灵谷寺②。二人沿着松径深入五里许，至灵谷寺大殿前，观看吴伟画廊及殿后的宝志塔、八功德水。午后，龙溪到来。三人同登寺内的无梁殿③，之后在殿旁空地的射箭场练习射箭④。是夜三人同宿于月泉寺方丈。

十三日，游禅堂。诸禅请作浴。次第浴罢，登禅床，皆熟睡。睡觉，诸禅作斋供讫，移宿退居。是夜，龙溪再问念庵：“兄自以为工夫进境如何？”

---

① 麒麟门：为南京外郭城十八门之一。明代南京城自里向外分宫城、皇城、京城（都城）、外郭城四层，在管理上分为中城（即都城）、东城、西城、南城、北城（即京城以外的东西南北四个区域）五个部分。观音寺：不详。在都城外东南，西去朝阳门三里、东去灵谷寺五里、明孝陵东南有观音阁（见于永乐间），不知是否。念庵此行似乎都在东城一带，故推断如此。寺院位置主要参见何孝荣《明代南京寺院研究》之《明代南京寺院分布统计表》，中国社会科学出版社，2001，页145~153，下同。

② 灵谷寺旧址在南京东城钟山之独龙阜（山丘名）下，即今明孝陵所在。梁萧衍天监十三年（514）葬室志于此，并在墓前立开善精舍。永定公主又造五级宝塔于其上。塔名“玩珠”，取“龙玩珠”之意。南朝时称宝公院，南唐称开善道场，宋改为太平兴国寺，又名蒋山寺，其时规模宏大，占地达五百亩，从山门去大殿长达五里，为东南著名寺院。明初朱元璋营建孝陵，于明洪武十四年（1381）移寺建于钟山东麓（今中山陵东三里处），赐额“灵谷禅寺”，“为天下丛林之首”。

③ 无梁殿建于明洪武十四年（1381），宽五楹十四丈，高六丈六尺。整个建筑自基至顶无一寸木料，故称无梁殿。

④ 原文作“校射塀中”。

念庵答："欲根种种未断耳。"龙溪评论道："今人为学，只不紧要，故皆难成。须于咽喉下刀，方是能了性命。而今只为有护持在。"念庵再问："吾兄以为愚弟问题何在?"龙溪答："汝以学问凑泊知见，纵是十分真切，脱不得凑泊耳。"龙溪挽留念庵久居几日，念庵道："闻河北渐冻，既追东廓、荆川不及，吾当停舟途次，复来相聚。"

十四日早饭罢，念庵离开南京，与龙溪告别。龙溪笑道："不要北上以后改变主意不返回。"念庵应答道："真要改变主意，亦非吾兄一言所能束缚得了。"二人相顾大笑，上马别去。是夜念庵宿龙潭驿。

十月十五日——十一月二十一日　仪真→扬州→全椒→六合→全椒→江浦

十五日，由龙潭驿乘船至仪真，拜访故人——名医殷昶①，停留二日。十七日，抵达扬州，二十日移家眷入扬州城。念庵于是将家眷留在城中，之后与朋友折回仪真，又游历于全椒、六合，又回南京与龙溪等论学游览十七日，后返回扬州与家人汇合，继续前行。十月二十三日，追徐波石、戚南山至金山不遇，一宿而返。此时念庵接到戚南山来信，邀念庵前往南山家乡全椒相会。十一月初十日，舟行至仪真，为大风所阻。林东城书信至，希望念庵岁暮至安丰相会，念庵回信允诺之。十七日，念庵与盛范卿、卢天启一同乘马向全椒进发，午饭于臧家店。日暮抵达六合，夜宿东岳庙。十八日，午饭于盘城店中。这两日天气寒，三人冻得面呈梨色，又未携酒肴，每日三餐皆为蔬食，兴致精神却好，不觉疲倦。是夜宿东葛城驿。十九日，午饭于界首王钦家。午后抵达全椒，拜会南山。县令李白洋听说念庵来到，便率当地士友

---

① 念庵嘉靖九年（1530）在仪真大病几死，在此养病数月，幸得当地名医殷昶（字序明）救治，之后与殷昶及其子殷春庄一直有来往。见《寄殷市隐》（1532，隆庆本外集卷十二，雍正本卷十九）、《放歌寄殷春庄》（1549，隆庆本外集卷十二，雍正本卷十九，二首）。念庵是年拜访殷昶的情形，据《明故市隐殷君墓志铭》："己亥冬，予道仪真，翁已病，病犹执余手劝饮，饮不醉不已。别去未数月，翁卒。"（1541，隆庆本外集卷八，雍正本卷十六）

来访。是夜宿南山家塾。念庵与南山夜话论学。（此处省略）二十日，念庵回访县令及诸士友后，南山邀念庵到南谯书院。书院原为尼庵，距离县城东二里许，嘉靖元年改置为学宫，戚南山于嘉靖十三年（1534）辟建为南谯书院，在此聚徒讲学，成为王门讲会的一个重要场所，其后龙溪曾于嘉靖三十一年、三十二年、万历元年到此讲学。念庵到来的这日，适逢书院之聚乐堂新建成，于是当地士友数十人前来聚会论学，半日别去。二十一日早，念庵与南山经过南京，傍晚宿江浦县白马寺。寺中有陈白沙手书碑，当为白沙当年与江浦县名士庄定山①诸公相会时所书。南山说道："以前龙溪、荆川也常宿于此。"是夜念庵与南山论及"断欲"处，南山大有省悟，欢喜言道："今日白马之游，真是不虚此行。"

十一月二十二日——十二月九日　再返南京，游历论学

此后的十七天里，念庵与龙溪、南山等友人徜徉于古都金陵的山川风月中，兴发壮志，谈学论道，是冬游论学中时间最长、最为重要的一次经历。念庵诗云："金陵烟月成冶游，摇荡风光春复秋。六朝世代悲王正，百战山河壮帝丘。登楼骋望多意气，行吟弹铗秦淮市。赠处时传白雪篇，交分尽是青云士"，道尽了此时的风流意气。

十一月二十二日，念庵、南山乘舟去南京。是日大雾横江，上下四顾，水天相接，混沌一片，念庵与南山乘兴同歌《海漫漫》诗②。中午，到达江东驿。饭后，入报恩寺西方丈，派人催促龙溪前来。薄暮时分，龙溪携酒肴

---

① 庄昶（1437—1499），字孔旸，江浦（今属江苏南京）人。成化二年进士，改庶吉士，授翰林检讨。成化三年（1467），宪宗欲于上元大张灯火，庄昶与章懋、黄仲昭联名上疏谏阻，被贬桂阳判官，寻改南京行人司副。后卜居定山二十余年，以讲学为务。世称"定山先生"，有《定山集》。

② 白居易有《海漫漫 戒求仙也》诗，不知是否：海漫漫，直下无底傍无边。云涛烟浪最深处，人传中有三神山。山上多生不死药，服之羽化为天仙。秦皇汉武信此语，方士年年采药去。蓬莱今古但闻名，烟水茫茫无觅处。海漫漫，风浩浩，眼穿不见蓬莱岛。不见蓬莱不敢归，童男丱女舟中老。徐福文成多诳诞，上元太一虚祈祷。君看骊山顶上茂陵头，毕竟悲风吹蔓草。何况玄元圣祖五千言，不言药，不言仙，不言白日升青天。

而至，欢喜地问道："念庵弃家眷不顾，为何事而来？"念庵答道："因'病'不能行，故来向吾兄求药耳。"是日夜宿报恩寺。自此念庵与龙溪、南山几乎每夜联床共卧，相与论学。

二十三日早，龙溪入官署处理公事。念庵与南山一同游览报恩寺殿外画廊，之后同登琉璃宝塔①，上至九层。是日风极大，于塔窗中竟不能睁目，念庵便闭窗瞑坐。等了很久，才将塔上四面窗户各开半扇向外眺望，然视野局限，终不能尽兴。于是又等了一会儿，风力终于稍小，念庵便从塔窗出来，扶着窗外的围栏四顾远眺：北指石头城，南控雨花台，东望钟山，西临长江，极为壮观。守塔僧又为二人一一介绍指点，将金陵尽收眼底。之后念庵与南山相对静坐，论起六朝兴败之历史。南京为六朝旧都，千余年间几经兴衰，登临斯地，不由得思接千载，感慨世事之变幻。日昃时分，南山因赴田西皋之约，先下塔去。念庵独自留坐塔中，很久才离去。（午后，南塘方丈候龙溪至，昏夜不至）

二十四日早饭后，念庵与南山闲步漫行，先至徐府庵，再由春牛厂三官

---

① 报恩寺与琉璃宝塔：报恩寺位于都城外南城聚宝山，距聚宝门一里，是南京最古老、最大的一所佛寺，报恩寺与灵谷寺、天界寺合称明代南京三大寺。早在吴赤乌年间（238—251），由孙权建造建初寺及阿育王塔，此为江南塔寺之始，之后屡废屡建。晋太康年间（280—289）复建，名长干寺；宋改天禧寺，建圣感塔；元改慈恩旌忠教寺；明永乐十年（1412）明成祖以纪念明太祖和马皇后为名，命工部于此重建报恩寺及九层琉璃宝塔，实则纪念其生母硕妃，故不惜代价，历时十九年完工，于宣德六年（1431）赐名为"大报恩寺"。报恩寺周长达九里十三步，规模宏大，为明初南京三大佛寺之一。时有佛殿、碑亭、法堂、禅堂、祖师堂、藏经殿、钟楼等几十所建筑，僧院 148 房，东西画廊廊房 118 间，寺中还种有郑和自西洋带回的五谷树等奇花异草。当时佛教十大宗派在寺内都设有讲座，供僧徒选修；并雕版印刷"南藏"藏经 637 函 5000 余卷收藏于寺内。大报恩寺的琉璃宝塔最为著名。塔高约 33 丈，9 层 8 面，外壁用白瓷砖砌成，每砖中央浮雕一佛像；每层的复瓦和拱门都用五色琉璃构件，上塑飞天、飞羊、狮、象等形象。据说烧制这些琉璃构件时加入了郑和下西洋带回的火山灰，故琉璃色泽极润艳。塔顶为重达 2000 两的黄金宝顶，其下为铁质九极相轮及俯仰对置的一对承露盘，内放佛经及大批珠宝金银。塔内外置长明灯 146 盏，日夜轮值点灯者达百人，每昼夜耗灯油达 64 斤。大报恩寺当时便号称"第一塔"，此塔是目前中国唯一有史料记载的琉璃宝塔。大报恩寺及琉璃宝塔毁于太平天国年间太平军手中。

庙入高座寺①，在高座寺午饭罢，观看方丈中荆川所留诗，再绕到寺后登雨花台②，但见四周山川回旋盘郁，风景怡人，念庵恋恋不舍，徘徊久之。下台后至天界寺③新庵，于禅榻熟睡。龙溪派人来催，于是返回报恩寺。是夜论学，盛范卿问“善与人同”之旨，龙溪作答。

二十五日一早，念庵与南山于庭院中闲立。南山说道：“人心不可有执着，吾弟（汝）平生迷恋于山川风景，如昨日那般流连忘返，与学问何补？应当断除此习。为学之不易亦因如此，愿与念庵共勉。”念庵称谢不已。早饭罢，二人至大教场习射。射毕，入神乐观用午饭。饭罢，游览天地坛④，薄暮返回报恩寺，龙溪亦至，三人同宿陆寿卿方丈。

二十六日早，念庵身着素服，独自至孝陵⑤。行谒陵礼毕，守灵的夏太监与念庵同乡，于是在夏太监宅中用饭。饭罢，夏太监的侄子告诉念庵，此处还有懿文皇太子（朱元璋长子朱标）陵。念庵于是从孝陵门左边向东折下，对太子陵行叩头礼。出去后遇见屈奉御，他带领念庵游览陵外规制，并指点吴王孙权所葬处。想来一世豪杰俱作尘土，念庵不觉悲悼今昔，有轻世之慨。薄暮返回观中，此时南山、龙溪因王遵岩⑥已到江东，就先往相会，并约念庵同来。适逢同年张横沙、欧横溪来访，等念庵送走二客时天色已晚，不能前往赴约，心中快快不乐。

---

① 高座寺：在都门外南城雨花台，距聚宝门一里半，在报恩寺之左。

② 雨花台：相传南朝时云光法师说法，天空落花如雨得名。

③ 天界寺：在都城外南城凤山，距聚宝门二里。天界寺“僧庐幽邃，松竹深通”，“为城南幽胜”。

④ 神乐观、天地坛：在都城之太平门外附近。明洪武十二年（1379），明太祖建神乐道观，是天地坛的配套建筑，专司职大祀音乐，习乐者多为道士。明朝的天坛最初建于南京郊外的钟山，在钟山南北分别建圜丘、方丘，分祀天地。洪武十年（1377）改为合祀，在圜丘上建大祀殿，圜丘、方丘合为天地坛。

⑤ 孝陵：位于南京都城外东城紫金山南麓独龙阜玩珠峰下，钟山以南，为明世祖朱元璋及皇后合葬墓。

⑥ 嘉靖八年（1529），王遵岩任礼部祭司，文采享誉京城，他和当时名士唐顺之、李开先、陈束、赵时春、任翰、熊过、吕高均任职礼部，时有“嘉靖八才子”之称。念庵与王遵岩相识当在此年。

二十七日，念庵从皇城南之洪武门入城，拜访皇城内南衙诸老及相知，至则多入部，与章介庵会见，午饭于欧横溪处，薄暮时分，遵岩派人邀念庵至报恩寺会面。此时湛甘泉亦来报恩寺，并邀大家次日去家中相聚用餐。这日，念庵、龙溪、遵岩论学至半夜。论及“断念头”等话题。遵岩说：“念头断去不得，止是一任他过，便要如何斩除，恐更多事。此吾小歇脚法也。”其后，龙溪引遵岩出户外细论，念庵不得闻。已而论及诗文，龙溪曰：“荆川近拚得下，纵彼终日执笔，总是轻。念庵纵终年不作，总是重。”念庵初不信服，已而自察，果然如是。

二十八日早起，念庵与曾扩斋一同入城，谒见湛甘泉，又谒费钟石，午饭于欧石江处。饮罢，去拜访北衙诸相知，途中路过鸡鸣山，意欲登览，因念须至甘泉翁处赴晚宴，故未及登临。日暮时到甘泉处，龙溪、扩斋与吴苕溪已先在席中了。言谈之中，念庵再次论及欲根之难断，甘泉道：“自有知来，欲即相染，岁复一岁，已成深痼，而今无有顿去法，亦须渐次岁减一岁耳。”是夜念庵宿于龙溪家，卧于榻上，又论起欲根一事，念庵云自家身分不济事，只能彀得戒欲，不能彀得忘欲。龙溪曰：“千古作圣不成，只争这些子。”且曰：“凡财货自外求，原是外物，故尚易为力。色心与性命同来，所以甚难。此处尤不得放过耳。”

二十九日饭罢，费钟石邀请同乡聚会饯饮，念庵推辞再三，终于得免。于是念庵前往谒见荆川父亲唐有怀。言谈中，荆川父亲十分忧虑荆川性情过高、不近人情之处。念庵应道：“此中品性，在令郎不可有，在今世不可无。令郎十分用功，习气终当消去，无须过虑。”拜别荆川父亲，念庵为避开城中人事，独自乘马行于洪武门外的小路上，抵达普照寺①，连龙溪、南山亦不知其行踪。念庵便派人去约会南山，自己独卧禅榻休息。一觉醒来，正好寺中斋粥煮熟，就向寺僧乞食。午后，南山与盛范卿、卢天启、殷虚白来到，移宿方丈中。不久，张横沙也携带酒肴而至，傍晚别去。是夜，南山对念庵说道：“汝心中尚多闲牵系，即如学射，精神优裕，间一习之，未为不可。吾观

① 普照寺在都门外南城，北去聚宝门二里。

汝面多阴气，正宜调养休息。若见宽闲处，便思学射，不惟减去精力，亦非息心之道。纵令箭箭入红心，亦有何益？吾愿汝心中光净，无一毫留恋，方是吾辈倚靠处也。”念庵听罢十分感激，欲叩拜为谢，南山不许，二人相持再三，终不得拜。

三十日，盛范卿、殷虚白先回去。念庵、南山、卢天启向牛首山进发。三人自外郭城之凤台门出城，受田西皋之邀至万岁寺用午饭。饭罢，四人同去祝禧寺①。是夜读《楞伽经》。

十二月初一日早，祝禧寺僧人一庵设斋宴请念庵等人。早饭毕，西皋别去，其余三人跨马沿山逶迤而行。不一会儿，抵达牛首山②，至险峻的山阶处始下马。但见四周古杉乔松，萧森屏列。循阶而上，至弘觉寺住持方丈中熟睡。睡醒，饭毕，从方丈左侧折行登寺中宝塔、佛殿。沿着佛殿后石壁左角的小路登山石而上，从石穴中出来，上有小石塔，石塔四旁方方平平，仅容一人行走，名为舍身崖。念庵与南山依次登上舍身崖，卢天启则吓得腿发抖，不敢上。在舍身岩上坐了一会，又从石穴下来，从佛殿外向左折，登临凭虚阁。又折向上，入文殊洞。出洞后，依山檐石廊而立③，但见夕阳倒射于石廊中，天光下临，远近岚烟映罩林木，远水横带，暮鸟纷归，景色极为奇丽。出石廊向西右折，横过山腰，见一僧人结茅庵独坐，上前与之攀谈，知其已有所自得。念庵等又向西行，游辟支洞，洞小而窄。几人下来回到禅堂时天已昏黑，听说龙溪已与吴苕溪、陈纪南、赵尚莘一同来到，就出来相迎。晚饭罢，几人同至禅堂，登榻分坐。过后其他人分别宿于各自的寮房（方丈）。

---

① 万岁寺、祝禧寺：祝禧寺为正德间南京内官太监余俊在郭外南城安德乡所建，北去聚宝门十里。万岁寺在祝禧寺附近。

② 牛首山：牛首山在郭外南城建业乡，北去聚宝门三十五里，海拔 240 米，原有两座峰，遥望状如牛角，故得名。牛首山“双峰高插云汉，实金陵之巨屏，东夏之福地，林树葱郁，泉石相映”。牛首山为禅宗牛头禅发源地，牛头禅始于唐代高僧法融，贞观年间法融在此结蓬清修并悟道。相传法融于岩上入定时，有百鸟献花，献花岩因此得名。牛首山还有弘觉寺（建于梁天监年间，初名佛窟寺，明代重修，正统年间敕赐弘觉寺）及佛塔，下文所说之寺、塔当指此。文中“舍身崖”即今舍身岩。

③ 雍正本作“凭檐廊入”，隆庆本作“凭檐廊立”。

念庵、南山、龙溪则一同卧于禅榻上论学。论及告子义袭之旨。龙溪道："学问识得真性，方是集义，不然，皆落义袭矣。"念庵请问道："兄观弟识性否?"龙溪曰："全未。"因与南山叹曰："如此，则吾辈已非集义，终日作何勾当，可不省哉!"因各惕然自惧。

初二日早起，念庵诸人于禅堂前右室中关闭室门看塔影，但见塔影从门孔中入，倒映而下，无论阴晴都能见得，十分奇特。① 在方丈室中用午饭时，适逢杨水田、吴前峰、陈五山、朱拙斋、张东浒、张甘节等相继而至。饭罢，诸公各自乘舆登山，念庵则与卢天启独沿石径上山顶，观看佛眼水。水在石穴中十分清净，深数尺许。岩石背中有铅铁，有些反光，卢天启害怕，不敢上前近观。念庵盘坐于岩石上，俯视山崖壁立千仞之壮景。不一会儿，登上牛首山山顶，盘坐于石上。此时龙溪等亦至。山顶远眺，北望钟山笼罩于烟云蒙蒙，独露出山顶，仿佛螺髻一般。四顾周围，广漠无际。龙溪笑道："真可谓下视八荒了。"念庵正欲放歌尽兴，有人来催下山用饭，于是回到寺中。杨水田诸公设酒饯别。饮罢，诸公别去。龙溪与念庵等又乘肩舆向南面的祖堂山②进发。经过献花岩时，龙溪与南山先向祖堂寺③行去，念庵与卢天启则游览献花岩等岩洞。登上芙蓉阁，凭栏而望，对面的牛首山，但见楼阁秀丽如画，久久不忍离去。岩洞中的僧人邀请念庵留宿，但因龙溪已派人来催，便从山左边转入祖堂寺。到达时，龙溪、南山因迷路耽搁，也刚到达。寺僧海天请几人入方丈，设斋招待完毕，一同入禅堂。看到寺僧坐禅十分用功，几昼夜才休息一次，念庵不由得反省自己平日之懈怠。

回到寮房，几人同卧于禅榻上论学。夜深时，念庵向龙溪请教"善与人

---

① 此奇景又见《金陵梵刹志》卷三十三《牛首山弘觉寺·古迹》："塔影入禅堂隙中，倒挂几席，阴晴不改。"

② 祖堂山：位于牛首山之南，高 300 米，为南京西郊诸山最高峰，南朝宋大明三年（459）建幽栖寺于山南，因名幽栖山。唐法融禅师曾在此修行，法融为牛头禅祖师，故更名为祖堂山。

③ 原文作"龙溪、南山先入祖堂"，祖堂即祖堂寺，北去聚宝门三十里。

同”之旨。龙溪答：“善与人同，是圣凡皆是平等。如今才说作圣，便觉与人异。若看圣人、愚夫愚妇稍有不同，即非圣人之学矣。”又云（且曰）：“天性原自平满，今汝纵是十分回头用力，俱凑泊作平满，作平满便是不平满矣。此皆机心不息，所以至此。”念庵默然领受。

初三日早饭罢，同游祖堂山之懒融洞。懒融洞乃禅宗四祖道信点化法融之处。洞中一石上书有佛字，念庵三四人依石而坐，听一僧人唱道词，皆为警世之语，令人心思警醒。出洞后游览无梁殿，无梁殿为寺僧海天所建。回到祖堂寺用罢斋饭，几人跨马越过山岭，又来到献花岩。龙溪、南山登岩，念庵则留在茅庵中，之后一同下山回寺中，各披禅衣熟睡。睡醒，至翠涛轩观竹，然后从寺左面顺石阶而下，回寺中。喝茶毕，几人上马离开祖堂山。这日因恐下雨（路难行），就不再返回祝禧寺①，由红石山经驯象门向西去华严寺②，抵达华严寺时天已晴朗。

是夜，南山问龙溪道：“兄善识病，幸直指看。”龙溪曰：“汝能心不除。”南山即跪再拜谢曰：“领教领教。”之后问及念庵之病，龙溪道：“在念庵，自谓毕力从事学问矣，自吾观之，终是为性命心不切，于日间或看山，或临水，只是悠悠的，所以精神尚尔散漫。若是为性命切底人，他终日只有这事，更有何事可以夺得？凡人精神只有一处用，那得许多闲勾当？当初有人嫌《传习录》中‘持志如心痛’一段太执着，阳明先生曰：‘且勿如此论。放此药在，有用得时耳。’”念庵闻此，默然痛自省。久之，龙溪目念庵曰：“此时念庵更有何事挠得否？更须凑泊否？”

初四一早，龙溪告辞。念庵、南山、天启三人吃罢早饭，由外郭城之江东门入城，经普惠寺③，入内城（都城）之水西门，（江东门外普惠寺中陆行入水西门）拜访田西皋。午饭罢，游览西园。初五日早饭罢，辞别西皋，游

---

① 原文作“不复入祝祷寺”，当为“祝禧寺”之误。

② 华严寺在外郭城小安德门外安德乡，北去聚宝门五里，为僧人佛妙于永乐十九年（1421）在原废寺遗址上重建。

③ 普惠寺在都城外，东去都城之三山门半里，明天顺年间重修。

览朝天宫①。朝天宫偏西，有卞将军墓，经墓前祠堂，前往灵应观②用午饭。饭毕，登上灵应观后台，俯瞰乌龙潭，眺望清凉山。因天将下雨，来不及登临清凉山。于是从清凉门出，四人③共乘小船向北前去游览石头城④。一会儿，天降小雨，四人共挤在一个伞盖下避雨，幸好衣服不曾淋湿。傍晚抵达静海寺⑤，又派人催龙溪前来。当晚横沙辞别而去，念庵等宿于对山方丈。

初六日有大风雪，横沙一早携带酒肴前来静海寺，西皋先行告别而去。午后龙溪才来到，大家一同用酒食。傍晚，横沙辞别大家入应天府城中。念庵四人⑥同游方丈前小花圃，此时风雨交加，四人列坐于寺院洞中，悠然有出尘之乐。初七日下雪，龙溪来到，念庵即将离开南京，几人饯别于方丈别院。饭罢，龙溪请念庵书写菊坡警语及念庵游历途中的诗作留别。初八日雪晴（雪霁）。念庵四人一同乘舟游观音山，午后抵达。于是登岸上山，在观音阁上凭栏远眺，此时天正严寒，远望江流浩浩，江上汀洲萧疏，帆樯寥落。又步行至观音门（南京外城城门），远望西南方的狮子山积雪。太阳西沉时，登

---

① 朝天宫：位于今南京水西门莫愁路东侧之冶城山上。相传春秋末年吴王夫差曾在此设坊冶制兵器，故名冶山。其后历代帝王在此建寺庙宫殿，历经兴废。明朝建都南京后，在此建朝天宫，作为朝廷举行盛典前练习朝廷礼仪之所，亦是官僚子弟袭封和文武官员学习朝见天子之地。

② 灵应观：位于明南京外城西隅清凉山之东的驻马坡上，传说三国刘蜀诸葛亮出使东吴，共议抗曹之计，途经此地驻马观望，见金陵山川形势险要，赞道：“钟阜龙蟠，石头虎踞，真乃帝王之宅也。”并建议孙权迁都秣陵（今南京），孙权采纳其意见，于黄龙初年（229）从京口迁此。后人于驻马处立石纪念，曰“诸葛武侯驻马处”，坡上建灵应观，中设诸葛武侯祠。今碑、观、祠皆不存，仅留“驻马坡在清凉山东支虎踞关下”之说。观念庵游记，灵应观当时尚存，就在清凉山一带。

③ 从上下文看，四人可能指念庵、南山、天启、横沙。

④ 石头城：位于清凉山（石头山）西麓，为周显王三十六年（前333）楚威王灭越后在吴国故地所建，称金陵邑。金陵之名由此而来。东汉建安十六年（211）孙权在金陵邑原址石头山上筑石头城。地势险要，自古即有“石城虎踞”之称。城中有一处因长期受江水冲刷，石壁之红色砂砾岩犹如兽面突出，故俗称“鬼脸城”。

⑤ 静海寺在都城外西城卢龙山麓（狮子山），南去仪凤门半里。静海寺为明成祖永乐年间为保佑郑和下西洋“风波无警”而建。

⑥ 似指念庵、南山、天启、龙溪。

燕子矶绝顶①。天色将暮，宿燕子矶道院②中。是夜与龙溪谈及儒与老佛之辨。龙溪曰："用儒书解二氏，不识二氏。用二氏解儒书，尤不是。此各有机窍，所谓毫厘千里，自混不得。"已而究竟学术归宿处，龙溪隐而不发。念庵再三诘之，龙溪曰："此事难以口说，须是自悟。"念庵曰："如今只有无欲一着不敢不勉，舍此恐更无着力处。"龙溪曰："无欲上着力，乃千古圣学宗旨。只得从此立说，从此用功，真是不懈，应有别悟。汝此去与荆川切磋，当有辨别时也。"念庵念此行既非泛游，乃竟含疑而返，毕竟何益，因请曰："所贵朋友，当规过劝善，不得欺隐。吾三人当直指病痛，庶有省发。"龙溪诚是，因论念庵曰："汝学不脱知见，虚知见有何益？看来总未逼真。若逼真来，轮刀上阵，措手不轶，直意直心，人人皆得见之，那得有许多遮瞒计较来？若一向如此，决不能有成。遇有事来，决行不去。从前错过好日月，须从此发愤，勿至堕落，可也。"南山、龙溪令念庵言渠病，各有呈似，互相省发。因倦就寝。至中夜，南山熟睡，龙溪觉。念庵问曰："如何是真为性命？"龙溪曰："拚得性命，是为性命。"念庵曰："如何？"龙溪曰："如今为性命不真，总是拚世界不下。如今说着为善，不是真善，却是要好，心肠皆随人口吻，总是打毁誉得失，一关不破。若是真打破之人，被恶人埋没一世，更无出头，亦无分毫挂带，此便是真为性命。能真为性命，时时刻刻只有这里着到，何暇陪奉他人？如此，方是造化把柄在我，横斜曲直、好丑高低无往不可。如今只是依阿世界，非是自由自在。"因叹曰："今世所谓得失，不知指何为得失；所谓毁誉，不知他毁誉个甚么？便说打破，已是可叹矣。"念庵因此有省，曰："此一句吾领得，原来日用工夫皆是假作。"龙溪喜曰："如此，不是不知痛痒矣。"

---

① 观音山、观音阁、燕子矶：观音山位于南京西北方幕府山东北、长江之滨，为石灰岩山岭，称岩山，因明洪武年间僧人久远在山旁建观音阁，故又名观音山。至明英宗时，因观音阁而建寺，名弘济寺。燕子矶为观音山东北之支脉，矶石凸出江面，三面悬绝形似飞燕，故名。矶上尽头外怪石横空，登临可俯视江流，烟波浩渺，春夏水涨，惊涛骇浪，轰鸣足下，为一大胜景。

② 原文作"道院"，当为燕子矶之弘济寺。

初九日早饭罢，念庵启程，与南山、龙溪等拜别。南山说道："我有一言赠你作路费。"念庵问是何言，南山道："舟中正好静坐，百事不问，养得精神完后，百发百中矣。"念庵领谢不已。南山、龙溪将念庵送至燕子矶下，登上小舟，几人挥手依依，不忍离去。

十二月九日——二十八日　仪真→扬州→泰州→安丰→泰州

是日江上风力尚微，薄暮时抵达仪真。夜宿见斋客舍。初十日，饭暮中江处，夜半发舟。十一日早，天降大雪。是日到达扬州，乘雪去拜访吴疏山。十二日，与家眷同船，欲往泰州，但为风雪所阻。十五日，念庵与王渌湖约好一同去泰州赴东城之约，舟停至上方寺①，念庵与李一川及扬州诸士友相聚，夜宿于寺内大洋方丈。十七日傍晚，念庵一行抵达泰州，林东城邀请他们宿于公馆。东城说道："吾往日在京，不觉有病。近日知病，只是知识不除，有机心在。"问念庵何如。念庵曰："欲根不断耳。"东城曰："若论欲，吾亦不断。但知世味纵要亦不来，所以尚轻在，只是悠悠底可虑也。"十八日早，泰州州守朱存斋、朱双桥等率诸位士友前来聚论，大家酌饮纵论，直至夜深方散。

十九日，因巽峰林公至，念庵前往泰州安丰。

二十日，念庵到安丰场拜会王心斋。这是念庵于嘉靖八年之后第二次见到心斋。心斋当时因病不能出门，卧于榻旁与念庵交谈。念庵说起近日工夫不力，多有悔恨之处，并向心斋请教。心斋不直接回答，但论立大本处，以为能立此身，便能位天地、育万物，病痛自将消融。且曰："此学是愚夫愚妇能知能行者，圣人之道，不过欲人皆知皆行，即是位天地、育万物把柄。不知此，纵说真，不过一节之善耳。"二十一日念庵再见心斋，论及正己物正之

---

①　原文作"舟次上方"，据上下文"上方"当指上方寺，在扬州东北郊五里，地居蜀冈上，即今扬州竹西公园，寺今已废。隋炀帝下扬州时在此建两座行宫：上方宫、北宫。隋炀帝死后，上方宫舍为寺院，即禅智寺，又名上方寺、竹西寺。相传大雄宝殿雄伟壮观，气势非凡，周围翠竹繁生，曲径通幽，扬州名胜大都集于此。文人墨客亦留下许多脍炙人口的佳作，唐代诗人杜牧《题扬州禅智寺》诗云："谁知竹西路，歌吹是扬州。"

旨。心斋说道："此是吾人归宿处。凡见人恶，只是己未尽善。己若尽善，自当转易。以此见己一身不是小，一正百正，一了百了，此之谓天下善，此之谓通天下之故。圣人以此修己、安百姓而天下平。得此道者，孔子而已。"念庵于此言颇有深省，见得精神更不须向外，时时刻刻只有自了一着，于吾人最紧切。

二十二日，朱双桥、林巽峰、林东城一同来到心斋处。念庵对东城说道："这两日听心斋公之言，虽未能尽领，但对于正己物正之旨，却豁然有鼓舞之处。"傍晚，黎乐溪率领如皋士友一同来到，人多得室中竟然容纳不下。

二十三日，大家聚论一整日。至夜晚，大家欲告辞离去。心斋相挽留时，论及"仁之于父子"一段，极为精辟，阐发"性能易命"之义。且曰："瞽瞍未化，舜是一样命；瞽瞍既化，舜是一样命。可见性能易命。"是夜二鼓时分，念庵向心斋告辞，心斋拉住念庵的手久久不放，又作《大成学歌》相赠。大意为："十年之前君病时，扶危相见为相知。十年之后我亦病，君期枉顾亦如斯。始终感应如一日，与人为善谁同之？我将大成学印正，随言随悟随时跻。只此心中便是圣，说此与人便是师。掌握乾坤大主宰，包罗天地真良知。自古英雄谁能此？开辟以来惟仲尼。仲尼之后惟孟子，孟子之后又谁知？我说道心中和，原来个个都中和。我说道心中正，个个人心自中正。常将中正觉斯人，便是当时大成圣。"是夜念庵又与朱双桥、黎乐溪及诸士友告别，与林东城及泰州诸友从安丰乘舟离去。

二十四日抵达泰州。朱存斋特地追来相送，告别存斋后，念庵与林东城、王叔居、张济化、周子贞、陈子龙一同乘舟至扬州。

二十五日在扬州，告别王、张、周、陈四人后，念庵与东城一同拜访吴疏山，各述所学。因论学问病痛，且求直语为别。疏山谓念庵曰："念庵聪明。凡聪明，必不隐，固深蓄。"东城曰："念庵常欲静敛，毕竟尚觉发露。以言相感，言语易尽，且说得死杀，不能动人。只是真意相蒸，彼此两益也。"已而二人索念庵言，以次遍及。将别，东城复谓念庵曰："吾有一言赠君：敛束精神，培养善类，念庵责也。"各拜别去，且曰："凡朋友相会不易得，遇有语言感发处，不妨直书示我，兼得切磋。"念庵归舟，因思朋友切磋，直剖肝胆，令人不容逃闪倚藉。此生知己，可以指计。《感激歌》曰："父母生我身，师友成我仁。我身如不仁，形神俱非真。闻歌乃易箦，受言永书绅。谁知百年内，二义无疏亲。"

二十六日，龙溪以书信与念庵相别，其曰："吾人包裹障重，世情窠臼里不易出头，以世界论之，是千百年习染；以人身论之，是半生倚靠。见在种种行持点检，只在世情上寻得一件极好事业来做，终是看人口眼。若是超出世情汉子，必须从浑沌里立定根基，将一种好心肠彻底洗涤令干净，枝叶愈枯，灵根愈固，从此生天生地，生人生物，方是大生，方是生生不息真种子。今去此尚远也。且吾人学问，须识真性，独往独来，使真性常显，始能不落陪奉，自家时时得个真实受用，始不被世情所转。吾兄好处，弟方取法不暇，何消复赞扬？然密观所安，还觉有许多费照管放不下处，到底脱未得陪奉缠绕，只此便是没受用。此中须有一种万死一生真工夫，非聪明知解所能支持凑泊也。临别终宵之话，兄能不忘否？荆川能晓了此义，然亦还脱未得要好勾当。二兄各有好处，以善养活人处，荆川却不如兄，正好交相为用，所谓不有益于彼，必有益于我也。"书旨痛切明白，可谓袖珠相示，不作谜语者。

念庵于十二月二十八日发舟北去，回思以往自身之种种弊病已不可追悔，而此番游学访友之所得，如良药入心，但求服膺不失。念庵又反思自己自嘉靖丙戌（1526）求学于谷平开始有志问学，当时意气自负，以为圣域举足可入，遂立经世有为之志。然而十四年间，茫无所成，反倒恶习增长。加之经历世事变故，身体也日益衰弱。此番受道友鞭策，如再不进步，只恐日渐沉沦，终成狂谬之徒，诚可哀悯。因此记下游学所闻，以便日后以此验证所学，并赠与同乡、士友共勉，以期诸友不似自己这般惰怠。

简评：

关于讲会的情形，在阳明学者的著作文献中常见的是只记录讲会辩论内容的"会语""会录"，而念庵的《冬游记》和后来的《夏游记》，以日记体的形式详细记载了旅程时间、地点、行止、所见人物、沿途风物、心理感受、思想辩难等，为我们了解阳明学者的讲会生活提供了珍贵的史料。

《冬游记》全文7400余字，内容极丰富详细，颇能体现念庵的笃实作风。从十月二日抵达镇江至十二月二十八日北上为止，时间跨越88天，其中有记录者达49天，有姓名的人物达57人，念庵实际会见的有53人，如果算上文中省略的“诸士友”，会见者当有百余人，大部分为阳明学者，其余则为同年、朋友、长辈、当地官员、太监、寺僧等；游历、借宿的佛寺道观（有记载者）达23个（佛寺20个，道观3个），其中南京最多（佛寺18个，道观2个）；① 记录论学内容达19次。在《冬游记》中，阳明学者游学讲会之生活、思想具有如下特色：

食宿、论学场所之便利。念庵在旅途中有时食宿于驿站（如炭渚驿、东葛城驿等）和友人家中（如王钦家、南山家塾、王龙溪家），但主要在佛寺道观食宿，以佛寺为主。寺院并非一个单纯的宗教场所，还承担着传播宗教理念、文化艺术、道德规范的功能，在此可以论学交游、修心养性、旅游观赏、吟诗作赋、饮食住宿，几乎提供了满足文人士子所有生活、思想需求的便利条件，加之阳明学在理论建构、工夫手段、往来交游等方面与佛道二教之间的诸多渊源，寺院便成为阳明学者游历论学的理想场所。另一方面，佛教界与文人士大夫早就有着良好的互动传统，并借此扩大其影响。在明代三教合流的趋势下，这种互动更为突出。龙溪、念庵等因其学问、地位之影响，在寺院中受到很高规格的接待，不仅有方丈设斋款待，他们还经常携带酒肴荤食在寺中饮宴，一如在世俗之中——这也从一个侧面反映了当时佛教已相当世俗化了。

讲会交游之热烈。因素有三：一是学术本身之鼓舞与著名学者之带动，如前所述，阳明学自身的吸引力在王阳明逝后得到强烈回应，加之龙溪、念庵、南山、心斋等王门后学的名人效应，所到之处往往吸引士人前来聚论。例如安丰讲会，如皋县大尹黎乐溪闻讯后率当地士友行经一百七十多里赶来

---

① 念庵游历的佛寺据《冬游记》记载，包括：东流寺、观音寺、灵谷寺、退居寺、江浦县白马寺、报恩寺、徐府庵、三官庙、高座寺、天界寺、普照寺、万岁寺、祝禧寺、牛首山弘觉寺、祖堂寺、华严寺、普惠寺、静海寺、观音阁（弘济寺）、扬州上方寺，除白马寺、上方寺，其余均为南京寺院。道观包括：六合东岳庙，南京的神乐观、灵应观。

聚会，以至于室中容纳不下。二是地方官员之支持。以念庵等人的名气、地位，所到之处不免与官府交往，如念庵抵达全椒时，县令李白洋率士友来访，在泰州，州守朱存斋、朱双桥率士友前来聚论等，官府的支持自然会扩大阳明学之影响。三是世俗利益之夹杂。游学过程中兼有世俗层面的交往，特别是在南京这样官府林立、繁华热闹的都市，同年、同乡、同僚之间的聚会往来不可避免，这些人并非全是阳明学的信奉者，间或有人来凑热闹，并且讲会活动本身就难免人情世故的往来，这些因素都可能使讲会滋生弊病，影响到学术的严肃纯正。念庵对此是有清醒认识的，以至于此次和日后的游学中多有“避谢人事”之举。

朋友之助益。阳明学者之间以道自任，以同志互称，在身心修养上互相直指其过，不徇私情。他们“以直语为别”，以此“各惕然自惧”，增进德业。《冬游记》载南山、龙溪、疏山等直指念庵之过者达七次。特别是南山，他三次提醒念庵山水之癖无益于道业，当收敛精神，直到分别前，还以“静养精神”赠为路费，情景感人至深。他们在道业上，得一善责即如获至宝，以跪拜之礼为谢；在情感上亲如手足，念庵与龙溪、南山、心斋相别的场面可见一斑。

《冬游记》也是念庵此期思想、心态的真实写照，最大的问题即是欲根的困扰，文中讨论“断欲根”的记录达五次。念庵提出的问题是非常根本的。“存天理，灭人欲”是宋明理学的基本主题，即如龙溪对念庵所说：“千古作圣不成，只争这些子。”“此处尤不得放过耳。”另外，从龙溪、南山对念庵的批评来看，念庵虽然强烈意识到了“断欲根”的问题，但工夫并不得力，所谓“心中尚多闲牵系”（南山语），“终是为性命心不切”（龙溪语）。牵系本身就是对欲望放舍不下，如此便精神“散漫”，不能放弃世情，专一于道，不能时刻紧抓身心性命之根本用功，做到“拚得性命”“真为性命”。所以龙溪说念庵学问“不脱知见”，念庵自己也终于认识到：“原来日用工夫皆是假作。”①

① 以上均见《冬游记》。

讲演实录

《易经》漫谈

邓秉元

《周易》是一本可以从不同角度理解的经典，一千个人读，没有八百种理解，可能也有两三百种。历史上有很多不同的学派，但很难达成共识，有时一个人所讲的，另外一个人完全不认同。我自己接触《周易》很早，大概十几岁时，有一天，我的两个亲戚很神秘地查阅一本发黄的古书，一起研究，应该是在算命。他们就自称在看《周易》。算命其实是一种宗教活动，那个时代常常被视为迷信。上大学时我曾买过一本白话《易经》，也是从占卜的角度解释每个卦爻。这是现在社会大多数人理解的《周易》。

1.《周易》探讨的三个层次

后来我逐渐意识到，讨论《周易》至少可以分三个层次，也就是易术、易学与易道。所谓易术，也就是占卜之术。占卜的意义何在呢？简单来说便是解决不确定性。人类总是要面对种种危机，譬如远古打猎会遇到猛兽，有了点儿财富又可能会丢失，或者生病、寻人，等等，总之会遇到各种不确定性。上古是一个巫术流行的时代。比如东北的“跳大神”，有大神，有二神，大神主要是“降神”，二神负责操持各种仪式。上古时期全世界的各种巫术形式虽然不同，但基本原理大都是一样的。我们把这个时代叫作“巫文化时代”，是人类文化的最底层。

巫的使命是沟通天、人。此处的天或宇宙，也就是宗教里与神灵相通的那个世界。借用哲学的语言，可以叫“超越性”的世界，《易传》所谓“形而上”。在科学的意义上，你可以相信它有或者没有，但人类最初显然就是通过这个超越性世界来保证事物的确定性。巫术有很多具体形式，后来人类各大宗教把巫术系统化，变成繁复的仪式进行人神沟通，比如祈祷、禅定、诵经，等等，当一心不乱时，往往会有某种感应。上古时代，人们开发了一个普通人和超越性世界沟通的方式，就是用龟甲和兽骨钻孔灼烧后观察裂纹，从而卜问吉凶。类似方法世界上有很多，比如塔罗牌、水晶球等。到了商朝晚期，由于数学的发展，开始出现了用数字易占卜，通过摆弄五十根蓍草预测未来。后来很多人把这个仪式给神化了，按照我的理解，其实仪式并非最重要的，最重要的反而是摆弄蓍草之前的祈祷过程。后世典型的筮仪是先焚香，然后跟神灵开始祷告：借你伟大的蓍草，可以让我理解这个世界恒常不变的东西。这个过程完全是宗教性的，如果你认为是准确的，就可以跟神道相通。倘若认为这些都是迷信，那么后面的过程就纯粹是游戏。我们今天来理解《周易》这样一套远古产生的系统，是不是就完全没有价值呢？

《周易》的周字，有的说是指“周朝”，也有的说是“周而复始”或“周遍”的意思。后来才出现“易经”这个词。《周易》与《易经》，严格来说还是有差异的。当我们说《易经》的时候，是三位作者参与创作，所谓“人更三圣，世历三古”。从上古伏羲，到中古的文王，再到近古的孔子。有人说还应该包括周公。比较确定的是，到文王周公时期，应该有了卦、爻，甚至是卦爻辞，比如乾卦的“元亨利贞”，这些应该已经出现了。这是《周易》。孔子则为《周易》写了传，后世称“大传”；《大传》有十篇，所以叫“十翼”。翼就是辅翼的意思。

按照传统说法，《周易》是六经之首，或六经之本。为什么这么说呢？所谓六经，也就是《易》《书》《诗》《礼》《乐》《春秋》，这是按时间顺序说的。《易》的作者据说是伏羲，伏羲被视为人文始祖，属于三皇时代。《尚书》则从尧舜开始，属于五帝时代。《诗经》最早包含商朝的东西（《商颂》），夏商周属于三王时期。集历代礼、乐之大成的是周公，《春秋》的作者是孔子。其中周公集三皇五帝及三代制度之大成，而孔子则是集历代圣人之大成。

从《周易》变成《易经》，这是由孔子完成的，所以说最重要的其实是《大传》，这是我们理解《周易》的大门。20 世纪 70 年代发现马王堆帛书，里面有一篇《要篇》，特别记载了孔子的一个观点，他说我跟巫、史有很大不同，为什么呢？巫是“达其占，未达其数”，史是“达其数，未达其德”，而孔子自己则是“达其天德”。巫易即伏羲易，是指伏羲时代到商朝末年，以龟甲兽骨占卜的易；史易是指文王易，这是周朝史官用五十根蓍草推算的一个精巧系统，后世简化为用三枚铜钱来卜卦。孔子自己也占卜过，自言是百占而七十中，准确率是 70%，并不是 100%。一种说法是孔子不如现在算命先生算得准，另一种说法则认为，再精巧的算卦系统也不过是对天道的模拟，无法做到 100%。儒家后来则说“善易者不占”。

我早年也看过各种杂七杂八的命书，但因为一个契机，很快就放弃了。什么契机呢？一些命书上常常记载历史上的名人命数，比如孔子和苏东坡的命格，当然可能大多都是编的。且看历史上的孔子，父母早亡，后来靠自己的努力得到世人尊重，然后又周游列国，说是践行大道。但最终也没有实现，不仅时常颠沛流离，甚至遇到生命危险。晚年又白发人送黑发人，儿子死在自己之前。从世俗的眼光看，其实命并不好。苏东坡的命也不算好，除了颇有文名，仕途其实极为凶险，最终死在被赦免回来的路上。那么世俗说的好命又是什么样子呢？我看过一个笑话，说是一个人死了，到阎王爷那里重新投胎转世。阎王一看，这人生前做了很多善事，就说你下辈子可以选择一个好命投胎。这人就跟阎王说了四句话：“百亩良田半溪水，一妻一妾和且美。父为尚书子状元，无病无灾九十九。”阎王一听就说：“世间若得真如此，你做阎王我做你。”这就是算命角度理解的好命。反过来我们看，孔子是圣人，苏东坡是一代文豪，都是人类历史中的伟大人物，世俗上看却都是不好的命，而世俗所谓的好命，不过是“百亩良田半溪水”的富家翁。这又有什么意思呢？从此我就对命书失去了兴趣。当然我也不是反对，人各有志，每个人可以有自己不同的追求。

除此之外，还有一个维度是易学，也就是从学术角度对《周易》加以研究。有象数易，有图书易，有义理易，等等，不同时代也有复杂的变化。这些具体学说，显然不是一次讲座所能讨论的。我今天想给大家分享的是另一个维度，也就是易道。儒家之所以讲“善易者不占”，主要是借助于易道。不妨用现代的眼光看看，《周易》对我们今天的人而言，还有什么意义？

就我个人而言，《周易》曾给过我很大的帮助。我是20世纪80年代上中学，1991年上大学，开始学的是理工科。但有一个问题却一直困扰着我：我从哪里来，要到哪里去，生命的意义到底是什么？难道我就是一堆碳水化合物，就是宇宙偶然形成的一个匆匆过客？似乎人一旦死掉，就没有任何意义、任何价值。我相信这类问题不仅是我有，很多人都会有，只是未必继续去想。我比较一根筋，既然没有出路，那怎么办呢？后来我想，这不应该只是我一个人的问题，人类历史上可能还有许多人也会遇到同样的问题，看看他们是怎么解决的。就是这样一念之间，让我转了一个方向。

可能跟八九十年代传统文化开始复苏有关，在上大学不久，我就买了一套诸子百家丛书，想看看诸子是如何处理类似问题的。当然有些内容也看不大懂，那就找一些简单点儿的看，看了两年以后，就有点儿欲罢不能了，所以我就考了复旦历史系的研究生。那个时候我还没有专门研究《周易》，主要研究晚明思想史，特别是王阳明的学说。当然也胡乱看了不少有关文史与中西哲学的书籍。那些问题当然还在，并没有真正解决。直到我做完博士论文后，才有了一个契机，让我开始专门研究《周易》。

2. 人类文明的四个维度

通过研究生阶段的学习，我逐渐意识到，有些问题恐怕不仅与我个人有关，甚至也是一个民族，乃至整个人类所面临的问题。这牵涉一个问题，中国文化到底有没有能立得住的东西？人类未来的文明走向何方？

我们知道，清末民初以来有不少人批判中国文化，认为中国文化走错了路。想当年著名学者王国维就说它可爱但不可信，他后来自杀显然跟这个观点有很大关系，他没有找到精神上真正支撑他的东西。王国维的困惑其实是20世纪对中国传统有感情的人所遇到的普遍问题。可能与我自己学理工科有关，尽管学习传统文化很多年，也深知传统学术不能简单否定，但我一直觉得中国传统学术还没有真正奠定在严谨坚实的基础之上。当时我就想，传统学术的根柢在经学，既然《周易》是六经之本，那就必须首先研究《周易》。假如《周易》立不住，那么中国文化就是可疑的。从2001年前后开始专门研究《周易》，到2011年我的《周易义疏》出版，大概10年时间我的主要精力基本都放在《周易》上了。一个好处是不仅解决了自己早年对生命的种种困惑，也对人类文明有了新的理解。

简单来说，人类文明中的几大文化体系都有其独特的价值。一般而言，我们说世界上存在四大主要知识体系，许多人称之为“中印两希”。“中印”就是中国和印度，“两希”则是古希腊与希伯来。今天所谓西方文化实际上是有两根支柱，一是源自希伯来的一神教传统，犹太教、基督教与伊斯兰教，都可以看作一条藤上的瓜。二是古希腊文化，奠定了西方的理性传统。由于佛教传入中国已经两千年，所以中国文化内部也有两个支柱。这当然只是大而化之的概括。在这样的大背景下，我们可以反思一下中国文化的意义何在。而《周易》的地位很关键，因为我们可以通过它来理解中国文化的底层思维。

应该指出的是，人类几大知识体系之所以能够各自独立，首先是因为它们背后都有独特的思维方式，也就是都具有其他系统无法完全容纳的内容。这意味着什么呢？以印度文化为例，印度盛产宗教，如佛教、印度教等都是印度文化体系的重要遗产。而且宗教之间颇有一些共通性，主要体现在他们如何看待生命的本质和人类的处境。比如佛教对人生的观察首先是基于一种苦恼意识。人生充满痛苦，我们生活的世界被称为“娑婆世界”，或者说堪忍世界，即一个需要忍耐和克服痛苦的世界。佛教的根本目标是解决这些苦恼，并通过修行达到“解脱”。修行的最高境界便是“涅槃”，即通过超越现世的苦恼，进入无苦无乐的涅槃境界。佛教的一切教义和实践都建立在这一基本判设之上。这一思维方式在印度文化体系中占有重要地位，但它与其他文化体系，如中华文化、希腊文化，有着截然不同的基础预设。每个文化体系从不同的维度出发，形成了独特的世界观与价值体系。

古希腊人看待世界的方式，尽管有与佛教相通的地方，如轮回观念；但有一点是独特的，他们倾向于将自己与世界区分开来，世界是一个独立的“对象”，而人是站在对立面进行观察和分析的主体。近代科学的思维方式，就是古希腊传统中知性思维（或理性思维）的延续。他们专注于研究一个对象，并保持与对象的区隔，通过观察、实验、逻辑和数学的方法来描述和理解这些对象。这种思维方式并不关注对象的好坏或主体的苦乐，而是追求一种客观的理解。这种思维显然和佛教的思维角度不同，但并不相互否定。古希腊的理性思维关注的是对现象的分析和描述，而佛教则关心如何通过修行解脱人生的苦难。它们的出发点不同，目的则是互补的。

但是，古希腊的这种理性思维对于“超越性”层次（也就是涉及神灵、宗教等超自然现象）的理解是有限的。超越性层次无法成为客观分析的对象。因为“超越”则意味着存在一个鸿沟，人类心灵必须跨越这个鸿沟，才能接触到超越性的世界。这种超越性正是宗教所探讨的领域。犹太教、基督教以及后来的伊斯兰教，都在这种超越性思维的传统下发展起来。虽然历史上这些宗教之间有过长时间的冲突，甚至打了上千年的战争，但它们本质上属于同一个系统，都是一神教的延续，体现了对超越性世界的探索。

刚才提到的这些思维背后的判设和结构，其实反映了不同文化对于世界的基本态度。比如，基督教对世界持肯定的态度，这一点与佛教形成了鲜明的对比。佛教认为人生是苦的，世界充满了痛苦和烦恼。同样，中国文化中作为主体的儒家也认为宇宙本身是美好的，充满了生机与活力，万物欣欣向荣。相比之下，基督教虽然也肯定这个世界的价值，但认为人与上帝之间存在着不可逾越的鸿沟。换句话说，人类无法靠自己的力量跨越这道鸿沟，就像一个人掉进了深渊，面对光秃秃的悬崖，无力自救。唯一的希望就是等待外力“拯救”。具体来说，则是依靠上帝的拯救。这种“拯救”意识来源于犹太教早期的历史背景，犹太人出埃及时，通过与上帝立约来最终摆脱奴役。在这个过程中，犹太人通过祈求、呼告上帝来印证他们的信仰，感受到上帝的存在。由此可见，不同文化在看待人生和世界的态度上各有侧重，中国文化更强调生命的欣悦与人类在世界中的积极角色，而基督教则强调人的有限性和对超越性力量的依赖。

总之，通过佛教东传以及基督教在西方的传播，在中国和欧洲大陆，各自以两个知识体系为支柱，分别形成了人类文明的两个更大的系统。而西亚的阿拉伯世界，则是连接东西方的纽带。仿佛地球就是一个试验场，有一种更高的力量在进行某种试验，通过让各种宗教和思想在不同地区扎下根来，并逐渐发展，最终塑造了 15 世纪之前人类文明的基本面貌。这当然是一个假设，但人类历史确实体现出某种奇妙性。晚明时期，东西方文化开始有了更直接的接触。我们知道，中印文化融合最后的硕果是阳明心学。虽然王阳明的思想最初曾受到官方的压制，但他后来还是从祀孔庙，这意味着他的思想终于被官方承认了。巧合的是，就在他从祀孔庙的前一年，1583 年，耶稣会士利玛窦正式进入中国大陆。利玛窦不仅带来了天主教思想，还带来了西方的科学知识。尽管耶稣会士带来的科学尚未达到近代科学的高度，但实际上已远超当时中国的科技水平。这意味着，在晚明时期，西方的两个重要思想体系——两希之学，通过利玛窦这样的传教士，正式进入到中国的知识体系。这在东西方文化交流史上是一个标志性事件，中国文化也成为首个人类四大知识体系同时并存的文化系统。

今天我们要谈的是中国文化的独特性。中国文化的特殊性思维我称之为“德性思维”。说它特殊，不是说这种思维为中国文化所独有，恰恰相反，人类不同知识体系背后都存在德性思维，但只有在中国文化中率先达到自觉的程度，就像知性思维首先在古希腊达到自觉一样。所谓德性，确切地说应该是“得性”，“德”并非道德意义上的“德”，而是“得到”的意思。比如说有一块饼，我分有了一块，这个分有的部分就是“德”，有所得。“德”的本意是中性的，不论得到的东西是好是坏，都叫作“德”。如今我们习惯性地把“德”理解为好的东西，但古代并没有这样的区分。有所得意味着，你这块饼，跟其他的饼不一样，但相互间却具有饼的共通性。就像我们说“弱水三千，只取一瓢饮”，虽然这一瓢水和其他的水不同，但其实都是水。理解了这一点，我们就达到儒学思维，特别是《周易》思维的起点。《周易》认为我们和宇宙是一个整体，每个人既是独立的个体，但相互之间又分享着宇宙自身那种内在的本性。这就是宋儒讲的“天命之性”，我称之为“通性”。每个人分有的这块，我称之为“自性”。由于通性、自性的存在，人我之间是一种“同而异”的关系。这种思维方式与印度、两希的思维方式是不同的，这是后来中国文化形成自身独特性的起点。

为什么《周易》能够代表这样一种思维呢？在座许多朋友都是学自然科学的，所以我从自然科学说起。通常情况下，我们研究一个对象时，会进行观察、实验，这是科学的方式。但是，有一种情况总是无法避免，许多时候尽管我们对一个事物不太了解，但仍然需要做出判断。即便是时下我们常说的“大数据”，虽然比普通人掌握的信息多，但并不完备。我们仍然需要对事物进行判断。比如天文学家研究遥远的星系时，他们并不能亲自到达那些星球，即使去了，也未必能够把握那些星球的全貌。那么，科学家们为什么还能做出很多关于它的判断呢？便是因为用了一种最基本的方法——观象。比如可以通过对光谱的分析研究恒星上面的化学元素，再如用红移现象证明宇宙膨胀等，都是观象方法在科学上的应用。

观象是我们认识事物的基本方式。比如，小孩子在没有建立起明确的分类系统时，已经能够区分出苹果和梨，尽管这需要一个过程，但他慢慢就能区分开这些东西，并不需要把所有的梨子和苹果都比较一遍。这就是通过某种特殊的征象。再如中医的“望闻问切”。望闻问切就是观象——通过观察脸色、舌苔、脉象等方式，大体来判断身体内部器官的健康状况。脉象有二十多种，通过经验和观察，可以对五脏六腑的健康状况做出判断，并不需要开膛破肚加以检查。不妨再举一个现代学术的例子。比如有的研究者发现，每天刮胡子的男性死亡率较低，这显然并非刮胡子本身与寿命有必然联系，而是因为刮胡子的频率可能与男性的雄性激素分泌正相关，而后者则会影响寿命。在不了解雄性激素水平的时候，通过刮胡子也可以做出一定程度的判断。

而且判断的准确度可能还不低。这都是虽然不了解具体信息，但可以通过观象做出判断的例子。这就是以简驭繁的“易简之道”。

中国传统思维的另一个特点是对整体性的重视。比如西医自解剖学开始，特别是文艺复兴以后，解剖学的发展为理解人体奠定了基础。先具体地了解部分，再逐渐把部分组合成一个整体，这是近代科学的方法。18 世纪西方曾经流行一时的一个观点，“人是机器”。既然是一部机器，我就可以把它拆成零件，然后再重新搭建起来。当然，拆完之后，你会发现，真要搭起来是不容易的。因为亚里士多德说过，“整体大于部分之和”。部分加起来为什么不等于整体了呢？用中医来解释，就是少了“气”。对于具体的生命来说，大家很容易理解这个“气”，虽然看不见，但它确实起着作用。中国古代并不是完全没有解剖学，但后来这条路径的医学发展被替代了。因为中医从一开始就意会了生命的整体性。

3.《周易》是对最小生命系统的拟构

回到《周易》，占卜理解事物的机制是什么？一般来说，占卜是上古圣人与宇宙本身沟通的方式，具有神秘色彩。但如果我们相信占卜也是人类文化的产物，那么它也是可以被理解的。不妨借助数学来解释占卜的原理。比如，我是宇宙这个整体的一分子。假设宇宙是一个包含所有生命的整体集合，而我占卜自己的命运，相当于在这个集合中寻找属于我的那个点。占卜的过程就类似于从宇宙中提取信息。只不过提取信息的准确度需要人神沟通的信念来保证。假如这个宇宙的集合是二分的，分成 A 和非 A 两部分，或者阴和阳，那么“我”要么与 A 相应，要么与非 A 相应。概率是 50%。如果分成四个部分，那就是老阳、老阴、少阳、少阴四象或乾卦的元、亨、利、贞。倘若我们把这个宇宙系统依照规则加以细分，会继续提高信息的精确程度。而《周易》最后使用的是 64 卦 384 爻。简单来说，可以把人在宇宙中的位置与易卦看成数学上的一种映射关系，通过求取人在宇宙中的位置，来判断个体的命运或状态。既然如此，是不是易卦的量级越高就会越准确呢？理论上当然如此。汉代有两位学者做过类似的工作。一位是焦延寿，通过卦变，把 64 卦变成了 4096 卦；另一位是扬雄，把阴阳改成三方，于是 64 变成 81，384 变成

729。但两者对《周易》本来精神的把握都还是有问题的。而且假如我们明白了《周易》以简驭繁的道理，其实并不必要。

还是回到问题的核心。占卜的目的是什么呢？所谓“文王拘而演《周易》”，文王研究《周易》，目的是在变易中找到生机。对于儒学来说，宇宙本来充满生机，宇宙因此在本质上是一个“生命宇宙”。而易道之所以能以简驭繁，关键在于通过对生命宇宙的拟构，揭示出生命的各种境界，所以说“易与天地准”或者说易者“冒天下之道”。只要我们具有反思的能力，便可以明了自己在宇宙中的位置。这就是“善易者不占”。这样，即便在宗教意义上人神沟通的准确性无法保证，也没有关系。

就此而言，《周易》其实是对最小生命单位的研究。一般来说，不同生命的层次高低不同。几乎没有人否认动物比植物高级。高级生命无疑更复杂，有许多低级生命不具备的特征。但反过来，就像上游的水源总是更干净一样，低级生命却本源地体现出生命的基本特征。也正是因此，研究最基本的生命，反而更容易理解生命的本质。以进化论为例，生命形式中的早期特征仍然可能在演变之后保留下来。《周易》就是对最小生命系统的拟构。

问题是这种拟构是如何实现的呢？《周易》里面充斥着各种各样的判断，但这些判断在何种意义上是对的呢？自然科学或常识意义上的对错，可以通过理性和经验加以校验，《周易》的对错如何保证呢？之所以有这种疑惑，是因为我们不了解《周易》判断的基本逻辑。借用德国大哲康德的一个区分，他说有分析判断，有综合判断。什么是分析判断呢？一句话有主词与宾词，假如宾词的意思在主词本身所蕴含了，那么这个判断就是具有必然性的分析判断。比如说“时间是绵延的”，因为时间概念本身已经蕴含了前后绵延的意思，因此这个判断就是分析判断。我今天要补充的一点是，《周易》的判断其实都是通过对生命的观象直接得出的，所以是必然的。庄子说“《易》以道阴阳”，所谓阴阳在这里指的是形而上的意思，就是还没有到有形或形而下之器的层次。简单来说，形大体是数学研究的层次，器是物理学研究的层次，而阴阳则是易道研究的层次。

不妨来对“生命”概念做一点解析。首先，当我们说生命的时候，虽然你可以把时间无限拉长，然后像庄子那样说生命“方生方死，方死方生”，或者佛家所说的“恒转如瀑流”；或者把时间无限缩短，像古希腊哲人芝诺所说的“飞矢不动”；但在常识的意义上，其实无法否认，生命就是一个在一段时间之内的稳态结构，因此生命具有持续性，而非瞬间就崩溃了。稳态的本质在于平衡关系，而这就是我们今天理解的系统平衡。虽然我们不一定知道每个生命如何保持平衡，但可以通过“阴”和“阳”的概念来表示系统中的相互耦合关系。这种平衡可以通过不同名称表现出来，比如古人称之为“幽冥”，或通过“生克”来描述生命系统的变化。对于生命，我们还可以进行其他判断，比如生死的循环。古人称之为“终始”，意思是每个生命都会有起始和终结。这种关系可以类比为植物的生长，生命从根本（本）向上延展到顶端（末），然后瓜熟蒂落，返本归根（复），构成一个完整的生命循环。由此可见，只要我们承认生命概念，以及生命的前后延续，那么阴阳平衡、生克、本末、终始、反复等观念，便都内在地蕴含了。

假如只是这样解析生命，那还未免太过简单。《周易》的关键一步，是提出了“天、地、人”三才系统，代表了宇宙最基本的框架，这就是画卦。地象征着支撑万物生长的基础，天代表宇宙运转的基本动力，人并非只是人类，而是代表具体生命。因为人是万物之灵，所以用人来代表。把天地抽象化，便成为纯粹形式与纯粹质料，或纯粹的时与空。要知道古人没那么多概念，只是借天地人作为象来表达许多难以言传的东西，这就是“圣人立象以尽意”。可惜历代易学家常常忘记这一点。

由此可见，三才系统其实也就是“时空与生命”这一生命宇宙的最小模型。假如只到这一步，那么这个模型还缺乏结构。但既然这个生命宇宙内在地蕴含着生克关系，假如把这个因素加进来，便成为上下两个三画卦的叠加。之所以是上下而不是左右，是因为生命本身是一种通过内在驱动在时间延展的事态，因此自然是一种本末关系。这就是汉儒所说的“易气自下生”。本末意味着始终，假如以本、始为主，那么终、末就是克，这就是内外、下上之别。所以易卦不仅分内卦、外卦，而且首爻称初，末爻称上，便是隐含着上述逻辑。由于本末观念，所以内卦又称本卦，外卦则称之卦。之就是往的意思。后世易学家不明此义，简单认为易卦自下向上逐渐发展，用这个观点解《易》，未免流于穿凿附会。

到了这一步，那么生命具体是如何展开的呢？这就是乾变而坤化，或者说“刚柔相推，以生变化”。这种变化就体现在爻位的阴阳或刚柔。至此，每个爻位的刚柔变化，都会生出一个象，六画卦本身自然蕴含着“2 的六次方”，也就是 64 卦 384 象。这就是一个最简单的生命形态的内在变化。应该指出，在所有相分中，2 是最简单的。

总之，一个最简单的生命宇宙，也就是一个连续的生命体时，可以转化为一个包含内外、生克结构的系统。在这个系统中，最基本的预设是时空和生命，最根本的变化则是刚柔相推。这种变化并非物理层面的描述，而是通过“刚”和“柔”的对立与转化，揭示出事物内在的动态变化。64 卦、384 爻所形成的易卦系统，实际上是一个最小的生命结构，对应着生命宇宙的不同事态。这是古人通过象征性语言构建的宇宙模型。古人还将这个模型形象化为太极图，形象地表达生命的基本变化。

64 卦、384 爻产生的机理既然已经清楚，问题是如何加以理解呢？还是要借助观象。在 64 卦中，内在地蕴含着作为稳态的八个三画卦，这就是乾坤、震巽、坎离、艮兑。为了观象，古人将宇宙的物理模型引入其中，这就是天地、雷风、水火、山泽。为什么用这些来代表八卦呢？其实这些符号背后隐藏的是阴阳之间的关系。古人用阴阳二气来表征一种未成形的力量或状态。为什么用“气”这个概念？当事物尚未形成具体形态时，它是“气”的状态；当其形成形体时，它则成为“器”。也就是说，事物在成形之前有象，而这种象往往是模糊不清的。如前所述，几何学研究事物的形状，这是“形”的层次。而在物理学层面，研究的是器的运动和变化。只有在“形而上”的层次中，才探讨那些尚未成形、但已有象的东西。所以《易传》“形而上谓之道，形而下谓之器”。形而上的层次，虽然难以直接言表，但通过象征性的语言和图像，如太极图、卦象等，来表达生命与宇宙的深刻关系。其实气也不是真的气，只不过在日常语言中，只有云气或水蒸气，才更能形象地表达出氤氲往复的刚柔变化。像前面所说的天地人一样，要记住气只是一个符号。

其实天地、雷风、水火、山泽也是如此。

具体来说，阳爻意味着刚动，阴爻意味着柔静，当阳扰动阴的时候，就是动的态势。也就是三画的震卦☳。古人用雷和龙作为象征。在古代雷代表天的命令，是龙的声音，而龙则是雷的身体，二者密不可分。反之，当阴性力量扰动阳的时候，则像风一样轻柔地扰动事物，这便是巽卦☴。上古风就是凤，凤凰是天之使者，其声音象征着天命的传达。风的另一个象征是木，代表生命；风与木的共同点是都能“入物”，生命的破土而出与风化万物是相通的。

假如阳陷于阴，则是一种陷入的状态，这就是坎卦☵，如同渊暗的水流之象。反之两阳附在阴上，便是附丽，也是两阳的分离，所以叫离卦☲，离意味着光明，火可以作为象征。如果两阳趋向一阴，则如水流入低洼处汇聚成湖泊，这就是兑卦☱，兑的含义就是说（悦）。反之，两阴依止于一阳，或如被一阳所限，这就是艮卦☶，艮的含义是止。艮可以用山来象征。不仅如此，刚性力量代表着动、变化，而柔性力量则代表着顺从、渗透。但一个阳虽动而不稳健，用三阳则代表刚健。这就是乾卦☰，用“於穆不已”、永恒不息的天来象征。天行健，君子以自强不息。而坤卦☷则象征着最纯粹的柔顺，而且总是恰到好处，用大地来作为象征。阴阳相互作用，形成了天地间的平衡与和谐。关于八卦其实还有更细微的变化，这主要体现在《说卦》之中，在此就不细谈了。总的来说，古人通过卦象揭示了生命宇宙的基本变化。

4. 易道生生

其实《周易》所说的就是一个关于生生的故事。生生的过程包含两个最基本的元素：一个好比种子，也就是阳；另一个是好比滋养种子的环境或条件，也就是阴。这类似于植物的生长过程，需要水分、营养和光合作用，才能让种子发芽、成长。所以，阴阳是对万物生成的最基本的表达。理解了这一点，就能够明白《周易》六爻、三画卦、六画卦等结构背后的底层逻辑。总的来说，生命虽然看似变化多端，但总是呈现出各种稳态的形式，这就是 64 卦。所以说“万变不离其宗”。例如，观察一个人，我们可能不知道他的具体身份，但通过他的外在表现，我们可以大致判断出他的性别、年龄，是小孩还是老人。另如看到一幢大楼，假如要倒了，在有经验的建筑师眼里，就会显出大厦将倾之象。此外，一位有经验的医生通过病人的脉象或者气色，就可以断定这个人可能病入膏肓，方法虽然很具体，但实际原理是一样的。这些判断都依赖于我们对生命过程的观象，即生、老、病、死等基本的生命特征。其实这也正是《周易》所要传达的哲理之一：尽管外在世界变化无常，但其背后的阴阳结构和生成逻辑却是恒常不变的。这也是一种“易简之道”。

具体的生生之道，体现在《周易》的卦序之中。《周易》分上下经，上经三十卦，下经三十四卦。之所以分上下经，也是因为生命自身存在着生克关系。在《周易》中，这种生克关系体现在上下经卦与卦之间的严密对应之中。上经是生命态势的自然呈现，下经则是上经之本。关于这个问题暂时不能详细解释，首先我们来看上经的基本内涵。

上经从乾、坤、屯，然后需、讼、师，一路下来到第 28 个卦，叫“大过”。最后就是坎、离。上经三十卦是叙述生命由生到死，再由死到生的过程。乾坤是易之门，乾坤和合以生万物。

具体来说，乾表征的是生命的种子，是生命的纯粹形式，坤代表的则是纯粹的生命质料。换一个比喻，如果生命是以时间的方式来表现，那么坤就意味着纯粹的空间。这样比喻有点抽象，可以把乾坤视作对生命未产生之前的纯粹的解析。屯卦，一般读为 zhūn。实际上不读 zhūn，读 tún 也可。因为古代实际上没有 zhūn 这个音，古音或者读 dūn，或者读 tún。所以我们今天读 dūn 读 tūn 也是对的。后期大家都读 zhūn，这可能与《中庸》所说“肫肫其仁”有关系。屯卦，如果把屯稍微改写一下，就是浑沌的沌。屯就是生命的浑沌状态。这个时候具体的生命已经开始出现了，所以上坎下雷。其实坎卦阳陷在阴内，本身就是浑沌之象，下面的震为龙，表示浑沌中本有生命存在，这是通过六画卦表达的一个更为精确的象。浑沌判分之后，生命开始萌芽。所以接下来是上山下水的蒙卦之象。蒙就是萌，两个意思相辅相成。就像小孩子既是蒙昧状态，但也是初生的萌芽。蒙的象直观说起来叫“山下出泉”，如同长江、黄河的源头从山下流出，所有的水都是从泉水开始的。山把水盖住了，叫作蒙。水从山里出来，就是萌芽。乾坤屯蒙，这是从纯粹的形式到具体生命的开始。此后经过需卦的滋养、讼卦的磨砺，生命逐渐展开。最终到“泽灭木”，生命遭受灭顶之灾，意味着终结。大过是死象，大过之后通过取坎填离，重新出现乾坤，这就是易道生生的奥秘。

也正是因此，《周易》其实是一部“了生死之书”。《周易》在大过之前，做了一系列准备，如何通过死亡还能够生？物虽死，但生命本身又不死。我们看今天的人类，之前的人类都死了，但我们还在，为什么？明白这一点，就会知道宇宙的生生不息。就算我们人类灭亡，甚至地球生命都灭亡了，宇宙生命也不会灭亡。为什么？因为就算宇宙所有生命消亡了，宇宙的生机永远都在，生命宇宙本身并不会消亡。否则，世界就不会有生机开启。

从这个角度来说，《周易》给我们展示的就是生命如何展开并最终穿过死亡的过程。每个生命都有生老病死，如果用一年生的植物来说，它的生命时段就是春夏秋冬。用生命的纯粹形态加以表达，就是“乾，元亨利贞”。元亨利贞对应的就是春夏秋冬。春者，蠢也，万物蠢蠢欲动。小动物生命刚开始都是蠢蠢欲动的，这就是春。夏者，大也，长大。秋，火烧禾苗，代表着事物的成熟。冬者，终也，就是终结。但“春风吹又生”，又是生命的开始。所以才说“贞下启元”。《周易》上经30卦代表一个生命周期，如果我们仔细分疏的话，可以划分为元亨利贞四个阶段。实际上，每一个阶段还可以细分，比如春季可以划分为孟春、仲春、季春等，十二个月则有二十四个节气。甚至还可以更细，比如战国时的七十二候。

具体来说，乾、坤、屯三卦，这是元。蒙以后，由需、讼、师到泰卦，则是亨。从否卦开始，一直到噬嗑、贲卦，代表事物的成熟。孔子一生可能占过很多卦，载入史册的有两个，其中一个就是贲卦，代表事物的成熟。“观乎天文，以察时变；观乎人文，以化成天下。”从贲卦之后，生命就进入死亡的准备阶段，先是剥卦，也就是剥落，果子从树上掉落下来，万物进入归根复命的阶段，也就是贞。贞就是归根复命。所以，剥之后就是复卦，接下来是无妄、大畜、颐，颐卦就是颐养。从剥卦开始，代表生命进入修行的阶段。

人的生命进入最后阶段，理论上应该通过某种方式修养自己，让自己进入某种状态。

从上经我们看到，《周易》对生命本身有一套极为系统的理解，里面兼容了儒家、道家各种修证工夫。《周易》因此具有宗教性。很多人批评儒家，好像不讲宗教层次的东西，不讲天的层次，其实不是那样的。比如《论语》说孔子“祭如在，祭神如神在”，祭祀父母，就好像父母在场，祭祀神灵，好像神灵在场。20世纪很多人说孔子是无神论者，只不过是要神道设教，假装有个神，为了让民众相信，完全将孔子打扮成一个“滑头”。祭如在，就是孔子在祭祀的时候所呈现的状态，让人感觉到神灵降临了，由此引发出观者的敬畏。这是最为虔诚的状态。要知道，周人也用这句话形容文王，文王是周代圣王谱系里面最了不起的，周人不会把他讲成一个“滑头”的人。孔子的学生子路是崇拜古人的，他对死亡有着很深的关切，就来问孔子。孔子回答说“未知生，焉知死”。后来很多人就说孔子不讲生死，所以才敬鬼神而远之。其实如果理解《周易》，便知道，生命的状态就是一个生—死—生的状态。明白生命是对死亡的超越，对死亡的理解就在其中了。死亡因此是生命本身的一个过程，借用佛家的话说就是分段生死。佛家讲人死后有中阴身，然后再投胎，最后进入下一段生命，这是一个轮回的状态。用《周易》的话来讲，轮回就是通不过大过的那种死亡，也就是精神的澌灭。因为澌灭，只能依草附木，无法取坎填离，复归生命宇宙自身的洪流，达到纵浪大化的境界。不进入轮回，就意味着超越了它。通过《周易》我们理解了这样一个结构。所以我说，儒学自有净土，内在地理解《周易》，是可以了生死的。

5. 易卦举隅

我们常说《周易》是智慧之书。生生当然是最大的智慧，但假如处在具体的生存境遇中，《周易》又是如何面对的？这就要理解卦时、卦德与卦象。我们看一个卦，卦象一般是从上往下看，比如屯卦，上面一个坎卦，代表水，下面是雷卦，代表生命。一阳在初位，对于哺乳动物来说，是生命将生，从子宫分娩而出的状态。如前所述，卦序对应着生命从生到死、再由死到生的周期，这就像我们可以将一个月分为三十天，所以可以说“天时”；从《周易》整体来看，每个卦就代表生命的某个时刻，所以称为卦时。卦时就代表了生命的整体状态。从乾坤到屯卦，屯卦的基本态势是“难”。就像一个生命要从母体生产一样，非常艰难，但怎样才能通过这个状态？普通人很可能无法通过，但易卦表征的是天德，所以天德是可以通过的。问题是天德怎么体现呢？《周易》通过卦象告诉我们，要由内而外用功。比如屯卦上面是坎卦，代表水，一阳陷在里面，是险，艰险的险，换成现在的话说“有谋略”。我们常说人心险恶，或者说人有城府，心里面弯弯绕绕很多，这是批评别人；如果褒奖别人，则说他胸中大有丘壑，都是险的意思。坎的中心词就是有谋略，震的卦义是动，如何从混沌困难的状态出来呢？你需要动而有谋，才能通过艰险。所以《大象》曰：“云雷，屯。君子以经纶。”这是君子大有可为之时，动而有谋。一般人过不去，需要刚勇、智慧。到蒙卦时，开始进入蒙昧的阶段。“山下出泉，蒙。君子以果行育德。”蒙卦上面山，是止；下面水，是险，有谋。卦德因此就是险而止，或者见险而止。你得知道什么时候停下来，所以要有谋。《周易》所有的卦都可以依此类推。

不妨再举几个例子。比如水山蹇卦，也是困境，山上有水，步履艰难，走得很缓慢。还有泽水困卦，水在泽下，本来湖里面有水，现在水跑到下面了，也就是干涸了，这当然是困境。庄子讲“相濡以沫，不如相忘于江湖”。两条鱼困在泥塘，你给我吹一口气，我给你吹一口气，以度过蹇难，尽管这种情谊很令人动容，但其实谁都更愿意相忘于江湖。困卦是我们生命中常遇到的一种状态，怎么样解困？困卦之时只能坚守，所以说“险而能说”，也就是既要有谋，又要坚忍。到了一定程度，终于可以脱出，这就是困卦后面跟着的井卦，湖水干涸，打一口井上来，就脱困了。所以井卦上面是水，下面是木，木代表的是桔槔，打下去把水引上来。理论上来讲，天下万水同源，这个地方干涸的时候，打一口井，以接通本源。天道是用这样一种方式脱困。

再比如明夷卦，上面是地，下面是火，像太阳落在地底下，完全漆黑的状态。我们的生命也一样，有时遇到光明，有时就是完全处在黑暗之中，一生就过去了。周代人最直观的黑暗时代，就是商纣王时代。当然对于商朝人来说则是夏桀时代，对宋朝人来说则是五代。中国历史有五六个黑暗的时代。

处在这样一个黑暗时代，怎么脱困呢？明夷卦的六个爻，是用当时几个圣贤的境遇来象征不同爻位的含义。六五是箕子，商纣王的叔叔，六二是文王，九三是武王，六四经历代研究下来当是微子。上六是比干，也是纣王的叔叔，因为坚决给纣王提意见，最后被害而死。微子是纣王的哥哥，后来逃亡了，箕子则是用装疯的方式度过这个黑暗时期。《周易》是借用现时的象来讲那个黑暗时代的状态，以及怎样通过它。那么卦德怎样说呢？明夷卦上面是坤，代表顺；下面是火，代表明，所以卦德是“明而顺”。就像你遇到强盗，无力反抗，如果你跟他硬拼，他还会要你的命。这时你要跟他周旋，周旋的话，既要有内在的智慧，还要顺。这个卦的大象：“明入地中，明夷。君子以莅众，用晦而明。”简单来说，就是用一个看起来不太聪明，但实际上又很聪明的方式，来度过这个状态。据说王阳明当年得罪大宦官刘瑾，廷杖四十，差点被打死，然后被发配到贵州龙场做驿丞。他知道刘瑾不会放过他，想逃亡，又担心父亲被牵连，他父亲当时在做侍郎。处在死生之际，阳明也很苦恼，于是就占了一卦，这个卦就是明夷。他采取的方式就是明而顺，通过假死的方式，逃过追兵，最后辗转到了贵州龙场驿。

还有一个故事是关于朱子的。我们知道，朱子是宋代理学的集大成者，后来自号“遁翁”。现在很多人说理学家如何为专制统治者服务，未免对真正的理学家太过唐突了。朱子推崇孟子，讲的是“格君心之非”，也就是正君心之非，所以在朝总共也没有几十天，却不断给朝廷提意见。朝廷也没办法，就给他一个虚职，后来又把他定成“伪学”。为什么呢？显然是因为他的学术触怒了当时的统治者，所以遭到政治迫害。阳明心学提出时，最初也是被视为伪学。所以说真正的儒学往往因为它的批判性而不被世俗接受。因为提的意见太多，总想纠正现实中有问题的地方。常常是后来遭到阉割之后再被尊崇，此时已经是假的了。真正儒学的命运是很可悲的。有一次朱子本想再上一个措辞严厉的奏疏，但上疏之前却占卜到一个遁卦，于是就不再上疏，并自号“遁翁”。这显然是受到《周易》的启示。

还有两个例子，据说孔子曾占过两个卦，都与他一生的境遇有关。一个是山火贲卦，贲是修饰的意思，在《周易》中本来是指生命进入完成的状态。

据说孔子占到这个卦后，心里很是不平，认为和自己不事雕琢的境界不相称。当然《孔子家语》的这个记载也不知是否真实，也不知是在什么时期。就记载来看，似乎是孔子早年追求“礼之本”时候的境界。此时的孔子显然未到“耳顺”，所以会愤愤不平。而且此时孔子对贲的理解似乎还没有与天德结合起来，也就是说当在五十知命以前。第二个卦是火山旅卦，与贲卦刚好相反，旅卦是火在上面，山在下面。旅卦现代人想到的可能是旅游观光，但在古代是不好的。羁旅之人，在外常常很危险，比如遇到山贼，或者盘缠没了，流落他乡。所以古代的羁旅诗往往都是充满思乡之愁的。据说孔子在周游之前，给父母起了坟，旁边种了很多树，感慨说自己是一个东西南北之人，漂泊在外，担心自己将来回来之后找不到父母的坟。所以这个旅卦跟孔子后来生命中的漂泊之象的确相通。当然这可能也是我们的一种曲解，因为留下的两个卦信息就这么多，大体是有相应的地方。

总的来说，作为一部了生死之书，研究《周易》也就是在研究天道，理解天道如何通过不同的卦时。顺境也好，逆境也好，都有可能走不出去。比如泰卦是顺境，但并非每个人都能过得好。很多时候，就是因为你过得太顺了，所以才出现问题。这就是孟子说的“生于忧患，死于安乐”。所以如果当你觉得自己过得很好的时候，不妨去研究一下泰卦，看看怎样才能更合理地度过，而不留下后患。否则后面的很多危机可能就是这一顺境造成的。这就是道家所谓“福祸相依”。

6. 阅读《周易》应该注意的几个问题

最后我想再简单地谈一个许多朋友都会关心的问题，《周易》为何显得那么难读？首先，《周易》的解释很多，常常让初学者无所适从。当然，最关键的因素是易例。解释《周易》必须有一个凡例，也就是基本规则。秦始皇焚书之后，虽然《周易》没有被烧掉，但民间不许私藏书。甚至到汉代建立之后好几十年间，这个不许藏书的挟书律都还一直存在，导致民间文化素养普遍降低。后来汉朝意识到需要巩固文化，于是把硕果仅存的一些学者请回来，但很多东西其实已经失传了。虽然号称大师，但未必都是最好的学者。这些学者知道不少关于经典的结论，但这些结论到底怎么来的，常常支离破碎。

至少传统儒家解《易》的易例已经失传了。只有费直传费氏易，只以《十翼》解说上下经，可能对易例还有保存，但没有得到重视。当时最受重视的是天人感应那套理论。在这种情况下，汉代解释《周易》的学者被逼出一种新的形态，我称之为“望文生象”。所谓文是指他们各自由师传而来的一些字面解说，但把这些解说与当时流行的各种干支、五行、律吕，甚至五际、六情、飞伏、升降等观念重重相配，制造出各种解《易》的迷宫。这些解释其实都是无根的，所以后来出来一个20来岁的天才学者王弼，把汉朝的东西从根上一扫而尽。王弼其实也是受费氏易影响，但费氏易因为没有章句，大旨应该早就失传了。

王弼自己重新创立一套易例，这是很了不起的。而且王弼能认识到老庄与《易》的关系，以老解《易》，实有暗合之处。但这套易例，大概能解释百分之五六十，很多还解释不了。原因何在？一种可能是他的例是对的，具体的解释有问题；还有一种可能是例本身有问题。所以从汉朝到王弼，乃至宋朝到明清，各种解《易》的著作，都会存在一些变例。在传统时代，《周易》被理解为神秘天书，越神秘越好，大家越搞不明白越好，脑袋越混杂越好，这说明《周易》很了不起，反而坚定了人们对它的崇信。就像西方中世纪天主教判定异端学说，越是理性的观点往往越是被判为异端邪说，因为上帝是不可理解的。所以在古代，例缺失了，或者很混乱，反而会坚定普通人对它的崇信。但近代跟西方学术接触之后，你就会发现这是一个大问题。当然今天许多人对此还在回避。西学的好处之一是说理严密，具有内在的合理性，所以它向中国文化提出的问题，我们不能简单地拒绝回答。今天你说经学有真理性，不能只是说这是圣人所传的大道，你必须接得住别人的提问。就像高手过招，别人给你发出一招，你根本接不住，你只能说，算了我不跟你打。或者像阿Q那样，你打了我，我就说“儿子打老子”。这种情况我们在清朝以来司空见惯了。当然还有一种做法就是在西学的压力下，索性把中国传统全盘否定，这倒是一个最简单的方法。比如近代有些学者就把《周易》解释为占卜记录的汇编，换句话说，《周易》是一些过时的占卜记录，既没有内在的义理和理论，更没有什么智慧可言，充其量只是一堆垃圾。这与上个世纪意图否定中国文化的潮流是相互呼应的。

除了上述两个原因，还有一个容易造成混乱的做法，叫“望文生义”。什么意思呢？比如乾卦的“初九，潜龙勿用”。很多人误解这个爻辞，关键的原因就是他认为这句话就是讲的这个事，他不明白，《周易》是借着这个事作为象。或者说“借事为象”“借象言义”。这与公羊家说《春秋》“借事明义”的道理是一样的。由于爻义很抽象，没有办法，只好找一个事物作比喻。朱子有个观点我觉得非常好，他说，卦爻辞就像签解。我们去庙里求签，比方抽了一个“刘邦白登之围”，你就会知道这象征着某种困境，是一支“下签”。应该不是下下签，因为还有生机，还可以逃出来，当然肯定会有一定损失。你去另一个庙，还是一些上中下签，用的象全变了，完全是另外一套说辞。所以假如真清楚“潜龙勿用”到底是象征什么，就不必执着于“潜龙勿用”，可以换成另外一套东西，只要它的意思同样能表达这个爻的含义。我再说得具体一点。凡是看过《红楼梦》的都知道，贾元春省亲，贾府建大观园，每个地方要起名字，叫“点景”。既然是元春省亲，因为她是皇妃，所以贾宝玉给她住的地方起个名字叫“有凤来仪”。不是说真的有一只凤凰飞过来，而是凤凰可以代表皇妃，不能从字面理解为凤凰。同样，潇湘妃子，也不是真有一位“潇湘妃子”。《周易》的卦爻辞其实就是这样。但是不少学者常常是执着于这个文辞，文辞当然不能说不重要，但其实是最后的东西。明白这一点，爻义、爻象、爻辞之间的本末关系就比较容易理解了。假如只是从文辞角度研究，那就常常会落入“好奇骛新”的窠臼。比如《周易》经常提到“有孚挛如”。这里的“孚”，传统的解释都是“信”，指的是内心中一种有主宰的状态，就是我们现在讲的“拳拳之心”。“拳”是蜷起来的意思，就像王阳明说的“如猫捕鼠”“如鸡抱卵”那种内心状态，都是在形容这种内心有主宰的状态。但是，近代不少学者就坚持把“孚”解释成“俘虏”的“俘”，说有一个俘虏被捆绑着蜷缩在那个地方。你说他错不错呢？从文字上讲，俘和孚当然是可以通假的，其实不能证伪他。这都是有意曲解的一些例子，当然还有一些易例，由于时间关系我就不展开了。

还有一个值得强调的问题。一定要知道，《周易》所讲的并非现实世界，

《周易》所有的象，好像都很具体，但其实都是借着日常生活中的事物来表达那个难以言说的世界。我们常听人说《周易》里面有政治学、社会学、历史学等，《周易》因为是借事为象，里面当然蕴含着很多这样的观念，但《周易》的用意并不在此。《周易》是讲阴阳的层次，所谓“易以道阴阳”。但所谓“言不尽意”，阴阳的层次不好用语言来讲，只可意会，不可以言传，所以才要“立象以尽意”。

《孟子》讲座

邓秉元

感谢文理学社同学的邀请，去年我们就约定在今年五六月份进行一次关于《孟子》的交流。老实说，虽然我多年来一直在教学，并且也多次讲过有关《孟子》的课，但今天站在这里，依然让我颇费思量——到底讲些什么？孟子的思想深邃，要在一次讲座中勾勒出一个完整的框架确实不容易。毕竟，孟子是人类历史上有名的伟大思想家。大家对《孟子》或许已有一定的了解，尤其是我们文理学社的成员，早就通过不同的方式接触和了解了经典。

首先不妨从文理学社最关心的经典阅读谈起。我们每个人都用不同的方式学习和接触了不少类型的经典。经典到底应该怎样学习？肯定是见仁见智。虽然都是阅读经典，但由于初衷不同，方法自然会有所不同。我简单总结了三种方式，供大家参考。

第一种方式，我称之为“找矿”。这种方式类似于我们常说的“古为今用，洋为中用”，强调以自我为中心，去发现各种有用的资源。当然这种方式并不限于经典，非经典的著作同样可以这样对待。第二种方式则是我们熟悉的“客观研究”，这是历史学研究古代经典时常见的态度。通过客观研究，我们可以深入地理解经典形成的背景、具体的知识结构，以及与现实的联系。

还有一种方式，不妨称之为“寻求智慧”。就像请教一位前辈，或者在某一领域有建树的人，我们希望向他们学习，希望能在某些方面给我们以启发。

提到相互交流，《礼记》中有一篇《学记》，曾经提到，“善待问者如撞钟，叩之以小者则小鸣；叩之以大者则大鸣”。轻轻敲一下钟，会发出清脆的声音；如果用力敲，声音则会更响亮。这其中包含了很多意思，问者与被问者之间的关系至关重要。当然，如果提问的人很厉害，一锤就把钟敲破了，这种情况也是可能的。在禅宗中讲究“棒喝”，不仅是讲的人，如果听的人境界很高，也可以棒喝讲的人。接下来，在交流过程中，我希望大家能提出宝贵意见，让我自己也能因此受益。

总的来说，人类不同民族或文明公认的经典，总是承载着各自族群或文化的精神理想，并曾经深入影响过这一族群的历史实践。在中国文化中，显然，《孟子》有资格被视为这样一部经典。

今天我想主要讨论几个问题。首先是回顾一下不同进路的研究。20世纪有许多研究，绝大多数自称为客观研究，尽管这并不意味着他们的研究一定是客观的。但这样说的用意至少表明，他们是在尝试以客观的方式进行研究。从哲学角度来说，客观研究主要基于知性的方法，比如科学方法、考据方法、纯粹历史学的方法，或者西方哲学的方法等，大都以知性思维为主。经学的研究方法中也包括知性的方法，但又不尽相同。曾有一段时间，很多人认为中国传统文化的思维方式存在问题，应该被抛弃，因此从包括欧美与苏东在内的西方世界接受了形形色色的理论。这些理论当然可以作为理解中国传统文化（也包括《孟子》）的不同视角。举个例子，在20世纪，关于孟子是唯心主义者还是唯物主义者的问题，一度成为争论的焦点。我年轻时读《孟子》，便为此感到困惑，孟子说“万物皆备于我”，到底是主观唯心还是客观唯心？百思不得其解。不过，后来我发现还是应该首先回到经学的角度，但经学视角内部其实也还有不同的进路。下面会对此做一点解释。

其次我想讨论一下周公和孔子这两个人物。孟子一生的志业可以简单概括为“乃所愿，则学孔子”。孔子一生魂牵梦绕的则是周公，尤其在晚年，他曾感慨道：“甚矣吾衰也，久矣吾不复梦见周公！”周公是孔子心目中最重要的圣王。钱穆先生早年曾经指出，倘若要举出两位代表儒家文化的人物，那就应该是周公和孔子。周公代表了孔子之前文化的集成。今天我想对他们做出一种经学意义上的定位，而不仅仅是采用历史学的角度。

第三，讨论孟子还必须了解他所生活的时空，也就是现实土壤。具体来说，则是战国初年经学内部所蕴含的危机。由此我们可以进一步探讨为什么会出现孟子。

第四，具体介绍孟子学术的几个基本面向，这些面向在整体上共同构成了孟子学术的基本关怀。最后，鉴于我们文理学社不少同学都对学习《孟子》感兴趣，我会提出一点建议。

一、经学的三条进路

我虽然从事了几十年的经学研究，但其实经学这个专业，一直没有被社会承认。在现行体系内，几乎所有经学研究者都分属文史哲专业，有些可能还在政治学系等其他院系“打游击”。这种状况引出了一个问题：经学到底是不是一门学问？如果不能成为一个独立的学科，那是否意味着它只是一堆“乱七八糟的东西”，不配称之为“学”？20 世纪以来对经学基本上是否定的，许多人都认为这条路是错的。在一个世纪前，研究经学曾被与玩古董、抽鸦片或裹小脚等同视之。1912 年民国肇立，担任北洋政府教育总长的是蔡元培。他虽然提倡兼容并包，却在此期间取消了经学学科。比如《诗经》属于文学，《左传》归入历史学，而《周易》则被视为哲学。这样的划分等于把经学肢解了。当然学术界仍有许多人还在坚持进行与经学相关的研究，但在 20 世纪，也主要是经学史，而非经学。

从经学本身来说，其实主要有三条进路。首先是价值系统。譬如经学或儒学，到底是不是宗教？20 世纪颇有争议。东汉以降直到晚清，中国文化进入三教时代（儒、道、佛），而在此之前则是六艺、诸子，九流十家。所以三教九流后来成为社会上形形色色人等的总称。晚清以来，随着西方文化的影响，很多人认为既然佛教、道教都是宗教，儒教应该也是宗教。回过头看，儒学或经学确实讨论了许多关于天道的问题，具有宗教性；但它也涉及“内圣外王”的所有方面。与西方学术体系相对照，经学至少可以与人文学科、社会科学在总体上相应，甚至也涉及自然科学的某些方面。反之，西方文化中人文学科，包括宗教、神学等，便相当于它的“内圣之学”，而社会科学则讨论社会、经济、政治等各个层面，相当于它的“外王之学”。因此，简单把经学视为宗教肯定是有问题的。

20世纪还有一个主流观点是把经学视为政治意识形态。很多学习经学的人在阅读20世纪的著作时，会看到学者们在争论经学的起源，究竟是源于孔子还是汉武帝。许多人认为汉武帝时期“罢黜百家，表彰六经”之后，经学才算真正开始。这当然是有问题的，前面已经说过，经学其实包含内圣外王、天人宇宙各个层次，不能用政治意识形态简单概括。不仅如此，倘若我们承认经学是一门学术的话，那么它的成立就不能单靠政治承认来决定。例如西方神学，尤其是基督教神学，有许多不同的形式。基督教在很长一段时间内受到罗马帝国的迫害，直到大约313年《米兰敕令》发布之后，基督教才开始得到自由。如果我们认为基督教神学的成立仅依赖于罗马政府的承认，而不是基于《新约圣经》的出现，不是基于早期使徒和后来的教父们所建立的学术体系，那显然是荒谬的。有些道理放在别的文化那里，就显得很简单，但一旦讨论中国文化自身，就变得难以理喻，这都是因为20世纪的中国人很难摆脱对传统文化的感情因素。

经学的第三个角色在我看来才是最根本的，这就是知识体系。这并不是说经学没有价值或政治指向，而是说，二者是奠定在知识体系基础之上的。简单来说，中国传统知识体系是由经、史、子、集四个类别构成的一个大系统。用一个不太恰当的比喻，如果把这个系统比作一棵树，那么经可以看作这个系统的根，史则是树干以下，子是向不同方向延伸的具体分支，而以文章之学为主的集，则可以视作花果。这个系统有本有末，四个部分同时又是一个整体。文学和史学都以经学为基础，这是中国学术体系的基本特征。经学在这一点上与西方文化体系中的哲学相似，哲学在西方几乎是所有学科的基础，后世许多学科便是由哲学分化而来的。

放眼全球，人类知识体系大致有四种，即中、印、两希。印度知识体系以佛教和印度教为代表，希伯来学术大体可以统摄犹太教、基督教及后来兴起的伊斯兰教等一神教传统。古希腊学术则以哲学及其后发展的各种科学形式为主。在中国，知识体系的核心包括经学、史学、诸子、文学、艺术等多个门类，而其根柢则在经学。所以我才说，经学是中国传统知识体系的基石。

二、周公与孔子

谈到中国文化，倘若选一位代表，那一定是孔子。如果选两位，那另一位应该是老子。孔子是中国文化的代表性人物，而老子则与他互补，如果再增加一位代表性人物，就应当是周公。对于周公，我给他的定位是第一位备物之圣。备物是经学的奠基性观念，体现了经学的基本思维。经学的核心在于理解圣人和经典，而圣人之所以为圣人，经典之所以为经典，关键就在于备物观念。想要理解备物，便不能不提上古时代的宇宙观。

人类文化的起源都可以追溯到上古的巫文化，巫文化是所有人类文明的基底。德国哲学家雅斯贝尔斯提出的“轴心时代”概念得到了广泛认可。倘若以公元前500年（也就是孔子的时代）为中心，在此前此后数百年间，各大文明几乎同时出现了一批重要人物，分别在各个民族和文化中被视为先师或圣人。例如古希腊的哲人，印度各教派的修行者，希伯来的先知，以及中国的先秦诸子，都是如此。以摩西为例，他在犹太教和基督教中的地位大体可以类比中国文化中的周公，两个人的历史时代也很接近。

巫文化虽然是所有民族共同的基底，但到了轴心时代，人类文明已经发生了巨大的变化。在早期文化与轴心时代之间，至少经历了几万年，甚至更长的发展时期。在这个时期，人类文明从一个大体相同的传统中逐渐分化出来，形成了四大系统。这四个系统再分别向不同方向发展，各自成为独立的体系。其中，希伯来文化、古希腊文化共同构成西方文明的支柱，而印度和中国则成为东方文明的中心。随着佛教东传，中国在东汉以后已经包含了中印两大知识系统。今天有人讨论中国文化的主体，常常局限于经学或先秦诸子，这样并不客观，把佛教给忘记了。就像近代西方，有不少人激烈反对基督教，提倡古希腊、罗马意义上的古典学，但公允地说，还是要把古希腊文明与基督教传统看作西方文明的两翼。

人类四大知识系统的正式相遇是在 1583 年，当时耶稣会的传教士来到中国。我一直认为，这是最近五百年人类文明史上划时代的事件之一，正是这次相遇，让中国文化在世界历史上占据了特殊的地位。这就是四大知识体系从此在一个文化内部觌面相对。

还是回到对巫文化的讨论。巫术在今天也还以各种形式存在。许多人都知道，在中国东北，乃至西伯利亚，仍然流行着一些古代巫术的形式，比如萨满或跳神。这些都是古代巫术在现代的“活化石”。关于神灵世界的存在与否，这是信仰的领域，我们在此不做具体判断。但可以肯定的是，巫文化就是在这样的环境中形成的。古书中讨论这一问题的一个经典记录出现在《国语》中。孔子时代有一位贤人观射父曾提到，有些人好像天生就拥有与天道相通的能力，别人当然也相信他。这样的人一般以女性居多，女的叫巫，男的叫觋。之所以如此，可能与人类的身体状况有关。因为女性属阴，男性属阳。而阴有时代表事物混沌未分的状态。巫觋就相当于东北跳神中的大神、二神，巫具有降神的能力，觋则是巫的助手，是觋把巫所知道的信息传递给普通人，于是普通人才有所“见”，这就是觋这个字的来源。

换句话说，由于巫的出现，混沌才被打破，进入光明的状态。基督教《圣经》中这样表述，先是上帝的灵行在渊暗的水上，然后就是那句著名的“要有光”。这是创世神话的第一个步骤。这一隐喻在中国文化中被描述为“天一生水”，水是一，是事物最初的状态，经过一的破裂，万物开始显现，这就象征着文明的开启。什么叫文明？明与暗相对，文是事物的文理，与质朴相对。事物以具有文理的方式显现，便意味着“天下文明”。由于巫的出现，本来处于蒙昧中的普通人突然意识到，有比自身更高的存在，对世界的理解也因此变得更为清晰。于是文明便开始了。

巫的作用是沟通天人。在中国文化中，这种联系被称为“天人合一”。用哲学的语言来说，天大体可以理解为超越性的层次。随着文化的不断发展，人类开始以不同的方式进行沟通，对世界的理解也逐渐发生变化。人类各大文明在轴心时代所发生的突破，意味着各自从巫文化脱胎换骨。我将巫文化称为“古典世界”，而把经过文化突破之后的世界称为“经典世界”。这种区分意味着什么呢？打一个比方，古典世界与经典世界就像是一对母子关系，孩子出生，母亲还在。小孩子最容易接受神话式的世界，你用神话的方式去教他，他很自然就理解了。而理性的思考对他们而言则很难接受，需要慢慢学习好多年。这就说明人类早期文明是最适合他的思维方式。我们现代人总认为神话的想象力很丰富，其实神话并不是理性的，也不是理性与想象力的结合，而是先民对世界的直观的观察。

在从巫术、神话主导的古典世界转变到理性思维主导的经典世界这个突破里面，中西文化的形态是不同的。西方文化是断裂式的，在混沌与有序之间，许多思维模式是断裂的。近代兴起的自然科学，也是建立在“人我分立”的知性传统之上的。而在中国文化中，虽然存在着人我分立的知性传统，但原有的思维方式并未被抛弃，这一点是非常有意思的。许多人接受现代思维后，认为人类只能如此，这也是20世纪许多人否定中国文化的原因，认为只有科学才是正确的。然而，在大学的学习中，我们可以看到各种科学与人文学科并行、共存。我们可以用自然科学或社会科学的方式去研究某一事物，也可以用文学艺术的方式去理解，比如可以用诗歌描绘一束植物，或用绘画表现它，也可以从几何学、生物学的角度分析它。不同的研究方式会使同样的事物以不同的面貌显现出来，中西文化发展的不同路径也是如此。

中国的路径后来发展出周代的礼乐文明。最初的礼与祭祀有关，实际上是人和神之间的关系，或者说我们之前提到的人与天的关系。因此，礼是从巫文化直接过渡而来的结果。提到乐，在礼乐内部是有分化的，乐本身也是礼的一部分，因此我们可以把“礼乐”简化为“礼”。如果将其拆开来看，礼的仪式性部分，包括礼物和礼仪的层次，可以称为“礼”，而另一个部分则可能伴随着音乐。这个音乐主要用于酬神或降神。在《诗经》中，我们知道“风雅颂”中的颂歌，它的主要功能最初就是用来降神。在祭祀时，颂歌的目的是让神灵听到，并产生愉悦。神灵意味着事物的一体性。什么是一体性？当众多人参与某个仪式时，大家为了一个共同的目的，与神灵沟通。因此，神灵在这个层面上是所有人、事物和活动的一体性的象征。在某种意义上，这就是古人理解的“德性”。古人理解的德代表着某种境界。今天我们说一个人有德性，通常是指其品德良好，但在古代，“德”是一个中性词，既可以指好的德性，也可以指不好的德性。随着时间的推移，不同的巫出现了，神灵的世界也逐渐演变，每个巫背后都有不同的神灵。因此，人类的文化也在这个过程中不断发展。进入周朝初年，上古三代礼乐文明经历了一次系统的调整，这一项工作就是由周公完成的。这就是春秋时人所说的“周公制礼”。所谓“周公制礼”，并不仅仅指周公作为一个政治统治者制定了一些规章制度这样简单。

就此我想讨论一个概念，即刚才提到过的“备物”。备物最初的意思是在礼乐仪式中，尤其是在祭祀活动中，需要准备许多祭品。通常我们认为，祭品的质量越好，神灵就会越高兴。商朝人正是这样看待祭祀的，因为商朝人喜欢吃牛，所以他们常常选择牛作为祭品，有时还会用人作牺牲，包括俘虏、敌人，甚至是自家人或贵族，以多种方式进行献祭。在历史上，这样的例子屡见不鲜，祭祀的方式也显得十分复杂。然而，到了周朝，观念发生了变化。商朝人与神灵之间的关系更多的是一种崇拜关系。而周朝则提出了不同的观念，神与祭祀者之间的关系不再是祭祀者单纯地求“丰大”，而是追求“备物”，即对事物完备性的要求。周朝的祭祀有很多讲究，如《国语》中提到，先王在祭祀时有“一纯”“二精”等细节要求。“一纯”指的是精神的纯一；“二精”则是指人类当时工艺生产出来的最好的东西，如玉和帛（丝织品），这些都是最精美的祭品。此外，祭品中还有“三牲”即牛、羊和豕（猪）。这些讲究虽然看似消耗很大，但实际上并非如此。比如在周朝的祭祀活动中使用牛，并不要求像商朝那样牺牲一头牛，一般是选择一头刚出生的小牛，只需要保证它的角已经长出来即可。只是对牛的毛色等方面会有讲究，但并不一定要求体型庞大。这些改变的背后可以引申出许多观念，不仅体现了中国传统文化的深刻内涵，还与我们之前提到的知性思维相对应，这同样是一种普遍性思维。这种思维可以称为“象思维”或“德性思维”，其中一个重要特征是首先基于事物之间的相似性。通过对相似性的揭示与理解，建立起对事物的基本观点，而且更关注事物的各种形式。例如，若说张三与李四相似，这里的“相似”不一定指体重或身高，有时也可能是神情或某一特征，诸如此类。

回到备物的问题，周人对祭祀的要求是，整个祭祀系统应具备某种内在的完备性，这种完备性象征着神灵的德性。同时，也反映了祭祀者对神灵德性的理解，这之间实际上存在一种呼应关系。这就是祭祀中“报”的观念。报要求对等，神灵给我们赐福，我们要恰如其分加以回报，不多也不少。中国人讲究礼尚往来，来而不往非礼也，往而不来亦非礼也，就是从这个地方开始的。这是最基础的备物观念，随着时间推移，这一观念也在不断发展。

因为神灵是各种各样的，所以我们可以看到在夏商周时期，关于神灵的祭祀活动有着不同的传统。例如有对山神、海神、土地神的祭祀等。到了周朝，经过了系统化的重整，将从天地、山川到湖泊等，以及与农业和畜牧等生产活动相关的所有神灵都整合进一个大系统中。同时，不同的祭祀活动使用不同的音乐进行祭祀。在这一过程中，我们可以看到，原本普通的祭祀活动及其礼仪，被系统整编在一起后，便形成了对整个天地宇宙的重构。周人通过祭祀活动将他们对天地宇宙的理解呈现出来，每一个环节都要求精益求精，力求达到恰如其分的境地。例如，在见面时，相互之间要行礼，而这行礼的方式就涉及许多细节，比如鞠躬的高度、目光的投向等。周人会对这些细节进行深入研究，讨论怎样的行为才符合天道。或许从现代人的视角来看，这样的研究显得有些无聊，但如果我们不以自我中心的视角看待这一切，就会发现，在两千多年前，甚至将近三千年前，有一个族群的人正在花费大量的心血去探索和理解天地宇宙的各个层次，力求找到最理想的状态。这实际上是人类精神的一种了不起的努力。在这个意义上，我们可以类比其他文化，如印度早期婆罗门教、佛教，以及犹太教中各种繁复的仪式。

早期人类的热忱与当今表现出的研究方式截然不同。现代社会往往更注重对物质生活和自然界的研究，最典型的就是近代以来对自然科学的研究。而古代的各种文明，则将这套体系置于天地宇宙的各个层次里。在这样的背景下，“礼者，天经地义”的观念应运而生。周代的文化体系实际上是在商代基础上形成的，至少也是华夏与东夷两个族群的创造。这还不算更早的时代。尽管具体的细节尚存争议，但可以确定的是，人类文明在周朝得以整编。

商代文明具有几个基本特征。首先，工商业非常发达，其名称中的“商”字即反映了这一点；商代的青铜器技艺已经达到巅峰，周朝的青铜器水平并未超越商代。此外，商代的法律制度也非常发达。这些都表明，商代的知性思维与现代的自然科学思维极其相近且非常发达，这就是古人讲的“数度之学”。在此基础上，周代又加入了德性思维，对天地宇宙一体性的理解。知性思维最伟大的地方在于对自然世界的理解，而在自然世界的理解之上，还应该有对天地、宇宙的总体性探讨。这种探讨不仅关乎自然现象，还涉及人类精神的安顿和生命的意义。人类的意义不能仅仅建立在物质基础上，还必须有更高的精神维度。周人的德性意识、宗法制度、天文历法与商人的技术及法律系统相融汇，形成了一个“道物一体”的精神结构。这一结构是周公所完成的，周公的思想因此能够贯通于四代，包括虞（尧舜）、夏、商、周。尽管周朝灭亡了商朝，但并未一举荡平，周朝还保留了一个国家来继承商人的祭祀，也就是宋国。此外，周朝也对夏朝和舜的后代都予以了保留，舜的后代封为陈国，夏朝的后代封为杞国，后来被称为“三恪”，号称“宾而不臣”。在周朝他们就相当于宾客一样，并享有某种优待。

其实除了贯通四代，历史上还有一种说法，说周初使用六代之乐，其中《云门》和《大咸》《大韶》，据说分别是黄帝、尧、舜时之乐，其实可能是周人根据对历代境界的想象所创作的。再加上夏朝的《大夏》、商朝的《大濩》、周代的《大武》，合称六代之乐，分别用来祭祀天神、地祇以及山川、祖宗百神。这些细节我们暂时不做推敲，但在周人的礼乐体系中，蕴含着一种雄心壮志，即将人类历史的各种元素都囊括其中，从而实现精神上的重构，这是非常了不起的。这种精神观念后来体现在很多方面。例如，司马迁的《史记》成书于汉武帝时期，《史记》回溯三千年，从黄帝起始，详尽地记录了当事人所理解的人类历史，“究天人之际”——即人与天的关系，“通古今之变，成一家之言”。这样的理想反映了我们之前提到的“备”，也就是事物的完备性。在《孟子》中，孟子讲“万物皆备于我”，也是如此。如果我们阅读《庄子》的《天下篇》，开篇就是“古之人其备乎”，古之人那个大的系统是完备的，在大的系统之下分裂为几个小的系统，也就是从整全的“道术”分裂为“一曲”的“方术”，可见他也是从“备”开始讲起的。因此，事物完备性也就是古人对“圣”的理解。古人在各个学科中都寻求近乎“圣人”的典范，如书法领域的王羲之、诗歌领域的杜甫，以及历史学方面的司马迁。司马迁后人在王莽时代被封为“史通子”，这里面也有“圣”的意味，“通”就是“圣”的意思，当然至圣则是孔子。所以我说周公就是备天地万物的一位圣人，是中国传统德性思维的最好体现。德性思维意味着我们与世界保持一体性的同时，对世界的一种内在的理解。因此，中国人自古以来便对构建一个宏大系统有着强烈的热忱。这种文化特质在政治上也有所反映，与大一统的观念息息相关。而这种观念之所以长久存在，正是因为“备物”的观念在其中发挥了重要作用。当然这种思维也有副作用，比如容易好大喜功，眉毛胡子一把抓。

第二位人物我们来讲孔子，孔子的意义何在呢？我说他是人类历史上第一个学以成圣的人物。孔子之前的圣人往往是天启的，从最初的巫者到后来的周公，人们是不知道他们如何成圣的，往往是凭借他的功业或者历史功绩。如燧人氏钻木取火，或者伶伦创造音律，这些圣人如何出现和形成是不可知的，好像具有了某种特异功能。然而，孔子的出现打破了这一现象，孔子说“我非生而知之者，好古，敏以求之者也”，即他并非生而知之，而是通过学习、好学和不断追求得以成就。而且孔子是不自称圣人的，甚至谦虚地表示自己距离“君子”尚有差距。直到孔子去世后，学生们才意识到他的伟大，认为只有孔子才真正担得起“圣人”之称。因此，孔子被视为人类历史上第一个通过自己学习达到圣人境界的人，并非生而知之。

从这个层面上来讲，研究孔子、理解孔子也就意味着人类可以通过学习的方式通达宇宙，而不是天启的方式。在孔子诸多的言论中，最能代表他思想的一句话是“我欲仁，斯仁至矣”。怎样成为一个仁者？圣人、君子还是大人，虽然在境界上可能会有细微的差别，但整体来说都是对最高境界（“圣域”）的不同描述。怎样才能达到最高境界呢？孔子给我们指明了一个方向，那就是通过心，通过内在精神的修行，而非简单地通过对外在事物的研究。在这个意义上，我们可以将孔子在经学中的形象比喻成近代西方自然科学领域的哥白尼。哥白尼的日心说虽然在某些方面有缺陷，但在当时的时空下，它打破了基督教系统下的人类中心论，从而推动了后续科学向各种维度发展，在这个意义上，人们怎样强调他的贡献都不为过。同样，孔子是将人类对礼乐世界的理解提升到了一个新的维度，他告诉人们，礼乐文明有其内在根据，也就是人心之仁，普通人通过内在的反思与修养，也可以成为像古代圣贤一样的人。

不妨对照一下晚明的情况。明末清初有一位大学者黄宗羲，写了一本《明儒学案》，其中系统总结了阳明学在明朝学术界的地位。他提到，王阳明之所以重要，是因为他为明代的学者开辟了一条“作圣之路”，即成圣的道路。如果我们把这句话用在孔子身上，那么可以说孔子为人类开创了一条成圣的道路，在孔子之前这是没有的。因此，我们就可以理解，历代重要的儒者，他们的意义都在于，在各自的时空中为世人打开了一条新的道路。原有的道路，无论多么好，随着时空的变迁，学说必然会发生变化。就像语言随着时代变化一样，旧的学说如果不加以调整，可能就会显得处处受限，难以通行。尽管这些新的体系和学说形态不断涌现，但它们的根本原则仍然是一脉相承的。所以这些儒者的工作，在某种意义上，和孔子当年所做的工作是相通的。

除此之外，孔子的“圣”还体现在哪里呢？后来孟子曾经概括孔子为“集大成”的人物。首先与学问形态有关。孔子自己曾说过：“吾少也贱，故多能鄙事。”所谓“多能鄙事”并不意味着这些事物低贱，相反，如果换成今天的话来说，这些就是各类专门学问，类似于我们现在所说的“专家之学”。孔子的学生樊迟有一次请教孔子，说自己想学习种田。孔子回答说：“我不如老农。”樊迟又说他想学种菜，孔子同样回应道：“我不如老圃。”这段对话结束后，孔子感叹道：“小人哉，樊须也。”乍一听，好像孔子在责备他，甚至在骂他，但实际上我们要理解孔子的用词。孔子时常称自己的弟子为“小人”，比如他也说过子贡和子路是“小人”。这里的“小人”就是指普通人，指的是你只思考技术性问题。

我们今天对大学生来谈这个问题，不管是什么专业，比如你学的是历史学，这当然是一门很有价值的学科；但如果你只精通历史学，却在遇到研究哲学或文学的同学时笑话他们的领域不如你的专业重要，甚至认为他们的研究不对，只有你是对的，那这种狭隘的心态在孔子看来就是“小人”的表现。今天许多学理工科的人对文科生很轻蔑，也是如此。按照孔子的逻辑，如果讨论哲学问题，你就应该学习哲学的方法；如果讨论文学问题，你就要懂得运用文学的思维方式。只有能够融会贯通不同领域的知识和方法，你才会从“小”的境界提升到“大”的境界。当你的境界达到某种完备的状态，这就是圣人的境界。这也就是我们前面提到的“备物”的观念。圣人的关键在于他是一个真正意义上的“通人”，他不仅仅在某个领域是专家，还能够在各学科的边界上触类旁通，直至融会贯通。古人曾说过“一物不知，儒者之耻”，这并不是说必须精通所有学科，而是要知道各个学科的边界，虽然这类人在当代社会很难出现，可能在孔子、亚里士多德时代，甚至宋明时代也还有可能。举一个简单的例子，就像一个优秀的设计师，可能不需要他是材料学专家，但他必须了解材料的性能，知道哪些材料能够支撑他的设计，哪些不能。如果不了解这些知识，想成为一个好的设计师就会很困难。孔子早年也是学习技术的，但 30 岁前后，他可能接触了一些“高人”，这些人强调的是“知命之学”，即探讨人与天的关系。孔子早年是一位技术专家，曾经养过马，管理过马厩，从事过会计之类的工作，他的数学基础可能很强。在当时，孔子无疑是一位技术上非常出色的人才，甚至武艺也是相当高超的。可以想象孔子年轻时是非常英气的，所以孔子像也是佩剑的儒者形象，在当时其实许多士人都是文武合一的。

历史上记载，孔子在30岁左右曾“问道于周”，见了老子，这是一个很大的转折。今天我们的很多讨论很难具体到孔子的生命里面去，但根据已经掌握的大致信息，我们可以做一个判断，孔子三十而立的前后，应该发生了一些非常不寻常的事情，让孔子的思想发生了很大变化。从那以后，他开始教授礼学。孔子有一个宏大的理想，就是要复兴周礼。这时孔子对周公的景仰应该已经确立，晚年的时候又编订六艺，后来所谓的“六经”由此开始出现了。

六艺或六经到底意味着什么？首先的一点是，随着周朝慢慢演化到东周，历经大约500年时间，周公所建构的这个庞大系统，它的生命力开始衰竭了。很多人意识到这个体系发生危机了，应该怎么办？就像假如说世界要灭亡了，我们要留给后来的人类什么东西？曾经有个故事，说世界要灭亡了，只剩下几分钟，只够留下一句话给后人，你会说什么？有个物理学家就说，他会告诉后人“世界是由原子构成的”。因为从古希腊德谟克里特的“原子论”开始，人类的思维会一点点演化出来，物理学的大厦终究会重新建立。也有人说《周易》是上古之人留给我们的，通过《周易》我们可以看到对生命的另外一种理解。如果是佛教徒，他就会说“诸法自性空”，或“万法皆空”，通过这句话你就可以重新进入佛家系统里面去。

孔子就留下了所谓的六艺，也被弟子称为六经。我们说“麻雀虽小，五脏俱全”，孔子把礼乐文明的生命重新勾勒出来，让后人从这个起点可以重新向前走。在这个意义上讲，孔子被理解为集大成者，用《周易》的“元亨利贞”来表述，生命从元开始，贞是终结，周而复始，贞下启元，就像冬天又是春天的前提一样，孔子就在这个“贞下启元”的位置上。周公是上古之前的一个总结，孔子是在周公这个大系统要消失的时候，给它一个具有内在精神自觉的系统总结，后人可以通过他的总结走出来。同时，孔子还是人文意识的自觉者，政教传统里“教”的传统，也就是师道的意识，都是孔子所开启的。还有一个特别关键的一点，在当时很多人依然认为普通人跟伟人、圣人、英雄不是一类人的时候，孔子却做出一个最基本的、最彻底的判断，这就是“有教无类”，对整个人类一视同仁。这是对人类本身的一个划时代的理解。

三、战国初年的时代困局

前面我们简单地勾勒一下周公、孔子的意义。我们如此叙述下来，好像既然孔子给后世留下这么好的东西，后人就可以按照这个蓝图做，其实也不见得。孔子所生活的时代，正是春秋、战国之交，后世大体是以孔子《春秋》绝笔的时间作为春秋时代的终结。春秋和战国的差别，假如非常粗略地做一点勾勒，可以说春秋时代是礼乐开始崩坏，但仍然还在。礼乐意味着什么？孔子说过：“礼云礼云，玉帛云乎哉？乐云乐云，钟鼓云乎哉？”礼不只是献祭的礼物，乐也不只是那个敲锣打鼓的音乐，而是背后的精神。这个精神就是我们一般意义上讲的文明。简单来说，所谓文明最核心的一点就是遵守规则，就像我们现在讲契约精神，大家是有规则的。这个规则怎么确立，以什么为规则，不同时代是有差异的，但是你要遵守一个共同的约定，这便被人类视为野蛮和文明之别。你什么都不遵守，只靠权力，只靠武力，无论如何，这都是野蛮的。就算是体育，也有体育的规则。一个讲规则的时代，和一个放任武力的时代，就是春秋与战国的分野。

我们看看战国时代发生了什么？首先是以商鞅变法为代表的一系列变法。20 世纪我们国力很弱，希望变得强大，国人一度对商鞅变法非常崇拜。但是大家不知道商鞅变法带给我们民族的代价是什么？代价就是原有的系统规则都被打破，井田被打破，所谓“废井田，开阡陌”，意味着以前土地所有权相关的东西都要被打破，可以通过权力的方式将所有土地收起来然后再分配掉。以前打仗都是贵族的事，打仗之前要互相行礼，像我这样有白发的不会被抓，重伤倒地的人不会被打死，至少贵族之间有这些互相认可遵守的规则。这些东西全部被打破掉。到了战国以后，战争的残酷性越来越强，各种阴谋诡计可以堂而皇之地使用。现在我们还有很多人非常崇拜这些东西，殊不知崇拜的代价是所有人伦共通性、契约性的东西很难建立起来了。这是很严重的问题，所以兵家和诡道很流行。商鞅变法还有一条是“尚首功”，证明你厉害，就是看你杀人的多少，你杀了五个人，我杀了七个人，现在这种用物质数量考核的方式商鞅已经做了。所以，孟子做了一个判断，春秋还不够好，跟以前的西周，或者说夏商周早期还好的时期相比的话，一个是“以德行仁”，一个是“以力假仁”。但春秋时代的基调仍然是行仁政，这就是春秋的精神。韩非子后来有一个概括：“上古竞于道德，中世逐于智谋，当今争于气力。”战国就是靠拳头，谁的武力强，谁就说了算。标志性的事件，一个是三家分晋，一个是田氏代齐，原来周朝的政治传统全部被打破。随之而来的是，原有的群臣关系发生变化，出现一个新型的效忠体制。以前的君臣关系，不是效忠个人，而是效忠那个职位，这是很关键的。下级要不要服从上级的命令？有人说下级服从上级是天经地义，但前提是上级发出的各种命令符合他的职责，如果他遵从他的职守，我也遵从我的职守来服从他。如果他不遵从他的职守，那我也要遵从我的职守来反对他。这个逻辑我们现代人是非常容易理解的，尽管未必做得到。

说到这里，我要特别说明一个问题。我们对传统的君臣制度其实一直是误解的，为什么传统儒家特别捍卫君臣的名分，他讲的是什么意思？我早就做过一个概括，我说政治的职分就是公共性君权，而具体的政治权力便是私人性君权。真正的儒家所捍卫的显然是公共性君权，但后世一些伪儒或统治者总要偷换概念，用私人性君权代替公共性君权。到了战国时代，君主作为私人性君权的承载者，用个人权力代替了他的职守。孔子讲师道精神，恰恰就是要反对效忠个人，效忠个人很容易变成愚忠。

这个时候，我们就会看到，儒家开始分裂了，有一部分人，像子路之儒，就出走了。去年我写了一篇文章，就是讨论墨家的出现跟儒家分裂的关系。墨子早年就是学儒的，到底学的是哪一家的儒？仔细去找的话，你会发现墨家跟子路之儒之间有密切的呼应关系。墨家讲尚贤，他的贤跟儒家的贤是不一样的。儒家的贤是要德才兼备，墨家的贤是讲个人的能力，以及对君主的效忠。而当时的君主看重的就是这两条，谁能帮我攻城略地，谁能帮我打天下，谁就是人才。这说明一个新的时代来临了，跟春秋时代不同了。

经过儒墨之争，这时儒家其实式微了。战国儒家主要分成两部分：一部分是经学之儒，这些人是学者，传孔子的那个“经”；另一部分是要学孔子之仁，这是一批哲人。这也就是《论语》所说的德行、文学两科。文学科就是我们今天所讲的学问，德行科是今天我们讲的哲学或者哲人。这两路学问当然在现实中也发生了一些变化。讲经学的这批人，因为他们讲的六艺是孔子从周公那儿传下来的，所以可以用这些来做门面。哦，我这套东西很了不起，是从周公那儿传下来的！战国前期的那些诸侯为了装点门面，便很愿意推崇这些传经之儒。比如三家分晋，晋国的继承者是魏国。魏国把原来的君主推翻掉了，表面上是得到了周天子的承认，但周天子这时已经没有权威了，怎么来证明自己的合法性？他想到了孔子学生中传经的这批人，就把孔子门徒里面很有名的子夏请来，在某种意义上，这是用经学之儒给自己装点门面。以前钱穆先生已经指出过这一点。传经之儒后来有些人转为法家。至于齐国，则是把诸子百家都请过来，给俸禄，给房子，建立稷下学。以致于被讥讽为滥竽充数。但也因为这个，孟子、荀子都曾一度颇受礼遇。但总的来说，孔门德行科大体分两派，一派主要在鲁地或东方诸国以相礼等方式传播儒学，弦歌不辍，一直到汉朝还在延续。可谓“守死善道”。另外一批人，就是孔门的颜氏之儒，他们从一开始就有一种归隐的倾向，愤世嫉俗。

所以战国时代的孔门可谓分崩离析，韩非子后来说“儒分为八”，但其实许多早就不再以儒者自居了。特别是那些具有实际政治能力，且愿意效忠君主的人，纷纷出去找新的工作，有的还成为战国时代有名的政治军事人物。一个典型就是吴起，他本来跟曾子的儿子曾申学习，从卫国跑到鲁国。齐鲁发生战争，吴起为了做将，不惜杀掉所娶的齐国妻子。但他能力太强了，鲁国是个小国家，不能满足他事业上蓬勃的野心，于是来到魏国，在魏国实行变法，后来又到了楚国，最后死在那里。这个人是典型的从儒家中间出来，出名的一个政客。

战国时代儒家虽然号称显学，但其实孔子常常成为被泼脏水的人物。道家对儒家的批评就不谈了，墨家对孔子的批评最重要的一点是，孔子是不遵守君臣之道的人。所以把春秋、战国之交齐鲁卫诸国所发生的各种叛乱，统统说成是孔子及其弟子在挑拨，把孔门打扮成不遵守君臣之义的小人。这些儒者倘若再去找工作，诸侯对他们的态度就可想而知了。可见孟子出来之前，孔门已经快要进入绝境了。从这个角度，我们才容易理解孟子重新捍卫孔子的意义。

四、孟子学术的基本框架

孟子学术的第一个核心问题是倡导“性善”。为什么要讨论这个话题呢？我们都知道，孔子不以圣贤自居，但被孔门弟子理解成圣人，于是人为什么可以为圣，就成为一个理论问题。当然有的人会说，孔子具有特殊性，其他人是一类，孔子是天启的，普通人是没有办法成为圣人的。如何能证明所有人都可以成为圣人？孟子的一个关键论证，就是人性内在的具有这种向善的能力——这就是所谓的人性善。不是说人天生都是好人，这是一个错误理解，而是人天生具有善的可能性。比如说，我们可以教人遵守某种道德，但前提是你得有这种可能性，否则你就无法成为有道德的人。所以说“人皆可为尧舜”，这在当时是掷地有声的。“途之人”，即便是街上打杂的、卖艺的，都可以成为大禹。然后孟子说，“圣人与我同类”，这些观念在近代以前，无论放在哪个时空下都是惊世骇俗的。到了陈胜那里，便是“王侯将相，宁有种乎”。

人性善还有一个现实的背景，是针对当时以商鞅为代表的法家学说。商鞅变法的目的是富国强兵，但代价却是对人性的疯狂践踏，问题是，它的前提是什么呢？如果你跟他讨论，他会辩驳：普通人就是性恶嘛，人性就是不行的，我为什么不可以践踏你？或者像告子那样，说人性本来无善无不善，既然如此，使用法家那样的强力手段有何不可呢？你要说，每个人都有内在的某种德性，所以都固有现在人讲的各种权利，一个基本逻辑是，这些东西是你内在所有的东西。从这个意义上说，人性善是对商鞅变法这种对人性践踏的一种抗议。附带提一句，现在人对性善论充满了误解，认为性善论就是说人天生是好的，讲性善，就是不需要外在的约束。甚至说中国人讲性善，所以缺乏法治意识。西方人则恰好相反。但其实现代所理解的，所谓天赋人权，从人性论的角度讲，反而更接近性善论。这些问题我今天不打算展开，大家有兴趣可以做些思考。

第二个话题是关于孟子所讲的“养气”“养性”。虽然每个人都有向善、成圣的可能性，但是，为什么绝大多数人要么不会去做，要么觉得我不行，我就是做不到呢？孟子与齐宣王对话，齐宣王说，我做不到啊，寡人有疾，寡人好色，寡人好货。孟子回答说，你喜欢钱没关系，你好色也没关系，能不能把好色好货之心推己及人，你要知道别人也有这个心，你能做到，这时候你已经近乎行仁政了。为什么？你和他人之间建立起来共通性，这就是仁，也就是内在的一体性。我们彼此之间以善意联系起来，孔子讲“仁者爱人”，其实就是用这种方式在人我之间建立起一种共通性，如果这种共通性推广到整个宇宙，那就回到人与天地万物为一体的境界。那个境界大概是圣人能够体会到的境界。普通人尽管达不到那种境界，但从我做起，与身边的人把这个一体性建立起来，在父子之间、妻儿之间、兄弟之间，或者朋友之间，在社会里面去实现。

当然，还是有许多人，确实是建立不起来。也就是无法立志。这时候就需要一些内在的修养工夫，也就是养气、养性或者养勇，三者虽然表述不同，但内在是相通的。

现在我们不妨反思一下，如果有人说我们不是君子，常常就会很恼火，自己也没干什么坏事儿啊。之所以如此，是因为现代人把君子一词看得太低了。比如孔子讲过，君子可以做到：“仁者不忧，知者不惑，勇者不惧。”按照逻辑，那些做不到不忧、不惧、不惑的，便还算不上君子。问题是，我们中有几个人不是天天有忧心的事儿，患得患失？不仅对很多问题缺乏定见，而且前怕狼后怕虎，总是担心明天会不会得罪什么人，或者后天世界末日怎么办，至少会害怕死亡。这些问题普通人都会遇到，你要把这些问题全部消解掉，能够不忧、不惧、不惑，才算达到君子的境界。但怎么达到呢？孔子也要四十不惑，五十知天命，才算大体解决。

所谓知天命，前提是把人和天接通起来。这当然很难，但好在我们每个人都有类似的能力，或者说有这种可能性挺起自己的脊梁。婴儿之所以站不起来，根本的原因是肌肉和骨骼没有力量。等到脊梁挺立了，就可以坐起来。

所以一个人没有骨气，不能自主，我们就说他没有脊梁。说得直白一点，就是人和天的联系建立不起来。真正的君子之所以不怕死亡，是因为对天人关系的理解、对生命本身的来去，都有了通透的体察，这种情况下，他对自己、他人和整个世界，都不会有忧、惧、惑。杞人忧天的故事大家都知道，许多人觉得是个笑话，但实际上它是绝大多数人的影子。只不过杞国那个人是忧心天会不会塌下来，我们去某个地方则担心会不会下雨、会不会地震，实际上这个忧惧是相通的。孟子的学生觉得孟子气象不凡，就问他，老师您的境界如何？孟子说了两方面：第一个是“我四十不动心”，这是自述自己的境界；另外一个是，“我知言，我善养吾浩然之气”。浩然之气怎么形容？就是把从天所贯通下来的、以天地万物为一体的这种内在精神，贯彻到生命之中，然后充拓到天地宇宙之后，所生发出来的一种气象。这个气象不能随便讲，大家可以通过孟子的叙述有所体察。孟子所说有两点值得注意，一是刚才讲的智仁勇，也就是儒家讲的三达德。三种德性，三足鼎立，如果全都具备的话，就是大人君子的境界。至于如何养浩然之气？怎么养勇？所谓尽心、知性、知天，存心、养性、事天，这是孟子从《告子篇》到《尽心篇》反复讨论的核心话题。具体方法此处就无法展开了。

需要一提的是孔孟的知命观念。先秦时代，最主要的三个流派分别是儒、道、墨。各个学派在天人关系问题上具有根本的分歧。墨家不承认天命，只讲鬼神，所以讲“非命”。墨家认为如果你做好了，鬼神会奖励你；如果做不好，鬼神会惩罚你。逻辑非常简单，这是一种信仰式的关系。道家有一派主张“造命”，像我们现在常说“我的命运我做主”，个体的命运应该有自己的权利，这个虽然不必否定，但不代表我就真能决定我的生命。问题是，道家有的人认为，我不只可以决定自己的命，还能决定其他人的命。儒家介于墨家和道家之间，对天有个信念，但是又保持对信念之间的一种张力，这个张力通过敬畏之心表现出来。由于对神明采取一种敬畏的态度，孔子、孟子强调，不是你成为圣人就可以跟天平起平坐，圣人也是要敬畏天命的，这里面就有一个很重要的分野，既要通过精神的自立与天接通，同时又要保持对天的敬畏之心。这是儒家知命之学的核心。

另外一个问题是“知言”。仁和勇是人通过自我修养，与天或宇宙之间的关联，知言则是人和他者之间的一种关系。言也就是言语，言语在当时是一门学问，孔门有一门“言语科”，宰予和子贡是代表人物。知言，简单地说，关键就是明理，并非表面上的会说话。用一句不好听的话比喻，就是“见人说人话，见鬼说鬼话”。这句话大家都很鄙夷，但是假如你见到数学家可以谈数学，见到物理学家可以谈物理，见到哲学家可以谈哲学，那都是很高级的，非常了不起。这种意义上的言语，是你要懂得各门学科的理，它的边界，而未必懂它的具体知识。所以孟子说，何谓知言？诐辞知其所蔽，淫辞知其所陷，邪辞知其所离，遁辞知其所穷。诐，就是偏颇，就是公正的缺失，仁的境界就是公正的境界。淫辞，就是讲得很乱，没有内在的条理性，这是礼的缺失，礼的内在表达就是理。邪和义是悖反的，遁辞就是不信。孟子讲四端，仁礼义智，以信为统摄；还有一种是仁礼义信，以智来统摄。孟子从学问角度讲知言，所以用的是仁礼义信。知言就是知的体现。此处隐含的一个知识点是思孟五行说，孟子对五行和五常等观念有非常深刻的理解。这里就不展开了。所以孟子说“予岂好辩哉，予不得已也”，和先秦诸子激烈辩论，首先是因为孟子对各个学派皆有内在的理解。在他之前，儒家和墨家的讨论常常是理屈词穷，因为墨家讲逻辑，当时很多儒者辩论不过那些人。孟子出来后就不同了，孟子对墨家那套学问有非常深入的理解。

如果说尽心养性知命之学是孟子的内圣之学，知言涉及孟子对知识体系的理解，那么礼学就是他的外王之学。孟子讲的礼学，并非照着书本，照着祭祀的仪式，这些孟子并不讲，也不是他不会，而是这在那个时代并非最核心的问题。最关键的是怎么把自己的生命化在天理之中。用《周易》的艮卦来讲，就是“时止时行”，什么时候该停，什么时候该走，能够从容中道。如果放到个人跟现实的关系里面说，就是孟子所讲的“出处之义”。

出处之义首先包括“辞受取予”，这笔钱放在这儿，我是可以拿还是不可以拿？孔子讲过：“富贵如可求，虽执鞭之士，吾亦为之。”如果是正当的可以求的富贵，为什么不求呢？靠自己劳动赚来的钱，没有什么大问题。替别人赶车，也不是什么丢人的事情。“如不可求，从吾所好。”“不义而富且贵，于我如浮云。”这是儒家真正的立场。不是说儒家不要爱财，君子爱财取之有道。关键看这个财是不是正当的，并不像有些人说的，儒家就是禁欲主义。

比“辞受取予”更大的是人在现世的整体立场。所谓天下有道，贫且贱焉，君子耻之；天下无道，富且贵焉，君子耻之。有道的时代，君子都应该出来做事，贫且贱焉是说自己做得不够好；但天下无道的时代，如果混得很好，这肯定是有问题的，所以君子耻之。但天下无道，难道就什么事都不做了吗？如果国君或大夫很坏，我就一定不到他手下工作了吗？孟子说，当然可以出来做事，但是要有条件。对于君子来说，可以做不伤害人的，如看门打更，这种技术性的工作。如果伤害人的，手上染了别人的血，或者帮别人做脏活，也就是同流合污，这时你要再想做一个清者，不落因果，那你就做不到了。德国政治学者阿伦特曾经提过“平庸之恶”的概念，类似问题孟子早就开始讨论了。

这一问题倘要具体讨论，便涉及具体的人我交际关系，譬如朋友之间到底应该是什么关系，它的原则是什么？友道要平等，这是孟子特别提出来的。由此则可以拓展到政治，也就是君臣关系。齐宣王有一次问孟子，卿大夫的职责是什么？孟子就讲，卿大夫有两种，一种是贵戚之卿，一种是异姓之卿。贵戚之卿是那些分有政权的，就像一个公司的一些股东，都是分有股权的。而外边请来的职业经理人，或者政府任命的官员，就相当于异姓之卿，没有政权，只有治权。贵戚之卿，“君有大过则谏，反复之而不听，则易位”。君有错误，谏了好几次不听，就把你换下去了。这个时候齐宣王就受不了了，原来君主还可以被推翻！可见战国时代的君主就听不得这些声音了，所以听到之后，吓了一跳，“勃然变乎色”。孟子就跟他讲，你既然这么问我，我当然要跟你这么讲，我讲的是君臣大义。所以我一直说，我们聊起儒家，不能只看后世那些打着儒家旗号的东西。《梁惠王下》有几篇非常典型，讨论君权的责任。君权就是政治权。君权有两个层次，也就是政权和治权，治权是指行政权力，政权类似于我们今天讲的主权。治权随时发生变化，今天这个官上任，明天那个官下台。政权转移则涉及天命，什么时候这个政府该亡，什么时候不该亡，涉及政治合法性问题。儒家讲“诛一夫纣”“汤武革命”，都是在这个层次。怎样划分政权和治权，以及政权转移需要什么条件，孟子都有非常精细的讨论。像《孟子》这样的著作，如果我们仔细阅读就会发现，其实比我们现代人更现代，这就是经典的魅力所在，并不过时。《孟子》的语言离我们太远，因此需要后人不断疏解它，重新为它作注。有条件的话要读历代注疏，或者尽量读我们这个时代相对比较好的作品。当然这也是仁者见仁，智者见智，如果做学术的话，古往今来，多多益善。如果是为了提升自己的修养和智慧，选择书很重要。人生苦短，不要把生命消耗在很多技术层面上，一定要站在这个时代最坚实的肩膀上，尽量找这个时代最好的作品。

除了上述内容，孟子还有一个工作就是替孔子和历代圣贤雪谤，特别是《万章上》这一篇。孟子批评的对象包括墨家、道家、纵横家等。举个例子，我们都知道有个词叫“齐东野语”，有个人说起孔子的一句话，问孟子有没有这回事，孟子说这是齐东野人说的。为什么是齐东的野人？这实际上是孟子的一个戏语。他要批评的是墨家这批人，这些人主要都是一些粗人，文化水平并不高，道听途说不少故事，所以叫野语。为什么叫齐东？因为齐国国都西边有个稷下学宫，是学者住的地方，他们天天在那里读书辩论，西边的野人也许还能听到一些东西，东边的人则完全没有这个机会，所以才说“齐东野语”。可见孟子是一个非常幽默的人。

在《滕文公下》这一篇中，孟子曾经“夫子自道”，提到大禹、周公和孔子的事迹，以及他自己，并说自己是要接续三位圣人的志业。本篇的篇旨是“闲邪存其诚”。“闲”原本是门槛，意指把不好的东西去掉，留下好的。而“诚”是以人合天的诚的境界。禹抑洪水，洪水是不好的东西；周公驱赶猛兽，平定夷狄，都可以使百姓安宁。大禹和周公一个是“仁”，一个是“义”。孔子则是“作《春秋》，而乱臣贼子惧”，这是在恢复君臣之礼，也就是政治要上轨道。《春秋》是讲名分的。我们今天一提到名分，大家就会想到尊卑、上下，归结到统治者则是要捍卫其万世不变的权力。这种理解是错误的。如果儒家是这样说，那这就不是儒家，至少不是孔子、孟子意义上的儒家。那么礼的精神是什么呢？礼是强调不同事物之间的差别性，乐是强调事物之间的一体性。尽管你我姓氏不同，我们仍然是人类。虽然我们同为人类，但同时我们又有自己的个性，而且个性是不能泯灭的。人类的自由精神就在于差异性。什么是自由？自由常常就是所有人都认为如此的时候，我还可以有我自己的意见，有所保留。当然自由并不是无节制的，而是在合理的空间内保留个性。如果社会要求每个人都是照着一个模子生活，这恰恰违背了传统的礼的精神。因此，《论语》强调“礼之用，和为贵”，君子和而不同，小人则是同而不和。礼是要自卑尊人，是把自己放低而不是强调自身的高高在上，所以我们常常误解礼的精神。明白了这个道理，也就明白了儒家和墨家、法家的区别所在。在三圣人之后，孟子讲到自己的工作是“正人心、息邪说、距诐行、放淫辞”，大家可以看到“诐淫邪遁”又出现了。简单来说，大禹强调天地生生之仁，周公驱逐猛兽、平定夷狄，讲民贵君轻的大义。而孔子则是要定君臣、父子之礼，使各守其分。孟子的意义，则是与异端邪说相辩论的“智”。仁、义、礼、智，也就是孟子所讲的“四端”。四端统摄起来就是信，信就是诚，这也隐含了孟子对五行的理解，《孟子》里面有不少这样很精巧的结构。

以上我们由内到外，对孟子思想做了简单的勾勒，最后我想再强调一点。在我看来，孟子在经学内部有一个关键意义，如果说周公是集上古以来礼乐实践之大成，孔子通过从容之道为后人揭示了“学以成圣”的可能，那么孟子便是进入孔子思想乃至经学整体的一扇大门。孔门后学儒分为八，各有不同的倾向，大家都尊奉孔子为宗师。那么，哪一派才真正体现了孔子的精神呢？我认为，首先还是孟子。所以我才提出，“去孟则无真孔子”。而这种关联，首先体现在孟子对孔门“师道精神”的坚守。师道意识是孔子出现之后，政教相分的结果。在政治权力之外，士大夫通过读书、求道等方式，找到了在权力之外与天相通的路径，并以此作为人、事的指导原则。在基于武力的政治权力之上，人类找到了更高的精神原则，这无疑是人类历史上的重大变化。诚如孟子所言，是“任德”还是“任力”，这是文明与野蛮的分野。正是孔子与孟子所奠定的这种精神，使得儒家在后世仍能受到尊重。当然遵守起来并不容易，在政治权力的不断打压下，君师的纠葛贯彻历史的始终。比如，“民为贵，社稷次之，君为轻”，这是孟子很重要的一句话，其中社稷意味着公共性君权，君意味着私人性君权，君小于社稷，如果是为了社稷，私人性君权是要让位的。不能因为个人的权力，让整个国家和民族去陪绑，这是孟子的基本立场。尤其是当时君主喜欢士人效忠，但孟子却说，“君之视臣如土芥，则臣视君如寇仇”。明太祖朱元璋便对之极为不满，一度把孟子赶出孔庙，但没有成功。于是下令删除了其书中大概 80 多节的内容，这就是《孟子节文》。明代前期的科举考试中，是不能从《孟子》的节文部分出题的。所以我说“去孟则无真孔子”，其实包含两个含义。首先应该顺着孟子的内在精神去理解孔子，否则无法真正触及孔子精神的整全境界。其次，倘若不能完整理解孟子，而是通过“阉割”的方式去接受他的思想，即便表面上对他加以尊崇，却在实际上与其真精神背道而驰。我一直说，儒学的大病在于虚伪，无论官学还是私学，都有可能出现这样的问题。

五、一点建议

最后谈一点我多年读《孟子》的甘苦之谈。对在座的朋友，无论是已经在各自专业领域有所深入的研究生，还是刚刚开始学习的本科同学，我有下面几点建议。首先，关于基础知识的积累，比如了解古代语言和历史背景，这是学习《孟子》的前提和应有之义，我就不多展开了。但除了这些基础知识，我认为更为重要的是，学习《孟子》一书，不如学习孟子其人。虽然孟子是古人，但从我多年来阅读《孟子》的感受来看，人类的精神其实没有古今之别。现代人头脑中某些观念的问题之大，其实是远远大于古人的。当然我们今天可能也有比古人好的方面，但古代这些能够在精神上持续感召后世的哲人，在任何时空下都是游刃有余的。在这个意义上，进入这些人的精神生命是理解他们学说的一个重要维度。

孟子说：“乃所愿，则学孔子也。”用孟子自己的话来说，要“尚友古人”，也就是和古人做朋友。这就是“读其书，想见其人”。知人则要论世，所以也要了解那个时代。但最重要的，还是要回到自己身上来。记得朱子在《论语集注》前附上了程子的两句话，大意是说，有人读了《论语》，没有什么感觉，显然是白读了；有人读懂了一两句感到高兴；也有一些人读了之后不知手之舞之、足之蹈之。孔子讲的内容有些是超越时空的，比如“三人行，必有我师”，不能机械地理解，应该加以反思。在这个过程中，个人的生命状态常常会受到触动，直到与自己内在的精神完全接通。所以有些人未读书时是如此，读了还是如此，那就相当于没有读。

今天时间有限，我只能粗略地勾勒孟子学术的冰山一角，没办法和大家分享他学术中更多精彩的部分。当然我相信在座的朋友也可能会生发出更为精彩的理解。谢谢大家！

（本文据 2024 年 5 月 24 日复旦文理学社演讲录音整理）

邹博讲儒

孟子“舍我其谁”的生命内涵

潘英杰

大家好！很高兴又到邹城与大家交流自己读《孟子》的一点心得，我们这次交流的主题是：孟子“舍我其谁”的生命内涵。在今年七月份的“舍我其谁——《孟子》漫谈”三人谈活动中就此略有交流，当我回去后，有了进一步的思考，趁这次机会，谨与大家仔细分享一下。还记得九月份同在座的刘舰先生一起参加华侨大学主办的“孟子学的新开展”国际学术研讨会，当他发言时，他开场便说了一句振奋人心的话：孟子学的当代传播与实践，就应该从孟子的故里邹城开始！言之当下，颇具“舍我其谁”的孟子气概。“舍我其谁”这四个字，最初正是从孟子口里说出的。到后世，我们会用“舍我其谁”形容一个人很自信、有担当，面对一件重大而困难的事敢于承担，努力去做好。当然，这一层含义，孟子的“舍我其谁”也有，不过，其生命内涵不止如此。趁这次机会，我们可以一起来好好了解一下孟子的“舍我其谁”，其究竟有哪些被我们忽略的地方。

《孟子》中有关“舍我其谁”的原文是这样的：

孟子去齐，充虞路问曰：“夫子若有不豫色然。前日虞闻诸夫子曰：

‘君子不怨天，不尤人。’”

曰：“彼一时，此一时也。五百年必有王者兴，其间必有名世者。由周而来，七百有余岁矣。以其数，则过矣；以其时考之，则可矣。夫天，未欲平治天下也；如欲平治天下，当今之世，舍我其谁也？吾何为不豫哉？”

这出自《孟子·公孙丑下》，是孟子在离开齐国的途中，与弟子充虞的一次对话。读《孟子》中与此有关的上下文，我们便会知道，孟子这次离开齐国，可以说是彻底地离开，即孟子已经觉得他游说齐宣王无果，想要由此让齐国百姓安，进而让天下百姓安，是不可能了，他也不愿留在齐国只为谋生，于是选择离开。在离开齐国的过程中，发生了一些事，如有人想要替齐宣王挽留孟子，也有人对孟子离开的过程缓慢表示不满，其实这些人都没有真切地明白孟子的心。这些事，充虞或许都在孟子身边看到了，等有机会，他就问孟子，老师您似乎有点不太高兴。不久他刚听老师说过“君子不怨天，不尤人”，充虞并没有直接表露他的意思，但由他的话就能大致明白，他可能是想宽慰老师，也可能是觉得老师所行不合其言，而从孟子的回复中可以发现，充虞同样没有真切地明白孟子的心。“君子不怨天，不尤人”，出自《论语·宪问》：

子曰：“莫我知也夫！”子贡曰：“何为其莫知子也？”子曰：“不怨天，不尤人，下学而上达。知我者其天乎！”

由此可见，孟子在离齐前后引述“君子不怨天，不尤人”，很可能就是在体贴孔子类似处境下的心。《论语》原话中，孔子表达了自己不被理解的感叹，但又因子贡之问进一步说明，他这并非怨天尤人，并非把责任往外推，而产生一种幽怨之意，在不被理解中，他依然保持着“下学而上达”的积极状态，并且自信地说“还有天懂他”！此时的孔子，已经因多年不断的修身，进入到超越性的生命境界中，与天对语。落实到人间，是谁不理解孔子？通读《论语》就会发现，当时各国的诸侯、大夫很多都不理解孔子，在野隐逸的高人也常常不理解孔子，正如现在的孟子，在齐国的很多人不理解他。孟子于此情况下引述孔子的话，自有深意，而此深意，充虞未必完全明白。等充虞此问，孟子就把他的深意给坦露了出来，“舍我其谁”则是此深意的核心。

孟子首先说：“彼一时，此一时也。”这句话经常被我们引用。我们现在一般认为“彼一时，此一时”，是说因为时间变了，从“彼”发展成“此”，情况也就有所不同。孟子原话意思是否如此？这得结合后文孟子所言来看：“五百年必有王者兴，其间必有名世者。由周而来，七百有余岁矣。以其数，则过矣；以其时考之，则可矣。”这里也出现了一个“时”。孟子认为，每过五百年，就会有一个王者兴起，这期间一定会有能成就功业而名世的人，比如从尧、舜、禹到商汤，又从商汤到文王、武王，便大致相差五百年。而从文王、武王，再到孟子那时，已经有七百多年了，却没有在隔五百年后出现王者，所以孟子说：“以其数，则过矣。”但他认为，这是正当其“时”而可以有王者出现。若如此，则“彼一时，此一时”或可理解为：按通常的“五百年必有王者兴”来看，这是“彼一时”；现在虽然已经过了五百年之数，而成七百多年，但依然可以有王者兴，是为“此一时”。所以，根本上不在于是否满足五百年的数量要求，而在于是否符合“时”的内涵要求。那么，如何才符合“时”的内涵要求呢？

孟子在齐国受齐宣王重视时，就与弟子公孙丑有一番对话。在对话中，孟子称：“齐人有言曰：‘虽有智慧，不如乘势；虽有镃基，不如待时。’今时则易然也。夏后、殷、周之盛，地未有过千里者也，而齐有其地矣；鸡鸣狗吠相闻，而达乎四境，而齐有其民矣。地不改辟矣，民不改聚矣，行仁政而王，莫之能御也！且王者之不作，未有疏于此时者也；民之憔悴于虐政，未有甚于此时者也。饥者易为食，渴者易为饮。孔子曰：‘德之流行，速于置邮而传命。’当今之时，万乘之国行仁政，民之悦之，犹解倒悬也。故事半古之人，功必倍之，惟此时为然。”（《孟子·公孙丑上》）在这段话里，孟子反复提到了“时”，也明确了“时”的要求是什么。现在这个时期，齐国所拥有的土地、百姓，都远远超过了夏后、殷、周最初鼎盛的情形，而王者不出现的时间之久、百姓受虐政的迫害之深，历史上都没有到今天这样的程度。因此，正待王者出现，为天下百姓解难。可见孟子认为“时”最根本的就是民心所向而凝聚成的一股力量，此正如顺水，只差有王者之舟，便能得其时势而“千里江陵一日还”。所以，孟子多次对齐宣王用心良苦地劝谏，目的正是让他愿意效法古代的王者，去实施仁政。我们能看到，孟子有些话，齐宣王是听进去了的，但容易受他个人的性格、私欲的影响，而有反复，再加上齐宣王身边一些得势的小人如陈贾等对他有不好的引导，让孟子感到颇具“一暴十寒”之难，此如他所说的：“无或乎王之不智也。虽有天下易生之物也，一日暴之，十日寒之，未有能生者也。吾见亦罕矣，吾退而寒之者至矣，吾如有萌焉何哉!”（《孟子·告子上》）孟子觉得他对齐宣王的劝谏还是有效果的，能让齐宣王的仁心有所“萌”，不过，等他退回之后，此所“萌”者又被逐渐掐灭了。因此，当孟子在齐燕之战时劝谏齐宣王要以燕国百姓为虑，最终却没有落实，后来齐国战况不佳，齐宣王对孟子感到惭愧却被陈贾错误引导，孟子在崇这个地方见到齐宣王时就已经决定要离开齐国了，只是因为有战事才多有逗留。孟子考察到，“时”是可以的，他也在为此而努力，但最终却失败了。在崇地见到齐宣王后生起离开之心时，孟子一定是有一番挣扎的，因为这是他人生重大的选择，他离齐的过程中之所以三宿后才离开，也是对齐宣王还略存期望，给他时间看是否会改变态度召自己回去，当发现齐宣王这时仍没有召自己回去，孟子就完全明白他想做的事在齐国是不可能做成了，他也接受了这个结局。充虞可能是在这前后看到孟子似乎不太高兴，其实这正是孟子内心注满天下之忧的体现，他个人可以接受这样的结局，但还抑制不住对生民的关怀之情，因为孟子会想到，若王者不兴，当前天下生民之命将由谁托付？此不得不有不豫之色。而就孟子个人的生命来说，由此，他从“时”透入到“天”，知道是“天未欲平治天下”，此如孔子所说的“知我者其天乎”，孟子则反过来去“知天”，同孔子一样进入到超越性的生命境界中。此前的挣扎，也就成为他将有重大转进的生命基石。然而，作为弟子的充虞却没有及时发现孟子不豫之色背后的生民之忧，及其生命的这一个重大转进。趁充虞的请问之机，孟子便把自己生命转进的过程精炼地表达了出来。

孟子在游说齐宣王之前，据《史记·孟子荀卿列传》记载，他已达到了“道既通”的地步，也凭着这所通之“道”，孟子在齐国以“道”劝谏齐宣王。当最终失败，孟子所通的“道”反而更深了，直直接到“天”那里去。在现实的努力与磨难中，孟子对“天”有了更深的感受，他明白，并不是自己不够努力，而是“天未欲平治天下”。他也把自己自觉地融进“天”那里，成为“天”的一部分，所以，这时的孟子反而是释然了、放下了，具备更充沛的力量。“天未欲平治天下”，是他生命转进之后对当下的一个重要判断，他清楚自己的使命已经不是去促成当前天下的平治，而是令天下平治背后的“道”得到彰显，所以，从齐国离开后，孟子精力就不再致力于努力地游说诸侯，而是授徒著书，这是他顺“天”而行后必然有的选择。而无论是游说诸侯，还是授徒著书，孟子所通的“道”均为一贯，即他进可以兼善天下，退可以独善其身，是进是退，都是顺“天”而行。若“天”到了“欲平治天下”的时候，孟子说：“当今之世，舍我其谁也？吾何为不豫哉？”“何为不豫”，也就是生命里哪会有什么困惑、纠结，都是一片清朗、坦荡。这句话里，直接点出了孟子要坦露的深意的核心——“舍我其谁”。

“舍我其谁”，其中流淌出来的就是孟子生命里对“我”的大自信，并且对顺承“天”之“欲”而去“平治天下”这件事的责任感，他认定这是自己的分内之事，不得推诿他人。可见，孟子的“舍我其谁”是有明确的对象的，也就是“平治天下”，但孟子并非为了“平治天下”而一味地“舍我其谁”，其前提是“天欲”。等于说，孟子的“舍我其谁”里有对“天”的信仰，他的生命能透到“天”那里。由此，我们便能明白，孟子“舍我其谁”所呈现的力量的源头正是“天”。“天”是什么？孟子没有明确地点明，但可以肯定的是，这是最高远、最根本的存在。孟子也发现了一条能通往“天”的路，就是通过反身以体认自己的心性，从而尽心知性以知天。孟子说：“尽其心者，知其性也。知其性，则知天矣。”（《孟子·尽心上》）一般情况下，人都是从外在的崇奉来体认“天”的，孟子则是明确由内在的修证也可以体认到

“天”，而这才是真正意义上的“天人合一”。人从外在的崇奉来体认“天”，虽然全身心对“天”顶礼，依然是“天”在“人”之外，“天”大而“人”小，“天”与“人”之间在精微处尚存隔阂；当人经由内在的修证而对自己最根本的属性有自觉的体认，又经由此最根本的属性而与“天”相贯，这正是在精微处把“天”跟“人”打通了。这一点，孔子也是由“下学而上达”与“天”相贯，但到孟子这里，就更明确地指出具体相贯的步骤为何。从此处看，孟子“舍我其谁”所体现出来的对“天”的信仰，更深入的一层则是对心性的体证。所以，孟子对“天”的信仰不是盲目的外物崇拜，而是经由生命切实的修证后所达到的超越层次上的贯通。就像是孟子把自己的一滴水投入到“天”的一片海之中，他并没有外在于“天”，而是完全溶释于“天”，于是潮汐之动便能直接地为孟子所感受到。正因为孟子由心性的体证而贯通到“天”，他便更有力量去承担“天”所赋的使命。孟子非常自信，他说“舍我其谁”，其背后则是对这一件事作为他分内之事的明确认定。就是说，除了“我”，可能有其他人也在承担、也能承担、也当承担，但这并非“我”所关注的；“我”关注的则是，自己是否把这一份责任好好地承担起来。相对于“天”，也相对于责任，尤其是经过自觉的心性体证，“我”其实可以说是无我的，也就是看似有“我”，却已经放下了自我，全身心投入到责任里。因为放下了自我，所以这个“我”是孟子，但不局限为孟子，当人的生命领受到这一层，他也可以是孟子，可以是“我”。这便是“舍我其谁”中从对“我”的肯定，到对“我”的放下，从而成全更大的“我”。由于孟子的“我”是能放下，他也就更能抓到根本，所以我们回到孟子的当时便会发现，他说：“夫天，未欲平治天下也；如欲平治天下，当今之世，舍我其谁也？吾何为不豫哉？”其现实正是“天未欲平治天下”，“如欲平治天下”是孟子的一种假设，而后面的“当今之世，舍我其谁也？吾何为不豫哉？”是否也是假设？从我们能感受到的孟子一贯的精神状态看，这并非假设，而是他真实生命的当下呈现。可见孟子依然是“舍我其谁”，但他懂得变通，顺“天”而行，找到那依然不变的本质，从而去做好。从他离开齐国之后重点所做的事情上，我们就能感受到他的变通。虽然所做的事情不同了，然而初心一致，甚至可以说是呈现得更加明显了。

如上分析，我们便能总结出孟子“舍我其谁”中至少有六层生命内涵：

1. 对“我”的自信；2. 对责任的承担；3. 对“天”的信仰；4. 对心性的体证；5. 对“我”的放下；6. 对事务的变通。

一般情况下，我们会比较熟悉前两层，而对后四层常会忽略，但从孟子说“舍我其谁”的具体语境中分析，就会发现应该还有后四层。也因为有这后四层，才愈见孟子“舍我其谁”生命内涵的深刻。值得留意的是，这六层生命内涵，又两两为一组，而有更深的联系，如“对‘我’的自信”与“对责任的承担”、“对‘天’的信仰”与“对心性的体证”、“对‘我’的放下”与“对事务的变通”，中间的一组，又是关键的一转，由此才有“对‘我’的放下”与“对事务的变通”。能对“我”产生自信，不容易；产生自信后又能放下“我”，这更不容易。这是两层重大的生命转进，其第一层是从对“我”的漠视到对“我”的自信，第二层则是从对“我”的自信到对“我”的放下。“我”也就是“人”，漠视“我”即漠视“人”的价值。在最原始的生存状态中，人对天地万物发展的规律未必完全了解，会容易产生各种外物崇拜。在这种情况下，人能逐渐认识到自身的价值，并不容易。当逐渐认识到人自身的价值，而能把人放在天地间去定位，认识到人自身最重要的价值，从而对人产生自信，更不容易。这一过程正是人文思想在“人”根本层面上的成熟，一般能到这里就已经很难得了。即便到现在，我们有时也会漠视或错认人最重要的价值。但两千多年前，孟子“舍我其谁”的“我”就达到了这层人文思想的成熟，还往前转进一层，通过对“天”的信仰和对心性的体证又放下了“我”，让人最重要的价值得到淋漓尽致的呈现。为什么两千多年后我们读到孟子这句话依然会感动？本质上便是孟子的“舍我其谁”触碰到了人的一层又一层不断深入的价值，通过孟子，这本来就活泼泼流动在我们体内的价值又暗中对我们发出呼唤，希望我们能自觉地努力把他们完全呈现出来。人会经历对“我”的漠视到自信，然后放下，与此相同的是，也会经历对“天”的漠视到崇奉，然后感通。今天我们依然会有对“天”的漠视与崇奉，这两种情况都存在，由此我们便会发现，在孟子那时，在信仰“天”

方面已经能做到感通，是多么难得！这个“天”，正是他经由自身的尽心知性而感通到的“天”。于是“天”与“人”可以达成根本上的自觉互动，“天”不再虚远，“人”也不再渺小，成为真正自觉的一体。“夫天，未欲平治天下也；如欲平治天下，当今之世，舍我其谁也？吾何为不豫哉？”从这句话可以看到孟子对“天”是满满的尊敬，但也并没有因此就藐视“我”的价值。“天”与“我”内在是一体而应，“天”如何，“我”即如何，“我”是代“天”而行，是替“天”行道，是“天”具化到人间所呈现出来的一个重要出口。在孟子的“舍我其谁”里，并没有把“人”与“天”对立，反而还找到了两者各自的价值，及其内在的统一性。放在孟子当时各家思想的背景中，当时各家或有对立“天”与“人”的价值的，或有漠视“天”与“人”中一方甚至双方的价值的，也有错认“天”与“人”中一方甚至双方的价值的，即便到今天都不免有如此者，由此再来看孟子“舍我其谁”中的生命内涵，就会愈发觉得甚是可贵，且颇具启发意义。

同样是“舍我其谁”，我们还会发现英雄式的“舍我其谁”与豪杰式的“舍我其谁”是有本质上的区别的。此所谓英雄，一般指我们认为的在政治或军事等社会活动方面有天赋的领军人物，他们身上天然带有一种风华夺目的气，并且能在人间凝聚成一股势，产生现实性的巨大影响力，从这个角度说，他们或也可以说是“舍我其谁”。当我们看重事情的成功与影响，由此不自觉地执着于其中，暗生功利心，我们就会容易推许英雄式的“舍我其谁”，希望自己也能如此。但英雄式的“舍我其谁”有一个致命的问题，就是不容易放下“我”，他必求“我”的至高、独特，甚至永恒，很难容许“我”的失败、接受“我”的失败。这是因为英雄经常是不自觉地秉承其先天所带的生命气质及后天所遇的现实时势而成其“舍我其谁”般的功业，但气质总会有盲区，时势总会有变化，所以这样的功业或非一般人可以造就，也终会离“我”而去。豪杰式的“舍我其谁”则与此不同。何谓“豪杰”？此可依孟子所云：“待文王而后兴者，凡民也。若夫豪杰之士，虽无文王犹兴。”（《孟子·尽心上》）没有文王一般的圣王出现，即时势未必具备，豪杰之士依然愿意兴起、敢于兴起、能够兴起，这就是豪杰式的“舍我其谁”。豪杰会努力地去促成功业的实现，但也能接受功业最终在他们这里没有实现，因为他们着眼的最根本处并非外在的成败，而是自己的担当，叩问自己是否把分内之事努力做好。由此，相对英雄，他们更能放下“我”，不会为“我”所困。可见豪杰相对于英雄，他们的生命会更自觉地回敛，由此自作主宰，但具体回敛到哪一层，还有待细求。所以，相对豪杰式的“舍我其谁”，更高的便是圣贤式的“舍我其谁”，这就是孟子所呈现出来的生命气象。孔子同样也有这样的生命气象，此如孔子在匡地受厄时所喷薄出来的话：“文王既没，文不在兹乎？天之将丧斯文也，后死者不得与于斯文也；天之未丧斯文也，匡人其如予何？”（《论语·子罕》）这就是孔子的“舍我其谁”。从无文王一般的圣王而孔子犹兴的角度看，孔子便是豪杰之士；从对“天”的信仰及对“斯文”的体认与守护的角度看，孔子则是圣贤型人物。所以，朱文公云：“豪杰而不圣贤者有矣，未有圣贤而不豪杰者也。”英雄式的“舍我其谁”容易为一般人所向往，但并非一般人所必得，从根本上，这也并非一般人所当效仿的。反而是豪杰式的“舍我其谁”与圣贤式的“舍我其谁”更值得去效仿。从孟子这里，我们则看到了如何进入豪杰式的“舍我其谁”，进而走向圣贤式的“舍我其谁”。

最后，与大家交流一点，对于孟子“舍我其谁”的生命内涵，不可单纯地把它作为客观的纯学问进行了解，虽然这一层也很重要，因为在理上认得更明白，才好去践行。由此再进一层，便是回到自己，思考如何具体呈现我们自己生命里的“舍我其谁”。孟子的话中提到了“平治天下”，我们一般人都会觉得这太高远，似乎与自己没有什么关系，由此“舍我其谁”也就失去了其原来便确定的对象。“平治天下”从现实功业的成就看，这确实需要我们永远去奋斗，但它也可以从另一个角度来看。邵兄常提到一个很形象的例子，刚好能帮助大家理解“平治天下”。他说宇宙若是一本书，我们每个人就是这本书中的一个标点或一个笔画，当所有的标点、笔画都是错误的，那么这本书就是一堆乱码，无法读。如果我们意识到这一点，而先把自己的这个标点或笔画弄对，并且努力影响自己周围的标点和笔画，让他们也弄对，是不是这本书在自己的影响范围内，可以不断走向正确，逐渐成为可读的？所以，我们个体的修身，其实与宇宙有深远的联系与意义，我们做的正是修复宇宙的工作。邵兄的譬喻非常好，这可以用来讲明修身的意义，也可以用来讲明何谓“平治天下”。我们先让自己这个标点或笔画正确，并且不断影响自己身边的标点和笔画也变得正确，就是在踏踏实实地“平治天下”。这正是我近年来切身的一个转变。我发现自己慢慢地能放下对成败的执着，当放下对成败的执着，就感受到原来最重要的不是结果，而是自己在过程中的努力，我也把重心逐渐放到这里来，如此便越来越感受到心安。虽然我愈发知道有一点很难，即我们想去影响别人，哪怕是影响一个人都不容易。也许部分人会转变，这是因为他们本来就有这样的追求，然后我们与之交流，对他们有所启发，看似我们在影响他们，却是他们的追求因为我们的助力获得了更好的呈现。就是说，我们身边错误的标点和笔画根本上也想变得正确，他们内在有这样的生机，只是借助我们的养料得到茁壮成长而已。于是我就发现，更重要的不是要让谁有什么转变，而是我努力地做好自己，并且把分内事做好，那么想转变的人就会根据自己的成长频率在该有的时候发生转变。这就是真实的修复宇宙，也是真实的“平治天下”。

其实，执着于谁一定要有转变，这本身正是一个更深的自我，我在修身的过程中就发现要慢慢地把这个自我放下。所以，“平治天下”离我们并不高远，它正是我们每个人都能做、也都当做的分内事。像今天我与大家进行这个主题的分享，就是我当下的“平治天下”。从这个意义上，我们每个人都应该是“舍我其谁”。若如此，便是从孟子的“舍我其谁”到我们的“舍我其谁”，“舍我其谁”因为有我们的传承和践行而让其内在的生命又流动了起来，由此所见到的孟子“舍我其谁”的生命内涵，就不是死的，而是活的，可以成为我们当下生命的一部分，照亮自己，也不断去照亮别人。还记得有一次我内心忽然生出很深的感动，从而更明确自己人生的意义和方向，随即写下了这么一句话：不怕习气驳杂，不怕违抗俗流，不怕独步而行，只愿活出儒者的生命！那一刻，我切实感受到自己从“立志”转向了“志立”，以前内在的很多隐微的动摇和惶惑一下就被抖落了。我明白了，其实更多不在于一定要让这个世界马上变好，当我们想让世界变好的心不变，到后世也不断有如此的生命在耀动，见到一股生生不息的力量正持续蔓延着，世界便可以走向其当有之好。相对于外在的事情，更困难的是内在事情的完成。因为外在的事情待其时机一到，也许孟子不用那么辛苦，一个王者就出现了。而我们的许多驳杂习气，则是需要自己长期去克治省察，让“舍我其谁”的“我”，是逐渐脱离了私欲的“我”。我有时会感受到自身多年的习气忽然又冒出来了，时而对它有办法，时而对它没办法，这一过程会让自己很难受。但是，希望自己的习气马上就消除，这本身也是一个很深的自我。所以，当我写下“不怕习气驳杂”那句话时，便开始可以放下这个自我，安心于克治省察驳杂的习气的过程中，如此难度反而就没有以前那么大了。当然，以后还得不断去努力，因为修身是一辈子的事，到临终的那一刻，都得清醒地看到自己。这便是我体会到的就“平治天下”的分内事而言的“舍我其谁”，是我们每个人都能也都当有的“舍我其谁”。此意，谨与在座各位朋友共勉之！

学人专访

人还是得靠自己的良知
——专访中山大学张卫红教授

王归仁

王归仁：卫红老师，我了解到您本科学的是新闻专业，为什么后来走上中国哲学这条路，能谈一谈您的治学历程吗？

张卫红：新闻这个专业，是我父亲给报的。本科阶段是20世纪80年代中后期，中国改革开放非常热闹的时候。有时会觉得人生苦短，总要留下一点什么东西才证明我来过。这个社会的巨大变迁会让我感觉，自己心目中的理想和现实是有差距的，现实社会生活中的一些事件自己也得不到一个确切的答案，比较迷茫。后来读人民大学的双学位也不是说真的就想经世致用，而是想换一个环境继续读书思考。到人民大学的阶段，我已经开始对哲学，尤其是对道家的思想感兴趣。

其实在那之前，大二的时候，我在班主任的推荐下读了《道德经》。虽然读不懂，但是给我的震撼特别大。我觉得它讲的完全是形而上的东西，跟形而下的生活，有若有若无、若隐若现的联系，但究竟是什么联系自己却说不清楚。我现在回想一下，那股震撼的力量其实来自于老子是个智者，因为他本身有智慧，是他的智慧的力量非常打动我，而不是文字本身。

我们今天生活在一个信息爆炸的时代，很多东西虽然能传递信息、传递知识，但它不见得能有打动你的力量。我觉得中国传统经典都有一个特点，就是它的文字能够穿透人心，有这样一种震撼力。虽然我当时读不懂意思，知识上我不懂，但是心灵上给我震撼，这是我第一次接触中国古代经典带给我的一个体悟。那时候当然还很模糊了，不知道这个原来就是心灵的力量、智慧的力量。完全不懂，但是给我的印象很深，所以那个时候开始有兴趣去探讨这个。怎么说呢？就是孔子所说“朝闻道，夕死可矣”，为什么求得道死都可以了？原来是不理解的。后来这扇窗口突然朝向我打开了，就是你虽然不了解，但是你知道所有的事物背后还有一个道。而且你要摸到了这个道，它对你的现实生活就会有指点的意义。现实生活中很多事情没法解释，甚至是不公平的，但是道是公平的，这给了我信心。后来在人民大学读书的时候，我的心已经从形而下移到形而上了，就是醉心于探究道究竟是什么。

20 世纪 80 年代末 90 年代初中国大陆开始流行气功。气功毕竟是一个比较实际的体认的方式。那个时候我也开始尝试练习气功，去静坐，开始尝试这些功夫方法，一练身体确实是有感觉的、有感应的，这些用我以往的知识是没办法去解释的。基本兴趣点就是从那儿开始建立的。但是我接触的不少气功师，他们养生功夫可能很高，但是从人格上、从精神气象上我没有找到一个让我特别佩服的，就像书里描述的具有圣贤气象的，我觉得都不够完美。

人大毕业以后，我到某高校工作，可以不用一下子进入到社会大机器里，从而保持自我和独立的思考。自己没有为生计现实的考虑。这可能是我后来能够坚持走学术道路，也不跟人攀比的一个很重要的原因，因为所求不一样。那个时候模模糊糊想的就是生活中有没有一种可以带给你永久安稳快乐的东西。那时候还不知道安身立命这个词，可能我就只关注自己内心的精神生命的丰富、充实、踏实。

那时候我很想把自己的理想和职业结合起来，所以决定考博。工作了十年后，只带了 8000 块钱的积蓄，去中山大学读博。积蓄很快就花完了，后来又靠向朋友借钱维持生活。我博士读的是中国哲学史，读完博士以后，又去做博士后。

我是读博期间才开始全面接触儒学的，读博阶段，因为学校是研究式的培养模式，一个学期下来上了很多课，每个老师都会给大家推荐很多研究性的著作，自己也会看一些。但是始终觉得我对儒学没抓住重点。一个学年下来，专业课学分我都修够了，但是我觉得没收获，知识上的收获有，但是没办法把它体系化，而且也没有办法去像陆九渊说的“立乎其大”，当时很困扰。

我的同门邓师兄，他学习儒家比我早好多年，而且当时他已经颇有自得，我经常去跟他讨教。他跟我说，你读书要由约开博，约就是简约的约；博，是博大的博。也就是说，你先吃透一本书，吃透一个经典，在这个基础上你再做延展。不要东读一本，西读一本，囫囵吞枣。我说读哪一本呢？他说你就去读朱子的《四书章句集注》，他说这个书非常好。我很听话，2003 年那年暑假，我没有回河南老家，老老实实在宿舍里待着，就我自己一个人。每天读几页朱子的《四书章句集注》，有好的句子，就把它抄下来，包括朱子的原文也会抄，读得是很仔细的。现在那本书几乎每一页都有我的批注，我当时把宿舍电话线也拔了，手机基本上不看，也不怎么上网，偶尔查个邮件，基本上跟外界隔绝了。暑假两个月的时间，每天傍晚去中大北门珠江江边去散步，一边散步一边把自己今天读的东西背一背。我的四书的基础就是那两个月打下来的，而且深刻体会到了背诵经典的好处。那两个月的读书生活我觉得是我这半辈子以来最无人打扰、最集中的读书生涯，收获很大。

王归仁：那您能深入地谈一谈背诵经典这段时间的读书体会吗？

张卫红：现代生活方式、组织体系、价值观念都发生了非常大的变化。我们传统的、古代的那一套价值观念及世界观，我觉得在根本意义上没有真正融入到我们现代人的组织生活里，是脱离的。比如说你喜欢儒学，这是你个人的兴趣爱好，但是根本上的东西，中国古人讲的天道、天理、天德流行，所谓天是什么？我们现在人却说不清楚，但是对于古人来讲，天是很亲切的。我读书的时候也面临同样的问题，古人的经典，字都认识，意思也知道，但就是觉得深入不进去。后来我师兄告诉我这个方法，慢慢读，抓住一本。其次就是背，当你背的时候，其实你已经在用古人的思维方法想问题了，这个非常重要。所以古人讲“书读百遍，其义自见”很有道理，你不要在知识上去求确切的意思，读得遍数多了，意思自然就出来了。

那个阶段相当于跟现实生活有所剥离，当时我是学生，没什么事，每天除了读书又不干别的。我觉得那两个月是我收获最大的两个月，那种感觉我现在还能想起来。读得多了，圣人的语言就变成自己的语言了。背得多了，意思自然就出来了。有时候会发现朱子有的解释未必合适，这个经典它的原意究竟是什么，自己是能够去体贴到的，所以读和背很重要。

最重要的一点，朱子解释的是宋明理学的体系，宋明理学讲究“存天理，灭人欲”。怎么理解这个天理？可能在那个阶段还是不能理解。但是通过他的解释，天理会变得很亲切，而且我还发现一点，读了朱子的书，我确认朱子自己是体认到天理的，以前对于朱子其实是有误解的。这个误解来源于王阳明对朱子的批判——通过格物致知以穷理的方式，很难真正体认天理。其实朱子和王阳明走的道路不一样，他们彼此的性情跟气质也不一样，走的是不同的道路，但殊途同归。读了《四书章句集注》后就会发现，这个路径朱子一定是体认到的，如果没有体认到，他写不出《四书章句集注》这样的书来，他所有的注解都是围绕着他体认的天理，非常一贯。而且不仅是理论体系的一贯，他的生命体验也是一贯的。这个在我精读细读的过程中，我感觉到了，这点特别重要。

这次读书的经历让我确信儒家讲的天理天道的境界，在儒者的体验当中是真实存在的，而且那是一种生活方式，是人生的一种选择方向，这种选择比普通人所谓的饮食男女的生活，要有意义、有价值，这方面给我带来的震撼非常大。

王归仁：您写的《罗念庵的生命历程与思想世界》这本书就是您的博士论文吗？为什么会选这么一个方向？

张卫红：是我的博士论文。因为我更喜欢阳明学，当时想选王阳明的后学做研究。那时对这个人了解并不多，为什么选他呢？因为他喜欢静坐，我也对静坐感兴趣，所以我就想，那我就研究一个喜欢静坐的儒者吧。我研究罗念庵，当时确实有点不知天高地厚，那个时候我们学界已经有两个人研究罗念庵特别有名，现在也是我们学界的资深学者，一个是复旦大学的吴震教授，他写过关于这个人物的评传。还有一个是林月惠老师，她是牟宗三先生的弟子。她的博士论文写了两个人，罗念庵是其中一个，而且她的博士论文有 40 万字，写得非常好，当时她的书还没出版。我复印了她的博士论文，看完以后，我觉得这些老师把文献考证、义理辨析都写到了，我还能写什么呢？也是因为这个原因，自己就特别下功夫，想要挖掘出更深的内容。第一步就是查文献，把所有与他相关的文献都找来，林老师和吴震老师也给我提供过需要的资料。

第二步就完全是一些笨功夫了。比如说，林老师的资料还没寄来之前，其中有一篇非常重要的文献，当时只能去中国国家图书馆查阅，那本书，破破烂烂的，翻一页就有碎屑渣往下掉，但那个文献很重要，我又需要。我当时在北京的国家图书馆，抄录至少四五天。每天早上去，中午有一个小时的闭馆，附近没有能吃饭的地方，我就带个馒头，中午就吃馒头喝水，下午继续去抄。抄完以后再回去输入到电脑中，用的都是这种笨功夫。

但这个笨功夫，我觉得很有必要。因为我本科不是学哲学的，读文献的功夫不够扎实。后来我又找到了一些文献资料，在电脑里我自己手录进去的就有 10 万多字，这完全就是冷板凳的苦功夫了。这个过程中，里面有很多不认识的字，那就得不耻下问，我也学习积累了不少文献学的知识。所以基本的准备工作就花了一年，这些资料全部抄完之后再分类整理，对应罗念庵不同的时期，在这一过程中，我把罗念庵的年谱也做了出来。不同的年代他写了什么著作，有什么样的活动，我参照已有的研究，在吴震老师所做年谱的基础上再细化，这样他前后思想的变化，支撑的文献就很多了。而且这样整理出来以后，确实发现有一些思想是两位前辈老师没有细致涉及的。

因为这样的学习历程，我非常注重罗念庵的功夫实践。不能光研究他的理论，我想把他的生平也写一下，所以后来出书的时候，他的生平占到文字的一半，做哲学研究的学者大概也没有人像我这样写，一般对他的生平做简短的介绍，主要是研究思想。我记得，写完他的生平就已经将近 25 万字了，博士论文的字数都够了。这样整体梳理完，自己心里也觉得特别的踏实。

做完这个工作以后，我想寻找跟古人智慧的一种贴近感。动笔之前，我先去了罗念庵的家乡江西吉水，然后去了浙江余姚，拜谒阳明的故居，还有黄宗羲的故居、黄宗羲墓。罗念庵的家乡也是他的故居，是他讲学的地方，包括另外的一些遗迹我都去了。我觉得那段经历对我来说还是非常重要的，当我站在那块土地上，就能理解江西人的文化特点及江西人的性格。500 年前他在这里生活过，那种贴近感扑面而来。我在读他的书的过程中，真正体贴到这个人是个什么样的性格，他为什么这么说话，为什么这样表达，我觉得我真的走进了他的内心世界，钻到了他的心里，好像跟他生活过一段时间。后来我就理解了，读圣贤书也要有这种精神，也要有这种生命的连通。当然了，圣贤境界比我们更高，但是至少你要努力往他心灵方向上去靠。

王归仁：您刚才重点谈了写这篇论文的时候，去拜谒往圣先贤。我想请您多谈一谈这里面有哪些故事或者经历令您感到特别难忘。

张卫红：我当时挺害怕的，那时候语言也不通。我始终觉得写文章，是不能随便乱写的。现代人讲究多元化，只要你言之成理、能自圆其说都是允许的。但是我始终觉得作者的原意肯定只有一种。而且从儒学来讲，圣人之心、圣人的原意肯定是确定的，不是谁都可以随便去解释的。所以我对自己写文章包括讲学，一直都比较谨慎，就是说我要求自己尽量不要讲错。我一共去拜谒了三次阳明墓，通过拜谒来提撕恭敬心。鞠躬合掌行礼之后，我在心里跟阳明先生说话，我跟他讲：我希望能够把您的思想如实地、尽可能准确地传递出来。至少心里面我是有这样的一个心愿在的，包括像罗念庵也一样，我希望能够把他所处时代的知识分子的风貌，把他的想法，把他的为学、求道的历程，能够如实再现，这个心愿一直是有的。我觉得正是因为有这样的一个心愿，还有对古人的尊重和敬重，写作才比较顺利。

我去罗念庵的家乡时还没有高铁，从南昌到吉安吉水，只有汽车，坐了 5 个小时。那是 2005 年的春天，4 月底，我先坐车到南昌，因为不通火车，在南昌呆了一夜，再去吉水。当时有位中大的校友，他在吉水有认识的人，介绍我住在县政府招待所，那里住宿条件很艰苦，饮食也不习惯，他们所有的菜都放辣椒，而且极辣，肠胃根本受不了。可能是因为我内心比较真诚，拿着学生证，也没有介绍信，我自己能想到的地方，像政协、博物馆等，就一家一家的去。这些单位都很支持我的研究。我去的那些地方都是县政协的人开车带我过去的。当时，吉水县博物馆的馆长也是一个非常热爱当地文化的乡贤。我去的时候他不在，但他知道我来了，便留了联系方式，最后走的时候陪我去了一趟清源山。后来我一共去过四次，都是带学者一起去。每次只要我去，他一定来陪我，我们现在还有联系。

王归仁：您刚才着重谈了您在撰写博士论文时做的一些笨功夫，我忽然有一点好奇，您说读书时对朱子的《四书章句集注》有很深的体悟，为什么博士论文却选了阳明后学作为研究对象？是什么让您有了这个转向？你为什么不找一个朱子的后学作为研究对象呢？

张卫红：还是从我个人喜好上来讲，我更喜欢阳明心学，直指人心，另外因为我做研究的那个时代，阳明学和阳明后学已经兴起了，是学术界的热点。当然这都是说得出来的原因，研究什么样的人，有时候和人生的一些际遇一样，不可预料，也很难说清楚。

王归仁：您研究罗念庵差不多两年，这个过程中还有一些其他需要跟读者分享、交流的吗？

张卫红：这本书写完以后，草稿是 50 万字，总体上老师们都比较肯定。现在想一想，当时那个状态可能就是“修辞立诚”。在写作的过程当中，因为心怀真诚，我觉得自己写出来的文字还是比较好看的，或者说不难看。我后来听说，有一个女学生读了我的论文以后，立志要研究中国哲学，后来又读硕士、读博士。说到底就是，当你这么做了以后，最终这个力量是回向自己的。

王归仁：博士毕业以后，您又跟陈来先生做了两年的博士后，那个时候的研究方向是什么？

张卫红：到了北京大学以后，陈老师提出，江西还有一个人物也值得一做，现在也没有特别好的研究，这就是邹守益。其实江西藉阳明弟子排名第一的就是邹守益，因为罗念庵是没见过王阳明的。当时我是很听话的，导师怎么说我就怎么做。我就开始去做他的相关资料的梳理。那个时候邹守益著作的点校本已经出版了，我很认真地阅读。读下来以后发现，邹守益的主要贡献是传播王学、开办讲会，他的思想没有太大的特色，可写的东西不多。邹守益比较守成，就是老师怎么说，他就怎么做，属于“一尊师说”。作为现代学者，你要发挥他的思想，可发挥的东西太少了。那怎么去写他呢？

研究经历几乎是我研究罗念庵的一个翻版，先阅读一手文献。我先把他的生平事迹理清楚，做一个年谱，在做的过程中，我发现邹守益属于思想性不强，但是社会活动特别多的人，第一就是讲学，第二是跟官员的交往，第三是他为乡里做了很多贡献。他科举成绩很好，他是探花，罗念庵是状元，但是他实际在朝为官的时间很短，前后加起来在朝中的时间也就十来年，大部分时间是在乡间讲学，这个也是王阳明几个大弟子普遍的特点。因为那个时代政治局势不好，皇帝昏庸，反而成就了学术，这些人把王学真的推展开来。

所以我想还是有必要把他的社会历史活动梳理出来，虽然我本身做哲学，但是我没有要把史学和哲学一定区分开来的概念，我觉得做一件有意义的事情就行。邹守益思想平实，没有特殊之处，他被称为江右王门的第一号人物，主要是因为他对讲学传播的贡献，这方面他贡献很大，他结交的朋友很多。比如他跟江西地方官员打交道，我是统计过的，仅江西本地且不算朝中有名有姓的官员，便有 115 人。他是安福县人，安福是吉安府下面的一个县，他生活的年代的吉安府历任知府、安福县的历任县长，他全部打过交道，而且留下了文字记载，他要讲学一定要有官方支持。

其次，还有他的弟子，他的弟子比罗念庵要多，以此就能看出他的学术影响力。这项工作很不容易，因为有的时候，他给官员写一封信，只有这个官员的一个号，或者只有这个官员的名称，而且是明代口语化的称呼。这些都要去查，用各种各样的文献验证，就像破案一样。人名、地名的考证特别费工夫。但是我觉得既然做了，就要用最好的方式呈现它，而不是说去完成一个规定动作。

出站的时候我已经完成了邹守益的年谱初稿和他思想的初步梳理。出站以后，我就到中山大学工作了，在教学工作之余，用零星的时间去做考订，前后一共是七年，大改了四次，2013 年出版。在年谱中，他的讲学活动，历年的生平行事，跟哪些官员交往，有哪些学生，以及他的学生分布在安福当地的哪些乡，我都有列出来，非常详细。里面肯定是有疏漏，但是确实是花了大量精力的。

王归仁：您到了中山大学以后，在学校您的教学研究方向是什么？到今天也有十余年了，这个过程中一定会有很多值得给我们分享的东西。

张卫红：我在博雅学院工作了 10 年，每年主要给学生讲四书和宋明理学。因为自己从治学研究和人生取向上一直是围绕着求道、修道展开的，在教学的时候，我也比较注重儒者的生命的体贴，包括在现实生活中的应用。因为有这方面的意图，讲课的时候会尽可能去结合现实生活，结合心性的修养给他们展开讲解。

王归仁：卫红老师，您在《由凡至圣：阳明心学工夫散论》，包括罗念庵这本书里，都提到修证的工夫。想请您详细谈一谈儒家思想修证工夫的路径。您在书中提到，这是一个相当于儒家修行的规律性的东西。这个规律性的东西，对我们想走修身之路的人，一定会有很大启发和指引。

张卫红：其实每个人都是普通人，普通人的状态最大的一个特点是什么呢？即“对内随习、对外随俗”，就是你的言行举止、做事的很多方式是按照自己的性情、习性来的。我的世界我做主，何为我？其实就是自己的习性在做主。自己的认知观念、情绪、性格、受教育背景等，其实都是有限的。“对外随俗”就是依照社会约定俗成的外在的价值观，这都是“为己”。每个人每天生活的状态其实就是在自己的意识活动里打转，我们无非是趋利避害，想寻求好的一面，丢弃不好的一面，基本上都是这样。在这样的状态中一定是烦恼的、痛苦的。因为很多时候，生活是不随我们个人的意愿为转移的。所谓的修身就是要扭转这样的精神状态，扭转这样的生命结构。

你扭转到一个所谓“仁”的状态，它是一个什么样的状态呢？我们普通人的理解就是做个有道德的人，这当然不错。但是这个理解其实还是比较浅的一个状态。你想要扭转自己而达到的那个状态，不仅能够让自己摆脱烦恼，做的事情还是对的，你的身口意、言行举止又是合乎道的，这才是一个接近圣贤的状态。那怎么达到这样的状态呢？其实就是在事上磨练，朱子讲格物致知穷理，就是在一件事上慢慢打磨，去纠正自己。

王阳明的方式是致良知，每个人都有良知，你把良知唤醒了发挥出来，依照良知去做，至少方向是对的。当然了，这个过程你还要“为善去恶”，就是一个意识提纯，你的心灵境界要不断向上走，同时你也要不断去纠正，去反省自己的问题。

很多儒者，都是不断自我反省。包括很多阳明后学的弟子，也包括朱子后学，他们都会静坐，也就是反省自己，不断去沉淀，把自己的私心杂念沉淀下去，涵养本心。这样的工夫到一定程度的时候，会有一个质的飞跃，所谓的这个质的飞跃在阳明学中叫“发现本心”，他龙场悟道的那一刻其实就是发现了他的真实本心，就是证悟了，从悟前到证悟。

王阳明龙场悟道前，每天处理完公务，就是打坐，一切都放下，把人生的种种牵挂都放下的时候，心灵原本的东西才能够呈现出来。大概相当于他发现心灵的光明，发现本心，这就是证悟的阶段。当然不见得都要通过静坐，比如说颜回，《论语》的记载里也没有见他静坐。因为先秦时期人的心性都很淳朴。他不需要这个阶段，就能一下定在“仁”本身。所以孔子说：“回也，其心三月不违仁，其余则日月至焉而已矣。”其他的人能维持一两天，长的一个月，颜回能长久处于仁的状态里。

悟了以后，不见得能一直保持这个状态。所以接下来的工作就是要保任，保任就是你要让大我的状态经常出现。我觉得王阳明龙场悟道的时候，大我的状态出现得是比较彻底的。但是他后期也做了保任功夫。用王阳明的话讲叫如鸡孵卵，就像养小鸡一样，你要慢慢地去涵养它、化育它，这样它才能稳定。一旦稳定了以后，它是一个什么状态？就是说当它真的成为一个一直都跟着你的状态，没有变化，你永远是个大新的状态。一个人打坐是这样的，为人处世，在动中的时候也是这个状态，没有变过。那就已经是从保任到了彻悟，就不再需要专门通过静坐去涵养、保任了，已经能够动静自如了。

由彻悟还要到忘悟，一般的儒者很难到达。忘悟相当于孔子的“从心所欲不逾矩”。彻悟的时候至少还有动和静，到了忘悟的时候已经是无为法了，王阳明的学生说，开口即得本心，更无假借凑泊，时时知是知非，时时无是无非。你想一般人怎么可能“知是知非”的同时又“无是无非”，只可能是一个状态，能够把“有”和“无”完美地统一在一起。简单来说，一个人处理一件什么事情，这个人是个什么样的人，这个事应该怎么处理，他心里非常清楚。但是他清楚的同时又有不动心的一面，我们一般人处理事的时候，心一定是动的，是跟着事情走的，好坏是非，进去了很难再跳出来。既入乎其内，又出乎其外，同时能保持不动心。不光是打通一片，而且是没有痕迹，彻底的无为法的状态。

王归仁：您刚才关于悟前、证悟、涵养、彻悟到忘悟这段对我特别有启发。这里面还有几个稍微具体一点的问题，希望您再详细地说一下。刚才您讲到静坐、反省自己、纠正自己、事上磨练的问题。证悟前要通过静坐、反省纠正自己，证得本心后，还要通过静坐、反省、事上磨练，涵养保任本心，直到彻悟乃至忘悟。我的理解就是，无论悟前还是证悟之后的保任，都需要战胜自我，去除私欲杂念。我的问题是，证悟本心后，我用良知本心作为武器对抗自我，战胜自我，去除私欲杂念，但在证悟本心之前，我也要反省纠正自己，战胜自我，那么用来对抗自我的武器是什么呢？它是怎么作用的呢？

张卫红：这个自我就是自己的私欲或者私意。两个阶段的磨练对抗，靠的什么？其实还是得靠自己的良知，就是自己本有的光明的本心。你没有证悟之前，按照儒家学者的理解，只要你想战胜它，这个时候的力量就是王阳明讲的“信得及良知”，就是自信良知。你要相信你本就能战胜它，我们的私意欲望、不正确的想法，不是真正的自我，真正的我就是良知。泰州学派的王艮说道：“私欲一萌时，良知还自觉。一觉便消除，人心依旧乐。”只要你良知一提起，私欲自然就消掉了。问题在哪呢？问题就在于你没有证悟之前，往往是积习比良知的力量要大，你受积习力量牵扯更大，你肯不肯把良知自觉地焕发出来？这个时候就需要毅力，需要坚定的道行。

这个证悟前阶段和证悟后阶段，虽然都是良知在发用，但对抗自我一个最大的区别在哪呢？就是没证悟之前你的觉知力弱，证悟了之后你的觉知力强，这就是最大的区别。你的工夫，没证悟之前你做得辛苦，证悟之后你做得容易轻松。王阳明的弟子王龙溪常用的比喻就是，太阳一出魍魉全消，魍魉就是阴云，阴云相当于我们的私欲，太阳就是良知，不要老和阴云打交道，太阳一出来阴云自然就没有了。也就是说，当你安住在本心良知的时候，那个阴云已经不成问题了。“理”是这样明了，但问题是，太阳出来的力量你能不能真实体会到？好多人体会不到太阳出来的力量，他还是会跟自己的欲望打架。

王归仁：没有证悟前，觉知力如果不是从良知发出来的，而是从“理”，是从所明的“理”这一概念上发出的，那它能不能战胜私欲？

张卫红：觉知力是有作用的。为什么很多时候我理性认识到了，还是不去约束自己？比如说我明知故犯，这就是王阳明讲的知行不能合一。很多人知道自己做错，但他还要去做，他知道的“理”有没有呢？还是有的。但为什么他不做呢？这就涉及一个很根本的问题。就是你的世界观、价值观。如果说我们是不信仰良知的，我们的世界观就是从众从俗的。这件事虽然我知道它不好，我还是会做，因为大家都这么做，或者心存侥幸，或者自作聪明，以为别人发现不了，觉得能蒙混过去。

中国古人这套学问的根本建立在什么上呢？建立在对天理、良知的信仰的基础上。如果没有这样一个根本的心灵方向的话，即便你觉知到了，行动力也跟不上。

王归仁：王阳明在龙场悟道的时候，他证悟到时有非常明显的一刻。而很多人觉得我没有那一刻，是不是一直以来我就没有证悟到良知？

张卫红：并不是这样。其实王阳明那一刻是良知全体显现，我们则是朴素良知在发用。比如说一个很恶的人，他如果看到路边有人乞讨，或者看见一个需要帮助的孩子，他也会良心发现。就那一刻，他发明本心，之后还是会继续作恶，还在他原有的生活轨道上，但是他的良知只要提起，他还是有。王阳明那一刻是什么呢？那一刻他是全体显现的，这个结果，就让他确认了这个东西是生命中最真的东西。

但是有什么问题呢？有时候分不清楚它究竟是我的证悟，还是我的一种心理体验。因为体验和证悟是有区别的。比如说我们去到大自然中，看着天地山川，觉得特别美好，我跟天地万物是融为一体的，你可能有非常舒畅的感受。这只是一种体验。这同罗念庵在山中静坐的证悟一定是不一样的。因为你没有跟天地万物一体的真实的贯通感。

所以前者只能说它是个相似境界，它也是从你的良知里来的，但它只是相似，如果一直都在这个相似的状态当中，最后能够彻悟，那是很难的。而且还容易让人把它当作一个借口，这叫作认欲为理。比如说我证悟的境界没那么高，但是我却自认为已经证悟了，历史上这样的例子比比皆是。

我觉得悟上其实应该还有很多层次。只是儒家强调的是对外、对大众的教化，悟上的层次没有展开。而且你证悟了，不代表就是真的到位了，有一些儒者，他的一些表述，包括他的一些行为应该是有所悟，但未必彻底。王阳明《传习录》里经常会出现一个词，叫作“毫厘千里之谬”。

到后来阳明学异化，最后走向认欲为理的两条路：一个叫虚玄而荡，一个叫情炽而肆。虚玄而荡指的是什么呢？他心灵确实有所悟，但他每天就只愿意打坐，然后享受自己的悟，他并不把它落为实行，这个叫虚玄而荡，即坐而论道。

还有一个情炽而肆，良知的特点是不假思虑，比如说，人的恻隐之心，它不是思虑来的，其实人性里还有一种本能，即人的欲望，它也是不假思虑的。所以我当下涌现的这个东西，究竟是我的欲望还是良知，当你没有分别的时候，就会认欲为理。比如看山看水，然后感觉我与自然融为一体了，也会有一种快乐。这种快乐和一体之乐不一样。一体之乐是道德上的、德性上的乐。这种快乐是感性欲望上的乐。这两者没有区分的时候，他就把自己的欲望当成天理。当成天理的结果，其实是把自己的欲望合理化。晚明就是这样的两种倾向，这导致知识分子没有真正的担当，所以晚明的士风其实是不好的。

王归仁：您刚才提到，我感觉和山川自然融为一体的乐与真的体悟到万物一体呈现出的乐是有区别的。您能不能再详细讲一下。

张卫红：确实不一样。我们一般人到大自然中，觉得跟大自然融为一体，身心通透，它是一种感性欲望的快乐，当然我觉得这个乐根本上还是从万物一体之乐中来的，只是这种乐还没扩出去，还在自己身心的小世界里。所谓万物一体，孟子说得很清楚，叫万物皆备于我，返身而诚，乐莫大焉。他用了个词叫“莫大”，那就意味着什么呢？它完全超出了个体，是个“大我”。你想想看，一旦你是一个“大我”，那种快乐和你在天地间享受一下审美体验的乐，一定是不一样的。它是个“小我”的自我，而那个“我”是个“大我”的自我。还有一个特点就是，“小我”这个我，它是有条件的，它会随着时间而消逝，时过境迁你的烦恼也会接踵而至，而“大我”却是恒久的。

王归仁：刚才您讲“认欲为理”，我有时候会有这种体验：我认为我不自私了，也不代表这个就是“大我”。

张卫红：这里面有个问题，就是工夫要在哪里辨别呢？就是不要自欺，正是《大学》里讲的“所谓诚其意者，毋自欺也”。做到不自欺是很难的，很多时候是自己把自己的想法美化了、合理化了。这个问题其实在阳明后学时代已经有了，罗念庵就对这些问题很谨慎。所以他要去山上静坐。为什么要静坐呢？其实就是要做保任的工夫。没有这个工夫，你可能就会“认欲为理”，陷入自欺而不自知。

王归仁：刚才您详细谈了证悟前和证悟阶段的一些问题，我非常受启发，区分了以前很多似是而非的东西。现在想请您谈谈证悟良知本心后的保任阶段和证悟前的省察克己工夫有什么不同。

张卫红：我觉得还是加法、减法都有，只不过保任阶段工夫会更深更细，照见自己的力量会更强更清晰。我举个比较通俗的例子，比如说人的好色之心，在证悟前，一个想要修身的君子，不该做的事情他就不做，坚决制止，要做这样的一个工夫。到了后期已经证悟了，行为会更何乎天道。比如说你的好色之心，行为上没有了，但心里还有，就是我外在的行为可能都是合乎道德的，但是我内心可能还会动心，要做的工夫其实就是在起心动念上用功，还有就是对自己的反省也会越来越深入。大儒都有一个特点，到晚年反思自己的一生，觉得自己做得这也不好，那也不好，自己一身的过恶，甚至会痛哭流涕。我研究了两个人，一个罗念庵，一个邹守益，都是这样。其实不是说他的缺点变多了，而是他的反省能力变得更强了。原来你看得粗，现在就看得更细，原来看得浅，现在看得就更深。那个时候念是粗念，现在是细念，那个时候是表层的，现在是更本质的。

王归仁：您讲到彻悟的时候，提到打通动静或者动静一如，也就是说，在保任阶段，动静还不通，是吗？

张卫红：保任的时候也需要静坐静修或者辅助于一定的工夫方式。当彻悟的时候，就没有这个形式了，动和定完全是一体的状态。跟别人在一起和自己独处，做事和闲来无事，完全是一个状态，其实就是不动心。这就是程子说的“动亦定，静亦定”。

当真的到了这样一个阶段，便没有什么思虑了。就比如王阳明，他为什么最后经历了宸濠忠泰之变，把良知学正式提出来？那个时候他提出的很多军政方针，并不是思考出来的，而是直觉，当下是即是，非即非。

当时别人怀疑他和宁王朱宸濠是同谋，有被杀的凶险。他说，我当时做出的很多决定，如果带有一点保全我自己的私意，恐怕我现在已经粉身碎骨了。所以别人问他，你怎么战胜朱宸濠的，他都不回答，因为确实没办法回答。可见根本的工夫其实还是在“无我”，不动心上。正因为如此，做完以后他能够把它彻底放下，把功名彻底忘掉。

王归仁：还有一个问题，这也是我读《由凡至圣：阳明心学工夫散论》的时候的想法。您把证悟之前的阶段归成一段叫悟前，想请教您一下，能不能把它再划分得细一点，让我们在明理和工夫上更分明些。

张卫红：这个区分在阳明学那里基本上没有，因为阳明学讲工夫，一切都是从良知里来，但是在朱子学里有一些，比如说朱子的方法叫知先行后，即先知后行，先读书明理，然后再落实到实践上去。这其实就是一种方式。但这些方式、阶段都是因人而异的，每个人都不一样。很难导出一个通用的方式。

但是我觉得一方面是读书，另一方面就是静坐。静坐其实是一个共法，至少可以反省自己、沉淀内心，沉淀一下自己的私心杂虑。这个方法儒释道三家都可以用，这个方式我觉得人人都可以。

其实证悟是很难的，但是为什么很不容易，这个工夫还要做，因为这才是解决问题的根源。可能我这一生都达不到证悟，但我还是要去做这样的努力。我觉得这才是问题的核心。在这条路上，虽然我没有到达山峰，但是我努力的过程能够带给我快乐、充实和安定，这是很有意义和价值的。

我走了这样一条修身之路，就不会自轻自贱，也不会用功利的眼光去看待世界、对待别人，无论贫穷还是富贵，发达还是失意，自己内心都是平和的。外在的成就不会妨碍内在的努力，人生外在的成绩是有限定的，这就是儒家讲的“命”，但有一件事情是有巨大弹性的，是可以有无限可能性的，就是修身之路，它对每个人都是无限开放的。我们对这个社会的实际贡献，可能在数量上有区别，但是我们每个人生命的精神意义、精神价值都是平等的。

所以我恰恰觉得越是普通人越要去修身。为什么呢？因为它可以让人找到真正的自信，即自己看得起自己。

王归仁：我觉得您刚才说得特别有意义。因为很多人修身的时候，往往是站在一个功利角度，认为修身，一定要达到某个目的，如果没有证悟良知，那我就白忙活了。

张卫红：其实真正的意义就在于我们的当下，因为过去不可能回来，未来不可知，去心不可得，我们能把握的只有当下。我觉得修身之路给我们的力量和启发就是可以让我们很充实地安顿好当下。

王归仁：您刚才讲得我觉得特别重要，我们修身到底是为了什么？并不是追求世俗上的功利，我一定要得到什么，得不到难道我就不修了？我觉得这个确实是关键。

张卫红：这就是王阳明讲的，不是一个良知之外别有一心。好像你现在求的是一个更高的心，把更高的心当成目标。阳明告诉你的是：它就是你，当下它就是你的本心。不要去舍掉你现在的一切，把它当成一个目标、一个对象去追求。怎么样更好地安住当下才是问题的核心。

王归仁：卫红老师，还有一个问题，如果在职场中想要修身的话，回到企业这个现实的场景下，我们要面临很多现实的冲突，比如说跟客户的冲突，同事之间沟通，甚至是职位上的升迁变化。就会有很多计较心出现。您对这种情况给我们一些教导或者启示吧。

张卫红：教导不敢当。我们传统的修身之路，它和现实生活中的一些规则乃至潜规则确实是不一样的。后者让人觉得我可以更快地获得利益，获得种种好处。当我努力修身了，我就要摒弃潜规则，就得不到当下的利益和好处了。我觉得这要从长远看，凡事皆有因果，可能短期看他得到了好处，而他用了一些不太正当的手段得到的。但回溯到过去，不是所有的人使用了不正当手段都能得到这个好处。这么做了有的人能得，有的人不能得，你这么做能确保你能得吗？你不知道。还有就算你现在得到了，你为它付出的报偿或者代价，其实你是没看到的，你看到的就是这一点点好处。《周易》中说圣人要“言幾”，幾者，动之微。“动幾”就是事物的苗头我们是看不到的，我们要的都是那个好的结果，但是我们没有把握住这个苗头。反过来说，现在看起来我是吃亏了，你怎么知道未来它不给你种下一个好的结果呢？

真正坚定我们修身路径的动力，我觉得根本还是在世界观上，还是在于你自己所求在哪里。儒家的修身工夫，讲“慎独”，《中庸》讲“戒惧”，都是一种敬畏的态度，不要觉得自己现在得到的这点好处就是理所应当的。一定要谨慎、警惕、反省。

王归仁：我自己的心路历程就是这样，早期的时候我没有坚定地走修行之路，要么不自信，要么计较，这应该也是大多数人修身的障碍。

张卫红：君子和小人的区别，不是好人和坏人的区别，而是人生有没有自我反思、自我提升的自觉。君子，其实不是圣贤、但是他是想做圣贤、想改变自己的人，而小人是不想改变自己、随俗随习的人。

中国古代的修身之学有一个特点，就是张载所说的“养则复命于天，道则责成于己”。这个养就是给养，就是我的生活养料，也就是说我挣多少钱，吃多少饭，住什么房子，要听任老天爷的安排。儒家思想是很讲命的，这个命有两层，一层是大的天命，就是道；还有一层是小天命，就是你个人的命运。外在的人生际遇它有一定性，你能得到多少，要交给老天爷安排，这叫复命于天。

一般人为什么不甘心去修身呢？他觉得人生还有突破。成功其实是不可复制的，我们现代人的成功之学，把成功总结成一整套知识化的体系。或许在某些领域适用，但是它脱不了命限。那我们要怎么做呢？古人讲以德配命，我们要接受现实，在这个基础上修养自己的德行。不敢说让自己能变得更好，但一定不会更坏。

王归仁：我在读《由凡至圣：阳明心学工夫散论》这本书的时候，有句话对我触动极大。就是“信得及良知”。对我们这些初学的人，不肯把自己交给良知，无论是不自信，还是计较，可能根本上都在于信不信得及良知。

张卫红：其实王龙溪讲的“信得及”，它不只是普通意义的，我相信，你真信得及，你也就做到了。如王阳明他没有悟道之前，已经把自己当作圣人，至少圣人是他的榜样。圣人在这个环境会怎么做？他的所做其实就是按照圣人的要求和标准去做了。所以即便我们没达到，但如果你真信你的所做，用圣人的心态去体贴，本身已经是在提升了。自己把自己当成圣人，不是说去教化别人，而是对自己有一个更高的要求，我们每个人都有能力、有力量，做到像圣人那样。

王归仁：您刚才讲“信得及良知”，我受益匪浅。感谢卫红老师，今天这个访谈，解了我心中很多困惑。外面虽然飘着冬雨，我却感觉在春风里。

御制孟子庙碑

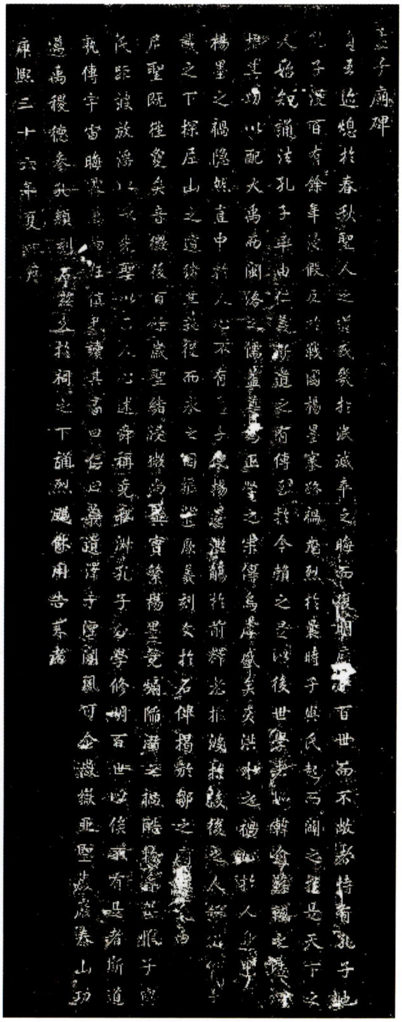

御制孟子庙碑拓片

钱公碑

钱公碑拓片

峄山碑

新莽莱子侯刻石

汉代青玉璧

东汉玉剑首

汉代四面人脸石刻

元青花罐

邿国故城挖掘图片

孟庙

孟府

上九山

峄山

文物撷英

御制孟子庙碑

刘　舰

在孟庙孟府孟林众多碑刻中，最宏伟雄大的莫过于《御制孟子庙碑》了。这通碑刻矗立于孟庙二进院落承圣门东，外罩以绿瓦重檐歇山式碑亭，立于康熙二十六年（1687），通高5.90米，碑额高1.70米，宽1.64米。碑身高3.20米，宽1.44米，厚0.54米。碑身左、右各浮雕四游龙，每龙各戏一珠，跃跃欲出，并间以浮雕云纹，碑阴与碑阳雕刻同样纹饰。碑文为楷书，遒劲典雅，主要赞颂孟子“承先圣，正人心”的历史功绩。字径高0.05米，宽0.04米，共12行，每行35字。

碑文内容如下：

自王迹熄于春秋，圣人之道或几于泯灭，卒之晦而复明，历千百世而不敝者，恃有孔子也。孔子没百有余年，浸假及于战国，杨墨塞路，祸尤烈于曩时，子舆氏起而辟之，于是天下之人始知诵法孔子，率由仁义，斯道之有传至于今赖之。是以后世学者如韩愈、苏轼之徒咸推其功以配大禹，而闽洛之儒益尊为正学之宗传。乌乎！盛矣！夫洪水之祸，止于人身已尔；杨墨之祸，隐然直中于人心。不有孟子，使杨墨滥觞于前，释老推波于后，后之人虽欲从千载之下探尼山之遗绪，其孰从而求之？因推述厥义，刻文于石，俾揭于邹之庙。其文曰：

尼圣既往，夐矣音徽。后百余岁，圣绪浸微。尚异实繁，杨墨兢煽。陷溺之祸，酷于昏垫。惟子舆氏，距诐放淫。以承先圣，以正人心。述舜称尧，私淑孔子；正学修明，百世以俟。不有是者，斯道孰传？宇庙晦霿，万物狂颠。我读其书，曰仁曰义；遗泽未湮，闻风可企。

岳岳亚圣，岩岩泰山；功迈禹稷，德参孔颜。刻石兹文，于祠之下；诵烈扬休，用告来者。

康熙二十六年夏四月

日讲官起居注、翰林院侍讲、臣米汉雯奉敕篆额

内务府广储司员外郎、臣皂保，工部都水司员外郎、臣卞永式奉敕监造

鸿胪寺序班、臣朱圭奉敕勒石

大意是：尧、舜、禹、汤、周文王、周武王、周公几位圣王功绩遗风到了春秋时期已消失殆尽，圣人之道近乎泯灭。幸好此时出现了孔子，集上古文明之大成，开儒学之先河，倡导仁爱大同，使阴暗的世界变得光明，孔子的学说历经千百年都没有被遮蔽。孔子去世后一百多年，到了战国时期，杨朱的“为我”思想和墨翟的“兼爱”思想阻塞了世间大道，危害比以往任何时候都要严重，这时孟子挺身而出，驳斥杨墨思想（杨子为我，是无君也；墨子兼爱，是无父也）。于是天下人才开始颂扬和效法孔子，以仁义为先。正是因为有了孟子的努力，孔子之道才能传承至今，所以后世学者韩愈、苏轼认为孟子的功绩可以和大禹相媲美，程颢、程颐和朱熹尊孟子为正学之宗传。这是多么伟大！滔滔的洪水危害的是人身，杨朱墨翟的思想危害的是人心，而且不易被人们所察觉。如果没有孟子，杨墨思想泛滥于前，佛道文化推波于后，即使千年以后世人想要探寻孔子遗风，又怎么能够找寻到呢？为了推崇孟子思想和他所倡导的“义”，把这篇文章刻在石头上，立石于邹县孟庙，文章如下：

孔子去世以后，他的影响渐渐远去，其后一百余年，孔子遗风渐渐衰微。战国时期，杨墨思想盛行，其危害比黑暗和地陷还要严重，唯有孟子，驳斥杨墨的思想，击破其荒谬的说法，继承了先圣遗志，匡正了世人的心。孟子继承并传扬尧舜等圣人的学说，以孔子为师；孟子正学修明，这是百世的期待。如果没有孟子，圣人之道谁来传承？世间昏暗，万物将不得其所。我读孟子的书，讲的都是仁义，孟子思想给后世带来的恩泽，至今也没有泯灭。

亚圣孟子如泰山一般，他的功绩甚至超过了大禹和后稷，他的德行和孔子颜回比肩，具有同样高尚的品德。将刻有这篇文章的石碑立在孟庙中，以向后人诉说孟子的功绩，称赞孟子的美德！

《御制孟子庙碑》为清康熙皇帝于康熙二十六年御笔亲书。康熙帝名为爱新觉罗·玄烨，是清朝第四位皇帝，也是清军入关以来第二位皇帝，还是中国封建王朝在位时间最长的皇帝，年号“康熙”。其八岁即位，亲政后，智擒鳌拜，平定三藩，收复台湾，击败噶尔丹，驱逐沙俄，巩固一统。康熙帝博学多才，儒学造诣匪浅，还精通算学、水利、测量等，为中国历史上的成功帝王之一。

康熙帝擅长书法，专以学董其昌书法的沈荃为师。晚清中兴名臣曾国藩曾评价康熙：“临摹名家手卷，多至万余。”康熙自己也曾说过：“朕自幼好临池，每日写千余字，从无间断，凡古名人之墨迹石刻，无不细心临摹，积今三十余年，实亦性之所好。”康熙的书法中含有博雅的气度，清丽洒脱，工整清秀，有着很高的艺术成就，在中国书法界占有一席之地，康熙的书作历来备受民间藏家的青睐。这通碑刻，书法和内容都堪称名篇，具有较高的文化价值。

清朝虽然为少数民族建立的政权，但对孔孟思想、儒家之道非常推崇。清军入关后的第一个皇帝——顺治帝在顺治九年亲自拜祭孔子，并说“圣人之道，如日中天”。顺治十二年，又通过礼部向天下宣告以儒家文教为治国根本。康熙帝在位期间，设立南书房，聘请汉族名儒讲解经史子集，担当政治顾问。他还曾亲自撰写《御制日讲四书解义序》，展示其在学习儒学方面的心得体会。康熙二十六年，在四月亲笔书写《御制孟子庙碑》后，七月，康熙帝又御书“学达性天”颂赐宋儒朱熹，并把匾额悬挂在朱熹亲手创建的武夷精舍。因而这通碑刻也是研究清朝时期尊崇儒家思想和道统文化的重要文物史料。

碑身下为一个巨大赑屃。相传赑屃为龙的九子之一，是我国古代的一种祥兽，性温和，善负重，外型似龟。古人为了给死后的帝王圣贤树碑立传，歌功颂德，常把巨大的石碑立于赑屃背上，意在依靠其神力，可以千秋永存。《御制孟子庙碑》身下的这只赑屃，狮首、龟盖、鹰爪、蛇尾，昂首平背，气势磅礴。它的头离地 1.30 米，身高 1.00 米，宽 1.54 米，长 3.50 米。石质光润如玉，刻工精湛细腻，造型栩栩如生。赑屃趴卧于一块长 3.20 米，宽 2.55 米的长方形石座上。石座平面阴线深雕水纹，赑屃若浮于沧海碧波之中。充分体现了我国古代工匠的高超技艺，具有较高的艺术价值。

因赑屃为吉祥之物，深为人们所喜爱，故其首尾及身已被人手抚摸得光滑如镜。摸赑屃也是孟子庙会上的民俗活动之一。孟子庙会在每年农历正月十六日，是由祭祀孟子而引起的群众自发性参与的游览性庙会。当地俗云“摸摸赑屃的头，永远不知愁；摸摸赑屃的腚，永远不害病”。总之，其目的都是为了通过这一活动来消除烦恼和保佑健康。数百年以来，人们先焚香祷告，再入亭摸赑屃，求得每年安康。除摸赑屃，孟子庙会上还有投钱币祈求好运的民俗，传说《御制孟子庙碑》下有一口井，与东海相通。赑屃擅负重来孟庙专事驮碑，但它要定期通过这口神井回东海去会亲访友。人们往碑座下的缝隙里投钱，如同以石击水，钱币入隙消失。投了 300 多年，尚不见满。世世代代赶庙会的人不断向这神秘的碑缝里投放钱币，祈求福如东海的好运。围绕《御制孟子庙碑》发生的民间风俗活动，也体现了这通碑刻的民俗价值。

孟庙东庑先儒钱公碑

刘　舰

在孟庙亚圣殿前东西两庑从祀孟子的先贤、先儒，有孟子的弟子万章、公孙丑、徐辟、彭更等人，以及称赞孟子“功不在禹下”的韩愈、发现孟子墓并始建孟庙的孔道辅。其均为历朝历代朝廷官方审议确定的人选。但其中供奉的韩愈牌位之南，还供奉先儒钱唐，他却不是经朝廷官方确定的，那么钱唐是谁？他又如何得以从祀孟子？其中又有怎样的故事？孟庙中留存的孟庙东庑先儒钱公碑，便记述了这件事情。

孟庙东庑先儒钱公碑现存孟庙养气门内北侧北壁，南向。高 0.55 米，宽 1.12 米，碑文以楷书撰写，共 34 行，每行 23 字。石碑立于清光绪二年五月，由浙江人陈锦所立。

钱唐，字惟明，浙江象山人，五代十国时期吴越王钱镠的后代。钱唐生活在元末明初，自幼饱读经书。朱元璋建立明朝后，遍揽天下英才，钱唐因博学敦行，在 54 岁时被礼请到了南京，讲明经对策，论治平之道，受到了朱元璋的赏识，被授予刑部尚书一职。在南京任职 27 年，清正廉直，身体力行，两袖清风。钱唐颇有孟子所言“富贵不能淫，贫贱不能移，威武不能屈”的大丈夫气节，更为保护孟子的地位做出了极大贡献。

据《明史》记载："帝尝览《孟子》，至'草芥''寇仇'语，谓：'非臣子所宜言'，议罢其配享。诏：'有谏者以大不敬论。'唐抗疏入谏曰：'臣为孟轲死，死有余荣。'时廷臣无不为唐危。帝鉴其诚恳，不之罪。孟子配享亦旋复。"朱元璋读到了孟子所说"君之视臣如土芥，则臣视君如寇仇"，就是说，国君视大臣为泥土草芥，则大臣视国君为强盗贼寇。国君对大臣礼貌，大臣也对国君尊敬。国君若视大臣如粪土，大臣也视国君如无物。看到这，朱元璋大发雷霆，认为这不应该是臣子所说的话，立刻宣布即日起"罢免孟子配享孔庙"，将孟子的牌位撤出孔庙，取消他在孔庙里从祀的资格。虽然大臣们纷纷上奏反对，但朱元璋声称朕意已决，谁也不许再说，否则以"大不敬"罪处死。但钱唐坚持进宫为孟子求情。朱元璋一听钱唐为这事而来，命令侍卫张弓搭箭向其射击，钱唐肩臂之上各中两箭，鲜血直流，仍英勇不屈，勇往直前。这让朱元璋很佩服，于是让其进来说话。钱唐痛陈孟子之不可废，认为孟子已被天下尊奉多年，一旦废绝，不但中国震动，四夷也会惊愕，会怀疑中国还是那个尊奉圣人之道的天朝上国吗？钱唐的话打动了朱元璋，于是命人把钱唐送到太医院精心治疗，不久又恢复了孟子配享孔庙的资格。钱唐的舍命进谏，让朱元璋意识到孟子在读书人心目中的分量，更意识到了孟子舍生取义思想的感召力和生命力。

孟氏族人感恩钱唐对孟子的舍身维护，设报德祠来祭祀钱唐，后因年久失修，祠堂毁坏，就把原放在报德祠的钱唐牌位移到了孟庙东庑，当时牌位上写的是"明故刑部尚书某公某之神位"。清同治十二年（1873 年），时任山东巡抚的丁宝桢委派浙江人陈锦重修孟庙，竣工后，遵照清乾隆年间朝廷议定的东西两庑从祀人员座次设置牌位，钱唐并不在列。于是把钱唐的牌位放到了孟庙致严堂，议复建报德祠祀之。晚上，陈锦夜宿孟第，梦见老人银髯绯服立榻前，榻即浮动有声，陈锦惊醒了，又睡下后，再次梦到了这一场景。其梦里凝思，即已知为"钱公之灵有以儆我"。陈锦认为，孟庙在邹县，不像孔子的文庙那样遍布天下，而孔道辅升格到孟庙两庑从祀，当时也没有明文记载。"今钱公有功圣教，史册昭垂"，"以之从祀孟庑，虽无明文，亦何敢妄议易置？"于是把钱唐的牌位放在了孟庙东庑先儒韩愈的牌位之南，亦在西庑先儒孔道辅的牌位之次，把牌位上的文字也改为“先儒钱氏”以符体例。丁宝桢认可了这一做法，在《重修亚圣孟子庙碑》碑文中其写道“为钱氏增列祀位，质之议礼君子，虽百世当有同心焉”。

钱唐从祀孟庙东庑的经过，虽有神话演绎，但体现了陈锦对同乡先贤的崇敬之心，更体现了世人对钱唐的敬重之情，也为孟庙增添了新的传说。

从孟庙里的碑刻来看乾隆对孟子有多尊崇

孟令亮

孟庙，又称亚圣庙。始建于北宋景祐四年（1037），位于邹城四基山孟子墓前。北宋元丰年间，因距城较远，瞻仰祭祀等诸多不便，又别建孟庙于邹县城东廓。由于靠近因利河难以保护，北宋宣和三年（1121）由民众捐献及朝廷拨出专款，孟庙由邹县城东廓迁建于现址，迄今已有九百余年。孟庙历经宋、元、明、清多朝，每年皇帝都会派遣礼官前来祭祀孟子，但只有乾隆皇帝一生中两次亲临孟庙祭祀孟子，行一跪三叩礼。可见乾隆皇帝对孟子的尊崇，也体现了儒家思想在中国传统文化中的地位。

如果仅以此来说明乾隆对孟子多有尊崇，那还远远不够。下面就随着我的步伐，一起走进孟庙寻找“乾隆对孟子的尊崇”。浅秋九月，清风轻轻划过，漫步于红墙碧瓦的孟庙里。循着思绪的驻足与彷徨，犹如在时空隧道里翻飞与流转。穿过棂星门、亚圣庙石坊、泰山气象门，我们来到了孟庙的第三院落，此院落有左、中、右三路。先看正中路承圣门西侧有一通《皇帝遣申甫致祭于亚圣孟子之神位文》。此碑内容说的是乾隆三十六年（1771）三月初四日，乾隆亲临曲阜祭孔，初七日，派遣从三品的光禄寺卿申甫，分祭孟庙宣读祭文。祭文颂扬了乾隆对孟子功绩的肯定，抒发了对孟子气象的向往。

碑文为：

清乾隆三十六年岁次辛卯三月壬辰朔月初七日戊申，乾隆皇帝遣光禄寺卿申甫谨致祭于亚圣孟子之神位前曰：惟亚圣孟子统接见知，学承私淑。继传薪于三圣，大道是闲；扶坠绪于七篇，斯文再盛。守先待后，息浮议以正人心；幼学壮行，黜近功而崇王政。性原尧舜，独标仁义之宗；道重齐梁，力矫从衡之习。信侔称乎禹绩，实禀训于孔传。朕载莅鲁邦，近瞻高躅。缅风徽于邹峰，庙貌如亲；钦气象于泰岩，祠官是饬。肃精禋而昭报，伫神爽以式凭。芳醑敬陈，尚其歆格！

过承圣门就到了孟庙的第四院落，此院落内有孟庙的主体建筑“亚圣殿”，其前方左右两侧建有“东庑”“西庑”“天震井”等建筑物。最耀眼醒目的是单檐斗拱、黄色琉璃瓦覆顶的方形建筑，为“乾隆御碑亭”，亭内立有清乾隆十三年（1748）乾隆皇帝亲笔御书《亚圣孟子赞》。碑文为：

战国春秋，又异其世。陷溺人心，岂惟功利。时君争雄，处士横议。为我兼爱，簧鼓树帜。鲁连高风，陈仲廉士。所谓英贤，不过若是。于此有人，入孝出弟。一发千钧，道脉永系。能不动心，知言养气。治世之略，尧舜仁义。爱君泽民，惓惓余意。欲入孔门，非孟何自？孟丁其难，颜丁其易。语默故殊，道无二致。卓哉亚圣，功在天地！乾隆戊辰仲春月御笔。

《述圣子思子赞》内容为：

天地储精，川岳萃灵。是生仲尼，玉振金声。士德作求，孝孙为则。师曾传孟，诚身是力。眷兹后学，示我中庸。位天育物，致和致中。夫子道法，尧舜文武。绍乃家声，述乃文祖。乾隆戊辰仲春月御笔。

此赞颂扬了孟子力辟群雄，知言养气，著书立说，使孔子的学说得到了继承和发展。孟庙的主体建筑“亚圣殿”门楣上“道阐尼山”的匾额和殿内明柱上“尊王言必称尧舜，忧世心同切禹颜”的楹联，均由乾隆皇帝亲笔御书。

左路启圣殿前碑林中有一通《皇帝遣钱维城致祭亚圣孟子之神位文》。此碑说的是清乾隆二十一年（1756）三月初一日，乾隆皇帝亲临曲阜祭孔，初三日，派遣从二品的内阁学士兼礼部侍郎钱维城，分祭孟子，并宣读了《御祭孟子庙》一文。碑文为：

> 维乾隆二十一年岁次丙子三月壬辰朔月三日辛未，皇帝遣内阁学士兼礼部侍郎钱维城致祭于亚圣孟子之神位前曰：惟亚圣孟子，灵钟邹峄，学本尼山。溯私淑之渊源，道实承夫三圣；绍见知之统绪，辞大备于七篇。幼学壮行，既躬履夫仁义；知言养气，亦明析其精微。卫正学而辟异端，惟道性善；尊王政而贱霸术，聿正人心。教悉禀于孔门，功不在于禹下。朕时巡东土，莅止鲁邦。钦庙宇之非遥如亲道范，敕专官而将事肃荐歆香。惟冀神灵，尚其来格！

此祭文高度评价了孟子继承儒学正统，并加以发扬光大的功绩，认为孟子之功不在禹下，充分表达了对孟子的恭敬钦羡之情。除了派遣礼官致祭，乾隆皇帝对亚圣孟子庙的修缮也很上心。如今碑林内还存有孟子六十五代孙孟衍泰撰写的《勅修亚圣孟子庙感恩碑记》。

右路致敬门前东侧有一通《御颁亚圣孟子庙祭器碑》。记录了清乾隆十四年（1749）正月二十五日，乾隆皇帝颁赐孟庙祭器一事。折射出他对孟子的敬仰之情以及对祭祀的高度重视。碑文为：

> 乾隆十四年正月二十五日，内阁奉上谕：国家崇礼先圣先贤，秩祀惟谨。阙里文庙祭器自皇考世宗宪皇帝时制造颁发。官墙美富穆然，见隆古典型。乃者各坛庙升馨荐享，亦既悉用古制矣。惟兹元圣周公庙及

四氏先贤祠，朕于东巡之次，特命修葺。今轮奂翼如，而器具未备，非所以重明禋将诚恪也。该抚准泰其饬有司遵定式敬谨成造，俾奠献几楹，执事有恪，肃巨典焉。钦此。嗣于乾隆十五年五月内奉颁亚圣孟子庙祭器：正位（照文庙四配例）献爵三只，铏一件，簠二件，簋二件，豆八件，竹笾四件，竹帛匣一件。配位乐正子（照文庙十哲例）献爵一只，簠一件，簋一件，豆四件，竹笾四件，竹帛匣一件。东庑三龛（照文庙先儒例）献爵三只，簠三件，簋三件，豆十二件，竹笾十二件，竹帛匣一件。西庑三龛（照文庙先儒例）献爵三只，簠三件，簋三件，豆十二件，竹笾十二件，竹帛匣一件。

除了孟庙里现存的碑刻记载，其实翻阅《清会典》《三迁志》等典史古籍还会发现很多关于乾隆皇帝尊崇孟子的行迹。

邹城博物馆馆藏文物精品展（六则）

李 琳

1. 秦峄山刻石

峄山刻石又称峄山碑，通高 1.95 米，宽厚皆 0.48 米。原立于山东济宁邹城峄山镇峄山上。据《史记·秦始皇本纪》载，秦始皇统一中国后，率群臣东巡，于始皇二十八年（前 219）乘坐羊车故道登上峄山，命丞相李斯撰文书写碑刻石，颂扬了秦始皇废分封、立郡县的功绩。秦二世东行郡县又在碑石另一面刻上了二世诏文。峄山碑韵文言简意赅，书法苍古虬屈，用笔“骨气丰润，方圆绝妙”，是研究文字发展史和书法艺术的重要资料。

2. 新莽莱子侯刻石

刻石高 57 厘米，宽 80 厘米，厚 52 厘米。清嘉庆二十二年（1817）发现于邹城西南卧虎山。由不规则形自然石块凿刻而成，隶书 7 行 35 字，记载西汉新莽天凤三年（16），有一位叫莱子的侯爵，替宗族内本支派的人做了一个封土标记，使用储子良等百余人力，告诫以后子孙不要把它毁坏了。郭沫若曾在 20 世纪 60 年代致函邹城文物部门，称莱子侯刻石“世所罕见，金石研究必从解读此石开篇”。

3. 汉代青玉璧

青玉璧直径27.7厘米，孔径7.1厘米，厚1.2厘米。1975年在山东济宁邹城钢山街道北关社区铁山之阳汉墓出土。青玉质，扁平圆形，器形较大，厚薄均匀，边缘规整，周缘起棱，质地晶莹温润，色泽华美柔和。其上纹饰分为两层，内层饰谷粒纹，外层饰两组夔龙纹，纹饰优美生动，刻纹线条流畅，制作规整精美，雕刻工艺精良。玉璧是一种圆板形、片状、中部有孔的玉器，是古代祭天的礼器，古人认为天圆地方，因而用璧来祭天。

4. 东汉玉剑首

剑首通高1.5厘米，直径6.0厘米。青白玉质，洁净细腻，正面中部呈圆形凸起，上饰水涡纹，外圈高浮雕双螭纹，昂首张口，形象生动。背部有一个圆形孔洞，供剑柄直接插入使用。玉剑首采用精雕细琢的雕刻技法，刀法粗犷有力，刚劲挺拔，寥寥数刀即把充满动感和灵气的蟠螭活灵活现地表现出来，生动地体现了汉代玉工精湛的雕刻技艺，表现出汉代玉器特有的清新脱俗、豪放雄浑的艺术风格。

5. 汉代四面人脸石刻

四面人脸石刻高0.45米，长0.40米，宽0.27米。2009年在山东济宁邹城唐村镇前葛村出土。四面均刻画像，两面较宽，两面较窄，每面的形象均为人脸，眉、眼、鼻、嘴、耳部清晰简略。人物佩戴尖帽，长耳，高鼻，深目，拱手，跪坐。从石刻人物形象分析应为胡人，胡人是我国古代对北方边地及西域少数民族的称呼。四面人脸画像石刻国内较为罕见，具有较高的历史研究和文物考古价值。

6. 元青花云龙纹罐

云龙纹罐通高33厘米，口径14厘米，底径13.5厘米。1976年在山东济宁邹城中心店镇尚寨村鲁荒王戈妃墓出土。敛口，溜肩，鼓腹，矮圈足，双兽首耳。肩部饰青花缠枝莲花纹，腹部饰青花云龙纹，圈足处饰变体仰莲瓣纹。元青花瓷以其独特的创造力和艺术性在人类文明史上享有盛誉，一直受到世人的注目。该罐是典型的元代景德镇窑的产品，印证了元青花不受拘束的艺术创造力，是古代瓷器史上的珍宝。

读书·随笔

儒学之本如何在现代得以重光

——读唐君毅先生《人生之体验》

潘英杰

一

儒学本华夏之学。逝夫兄曾在其《庚子行记》中说，中华文化的本源，在于人与自然的和谐融合，在融合的过程之中，逐渐产生了对天、地、人三者关系的认知，产生对人与人之间关系的认知，进而有了五伦思想。从这一个角度来讲，儒学无疑是与华夏文明有着更深的联结。然而，平心而论，我更希望自己能够去复兴华夏之学，而不仅仅是儒学。戚戚吾心！实则理也本是如此。姑尝试论之。

孔子一生，都在孜孜不倦地求学，说“夏礼，吾能言之，杞不足征也；殷礼，吾能言之，宋不足征也。文献不足故也，足，则吾能征之矣”（《论语·八佾第三》），又说“周监于二代，郁郁乎文哉，吾从周”（《论语·八佾第三》），三代之礼都愿学之；其在齐国听到大舜留下的韶乐，随后竟三月不知肉味，而叹："不图为乐之至于斯也！"（《论语·述而第七》）唐虞之风自此深深浸于孔子的心中；到其晚年学《易》，韦编三绝，不禁叹道："加我数年，五十以学《易》，可以无大过矣。"（《论语·述而第七》）基于远古伏羲观天地万象所作之八卦而推演成的《周易》也让孔子喜爱不已。此外，孔子还重视《诗经》而教导弟子"小子何莫学夫《诗》？《诗》可以兴，可以观，可以群，可以怨。迩之事父，远之事君，多识于鸟兽草木之名"（《论语·阳货第十七》），与弟子讨论《尚书》中的"高宗谅阴，三年不言"而洞明其故。故知孔子深为华夏之学所浸染，下则将此学化为教育以广授弟子，上则将此学化为政事以治理家国，到晚年知此学所孕育之道不为当时晚周列国的执政者所接受，便据史而作《春秋》，欲以传诸后世，笔法严密。孔子删《诗》《书》，定《礼》《乐》，序《周易》，作《春秋》，六经由是以成。其后纵然百家争鸣，历朝变更，都不能动摇六经的地位。因为孔子有如此重大的文化贡献，司马迁在《史记》中赞叹道："天下君王至于贤人众矣，当时则荣，没则已焉。孔子布衣，传十余世，学者宗之。自天子王侯，中国言六艺者折中于夫子，可谓至圣矣！"

后人以孔子为宗，儒学乃由此而创，但究孔子之心，其意并不在创立新的学问，即使有所更新，也是学而有得，承前以开，如继周朝的礼乐并深化之，说："人而不仁，如礼何？人而不仁，如乐何？"（《论语·八佾第三》）发现内在于礼乐及人心之中的"仁"，且自觉将此弘扬。但"仁"自唐虞起即有弘扬，只是当时人身处其中而不觉。《尚书》开篇就说："曰若稽古帝尧，曰放勋，钦、明、文、思、安安，允恭克让，光被四表，格于上下。克明俊德，以亲九族；九族既睦，平章百姓；百姓昭明，协和万邦。黎民于变时雍。"尧之治，便是后世儒家所传扬的仁治。故儒学以孔子为宗，而明其自觉开创之所在；儒学归乎华夏之学，乃明其内在学脉之来源。混沌凿开，光明四射，自此儒学便如浩浩之长江，在后世的土地上不断得到滋养，并反过来不断滋养着这大地上的人们。

二

嬴秦之时，儒学第一次遭遇厄难，六经自此成为五经，但两汉以来，儒学中的经学传统不断得到延续，从五经、七经、九经、十二经，最后形成了十三经，更见儒学生命力之浑厚。直到近代，儒学在西方文化的冲击下，又惨遭厄难，且这一次厄难，更重于秦火。然而，数千年以来，华夏之学深深浸染在华夏儿女的基因里，即便受到如此巨大的阵痛，也不可以轻易剥离，霍韬晦先生曾撰联云："礼失求诸野，道在可回天!"在民间自有一股浑厚的文化元气在。但当时的学界并不乐观，幸还有诸多有识之士力挽狂澜，于茫茫世界中，高声为儒学"招魂"。"魂"者，其真精神之所在也。后来便有人将这一群人中的代表，称为"当代新儒家"。不过，儒学因国力之式微而式微，相比而言西方各国国力之强大，也让华夏儿女不觉仰慕其强大背后可能与之关联的西学。于是，在特定的历史时空中，西学便如潮水一般逐渐弥漫了整个华夏大地，甚至世界。西学中自有诸多不可替代的价值，在与西学的文化碰撞中，不断吸收其优点，以求更新自身的生命。然而，在今天看来，这新一轮的文化碰撞还在继续中，儒学的自主意识正在重新觉醒，却还未完全觉醒。

其中很重要的一点，便体现在儒学的叙述方式上。叙述方式的背后，即为其文化之本。西学远绍古希腊的哲学传统，一向重视知识与逻辑，其叙述方式如此，今天的儒学叙述方式很大程度上也不免如此。但如果只是如此，而不见儒学的传统叙述方式也受到广泛认可，便可知儒学的自主意识还未完全觉醒。当代新儒家中，自觉地接受并运用西学式的叙述方式者，有唐君毅与牟宗三两位先生，其精通西方哲学，深知传统儒学价值所在，且有生命上真实的体证。在他们一生努力地撰述中，留下了诸多鸿篇巨制，不仅在中国的学界占据不可或缺的地位，也远播至西方，受到一定的重视与认可。儒学内在的真精神也借由他们的著作，得到更广泛地传播。在他们之后，对于儒学研究更自觉地运用西学式的叙述方式，并成为学界的主流。从文化之碰撞与吸收的角度看，这自然是对儒学内涵的一种扩充。但仅仅如此，恐怕不够。因为文化之碰撞与吸收的前提，是先保持自己文化的主体性，至少要先熟知自己文化的长处所在，并将此保留，方有对其他文化精华的吸收。由此而见，儒学在近代以来，面对全新的格局，如何守住根本？如何与时俱进？其实还有很长的路要走。唐、牟两位先生在采取西学式的叙述方式以呈现儒学的真精神时，自有其时代的必要性与历史的使命性，不过他们也深知如此的不得已之处，这一点自觉，颇为宝贵。需要说明的是，这一种儒学真精神的呈现，更多还是偏向客体性的呈现，即把自己置为旁观者，以现代人思维上能理解的方式，将儒学的真精神讲给他们听。除此之外，还得有很关键的一步。

像唐君毅先生，在其著述中历历提到，如其晚年呕心沥血完成的大作《生命存在与心灵境界》，被誉为是可与柏拉图之《理想国》、康德之《纯粹理性批判》、海德格尔之《存在与时间》及怀海德之《历程与实在》相媲美的著作，然而在书的结尾，唐先生却说："世人果能知此书之意，亦当求心契之而入于无言与由言起行之境。吾亦将自视其所言，皆如浮云之过太虚，更不以之自累其心。则前此所谓使言说思想义理成具体的存在，在哲学中谓了义者，在生活与生命中，仍非了义。"这其中便看出唐先生实自觉到西学式的叙述方式也有其不足之处，若仅仅想借此来了解儒学的真精神，是远远不够的。

三

那么，儒学传统的叙述方式是怎样的？

如果了解到儒学本源自华夏之学，或言儒学乃华夏之学发展至孔子后的一种新的呈现，便知儒学传统的叙述方式，实也就是华夏之学传统的叙述方式。从《周易》到《尚书》《诗经》，再到《礼记》《春秋》，从《论语》到《孟子》《大学》《中庸》，再到程朱陆王诸大儒的著作，如此一脉传承下来，便可见儒学传统的叙述方式，一向以人为主（这个"人"，自然包括叙述者自己），而重视生命的切身体验，有真实的体验、真实的修证，生命得到德性敦化上的真实饱满，便如溢满的水一样自然流露成文字，虽不尚逻辑，却直指人心，令人回味无穷。且在其文字中，经常会看到叙述者以身示法，用他自身的真实经历或感触，将其所感受到的那个“理”具体化、血肉化、生命化。尧舜便是如此，孔孟也是如此，后世之如程朱陆王同样是如此。我们秉诚地去读他们的书，几乎都能在书中看到他们“人”的身影。故其叙述中有“人”，其叙述之指向，也是在指引读者回到这个“人”——经历了真实生命锤炼之后的自己。总而言之，儒学传统的叙述方式，不离其本。它可能不太注重整体知识体系的逻辑结构的严密性，但更注重一种真实生命体验的无私分享，句句所得都是从自己内心发出。反过来，这种知识体系的逻辑结构看似不是很严密，但它却更有直指人心之功，语言中颇具一股力量，可以让人在读的当下，生命便受到直入根柢的震撼，而对儒学之本逐渐有了活泼泼的体验。所以它的严密性，不是从知识结构的角度出发，乃是从智慧启迪的角度出发。这当中，作者把自己对儒学之本的真实的体验融入进去，这很关键，即文字中要有人。作者的生命体验有多深，这种智慧启迪的“严密性”就有多高。如月印万川，“有诸己，而后求诸人；无诸己，而后非诸人”（《大学》），均可目击道存、因材施教。然而现在大部分的儒学著作，却不见人的身影，抽离了自身的生命体验，甚至自身的生命有没有体验都不可知，逻辑性的叙述所讲的往往只是知识化了的“理”。如何在这样的叙述方式大潮下，重新唤醒儒学之本，让传统的叙述方式在当代及以后得到具有生命性与时代性的不断延续，便是儒学的一大现实课题。

再深入探究，为何现在的叙述方式会更多偏于逻辑性？这自然有近代以来西学在其已成的功用之势的席卷下带来的强大冲击，另一方面，则是儒学自明末以来在对其本的探求中因清廷高压而难再继宋明之踵武。又加上近代以来的白话文运动，本身在文言文中具有丰富意蕴的字词一下要改成日用白话，也是一大挑战。语言表达方式的改变，其实也会带动思维方式发生改变。德国著名学者马克斯·韦伯曾提出“世界的祛魅”一说，这一方面表现出源自古希腊传统的科学理性对近代以来整个世界的深刻影响，另一方面也表现出在世界范围内神圣价值的不断被扁平化。儒学本身具有与时俱进的精神，科学理性对儒学也有很大的补充性。只是明末以来的种种压制和挑战，让儒学发展到近现代很难在守住本的同时，去合理地吸纳外来文化的有益部分。

然而，人能弘道。近代混沌初凿之时，虽然儒学遭遇厄难，但依然可见传统叙述方式的暗中延续。像当代新儒家诸贤，在其因时代大变而被迫采取西学式或近西学式的叙述方式之外（当然也有一直坚守传统叙述方式立场者），仍有其自觉或不自觉采取传统的叙述方式叙述而成的著作，如熊十力先生的《十力语要》、马一浮先生的《尔雅台答问》、梁漱溟先生的《朝话》，包括前面提到的唐、牟两位先生，牟先生有其《人文讲习录》，唐先生也有其《人生之体验》等。时代改变，叙述的语言也被迫改变，虽不可能完全与传统相同，但其内在的精神趋向则一致。在他们这些著作中，有的藏得深，有的藏得浅，却都隐隐能感觉到叙述者的气息，读到他们的生命与精神。这是十分难得的。尤其将此放到从近代到当代的儒学发展史中，便更见其可贵。对于他们，学界更多发扬了其西学式的对儒学的叙述方式，却隐没了其传统式的对儒学的叙述方式，由此儒学的自主意识并未能得到真正的觉醒。当然，这一种传统式的对儒学的叙述方式不能说完全消泯，如霍韬晦先生在香江守护并弘扬儒学，便经常采用这样的叙述方式，对一方之众自有生命上的切身影响。然而此则不为学界所重视，尚未得到广泛的运用与认可。

四

了解以上所述，则更知唐君毅先生《人生之体验》的意义所在。此书虽是唐先生的早年著作，但其自述对人生之基本观念，十多年来，并无变迁，且年岁日增，一般学问知识日进，更能自证我之思想未走错路。到其晚年完成《生命存在与心灵境界》之后，唐先生也说其最核心的思想内涵，实即藏自早年所作的《人生之体验》与《道德自我之建立》两书中。此即见唐先生学问之一贯。《人生之体验》并非唐先生出版的第一部著作，但他却将早于此出版的《中西哲学比较研究论集》漠视，将此当成正式面世的第一本书，正见唐先生在此之前，已经历过思想上巨大的斗争，确立了其思想的立足点。

此后，便确乎其不可拔了。这本身自有唐先生的志向与天赋使然，也有他的父母给予的传统儒学家教使然，更广而视之，还有当时社会在民间乃至学界自觉或不自觉存在的儒学世风使然。所以，《人生之体验》对唐先生不同寻常，其背后与时代、传统有着千丝万缕的联系。

从直接缘由看，唐先生说："此书之写作，根本上，不是要想提出一种人生哲学上之学说，也不是在宣扬那一派之人生哲学的学说。一切提倡或宣扬一种学说的人生哲学著作，在写作时，都有一种与他人不同学说相对抗的意识。但是我在写此书时，根本无与任何不同学说相对抗的意识。我写时，根本莫有想着：任何与此书思想或同或异之思想。这原因很简单，即我之写此书，根本不是为人写的，而是为己写的。所谓为己，也不是想整理自己的思想，将所接受融摄之思想，凝结之于此书。只是自己在生活上常有烦扰，极难有心安理得、天清地宁的景象。虽然自己时时都在激励自己，责备自己，但是犯了过失，总是再犯，过去的烦恼，总会再来。于是在自己对自己失去主宰力时，便把我由纯粹的思辨中，所了解的一些道理，与偶然所悟会到的一些意境，自灵台中拖出来，写成文字，为的使我再看时，它们可更沉入内在之自我，使我精神更能向上，自过失烦恼中解救。"

因为"为己"，所以这书里有着唐先生的生命气息。且其是自觉地让文字富有暗示性、诱导性，使自己写完再读时，精神更容易升入理境之中，得到澡雪。此种暗示性、诱导性，也是儒学乃至东西方最早的传统叙述方式的一大特色，其目的都是指向对人的生命启发。唐先生在本书的《导言》里，历数古今东西方的哲人著作，说他最喜欢的著作，是东西方的原始典籍，因为这些典籍中，有叙述者的精神、气象与胸襟，有着满满的人的生命气息。他们独对茫茫的宇宙人生，吐纳着天地间的元气，整个生命由此更显得高远博大。因为有如此真实的体验，充实于心而不容已，于是自然地倾泻出来，成了笔下的文字，令人细读就会感受到里面蕴藏着千钧之力。其后唐先生细论东西方哲人之不同特色，说柏拉图是由庸凡渐进于高明，孔子则是即事言理而不离日用寻常，但庸凡中实已蕴含着高明，庸凡与高明早已融合为一。故唐先生说："必读西哲印哲书，而后益知中国先哲之不可及，知其中庸中之高明也。若夫未能读西印之书者，则读孔子之言，必须去其我慢，体会涵泳，优柔餍饫，亦终可受其潜移默化，而神明自得也。”我对唐先生此言一直拳拳服膺！而越到今天，越能见这句话的时代意义。

唐先生写此《导言》时约34岁，其时即有如此之灼见，真是了不起！牟宗三先生曾赞叹唐先生是早慧型的哲人，由此即一证。故《人生之体验》的《导言》，也是一篇不可多得的大文章。如果说《导言》是历数东西方哲人而统观之，《导言》之附录《我所感之人生问题》则是唐先生作为现代儒家哲人的心性流露。本文原名《古庙中一夜之所思》，是唐先生约30岁时所作。其时唐先生宿于一古庙的神龛之侧，静夜寂寥，独对松风素月，平日之感触，都一一再现于眼前，他也由此更不能寐，便将其情都倾诉诸笔端。其情者，悲情也，旷情也，大情也。莽莽苍苍，由己及人，由人及天，最后从大悲而转出大爱，隐见生生之道，行文一气呵成，读之甚能为其情所动容。儒学传统的叙述方式，也即如此，在言理之外，饱含着满满的情，情与理终然不二。

五

唐先生的《人生之体验》一书，主要由《生活之肯定》《心灵之发展》《自我生长之途程》及一部童话《人生的旅行》四部分构成，并附录有《心理道颂》。唐先生原计划要写《人生之路》，共有十部，而分为三编，后来三编分别出版，由此即改书名。第一编便是《人生之体验》。

在《人生之体验》的第一部《生活之肯定》中，唐先生首先认为，人生的目的，在于由自己了解自己，以此实现真实的自己。为实现这个目的，则要经历五个阶段：

第一个阶段，在于让自己心灵之光能回流到自身的生命里映照，以此发现人生的真理；

第二个阶段，在于让自己有宁静心境，与现实世界保持一定距离以从日常烦恼中超拔出来；

第三个阶段，在于由此确立自我，并有其信仰及现实中奋斗的精确方向，而不断开辟；

第四个阶段，在于在人类的文化中，在人与人的相处中，去广泛地体验各种各样的价值；

第五个阶段，在于回归最平凡的日常生活中去实现生活的价值，将高明与庸凡融合为一。

此《生活之肯定》即循此思路陆续展开，分成说人生之智慧、说真理、说宁静之心境、说自我之确立、说价值之体验、说日常生活中之价值、最后的话七个小节。首先，唐先生感受到人生的智慧是不离人本身的，而这样的智慧需要人先涵育一个能自觉生命本身的心灵，由此要先把自己从现实的宇宙人生中抽离出来，对之有生疏感，即从庸凡渐升至高明，智慧乃得逐渐涌现。由智慧所照见的宇宙人生的真理，自千古常新，且真理本身即有力量而可感染他人，本身即是中心而不能将之机械性地系统化，所以人不能说自己把握了真理，当说真理呈现于自己的心中，这就近乎孔子所说的"人能弘道，非道弘人"(《论语·卫灵公第十五》)。唐先生说，在真理的世界里，真理是相互融摄的，其绝对的真理中心，便是人爱真理的态度本身。此义便是人本天地之心，返归天地以证其无限的庄严、光明与博大。天人不二的儒学大义即隐含于其中。此即是前所提到的第一个阶段。

此后，唐先生分说宁静、孤独、凝视、安定、失望、烦恼、懊悔、悲哀、苦痛之忍受、快乐与幸福、宁静之突破十一点来道明宁静心境的重要性。其中有不少妙得之语，如说欲寻求安定则要在当下就开始安定，说烦恼是生于健全生命活动的停滞之时，说痛苦是让心转回来去看生命本身，说要在逆浪翻腾之中依然能安定地掌着自己心灵之舵者才是真正的宁静。此即是前所提到的第二个阶段。

随之，唐先生以说唯一之自己、说信仰、说工作、说羡妒、说自强不息、说价值理想之无穷、说生活趣味之多方面化、说理想兴趣之冲突、说当下之满足、说自杀、说自杀之失败、说内心矛盾冲突之价值、说留恋、说疾病十四点来阐明如何确定自我。其中，《说唯一之自己》有一段话写得颇为精彩，我极喜爱：

在无穷的空间、无穷尽的时间中，你感到你的渺小吗？

你便当想到你能认识广宇悠宙之无穷尽性，你的心也与广宇悠宙一样的无穷尽。

其次，你要知道，你的身体，亦非如你所见之七尺形骸。

你呼吸，你身体便成天地之气往来之枢。

在你身体内，每一刹那有无穷远的星云之吸引力，在流通。

在你身体内，有与宇宙同时开始的生命之流，在贯注。

你身体是宇宙生命之流的河道。宇宙生命之流自无始之始，渗透过你身体，而流到无终之终。

你生命之本质来自无始之始，终于无终之终。同时你如是之生命，是一亘古所未有，万世之后，所不能再遇。

读之不觉令人立生无限的庄严感！每一缕呼吸，也甚感直通到邃远，好像当下微微的颤动，就与邃远的星云之运行浩然共振。此身也直归天地之大！但不是忘却身体的存在，而是端详到身体之实即天地之实，我与山河日月本同根同脉。如此精彩的文字，在本节中如珍珠四落般随处可见，如说信仰是提升人价值认识由低向高的力量，说工作的意义不在其现实结果而在其本身，说自强不息是一种永远在创造、永远不会感到自己有所蓄积的态度，都令人在读之当下即能有所感触。此即是前所提到的第三个阶段。

接着，唐先生以说价值之体验、说人间之善、说世界之变好、说谦恭、说相信人、说宽恕、说恶恶与好善、说了解人、说隔膜、说语默、说爱、说离别、说死亡、说爱与敬、说对人之劝导、说爱之扩大、说赞叹与崇拜、说文化、说科学、说艺术、说哲学、说教育、说宗教二十三点来讲明如何去体验各种各样的价值。这里，细细品读会感受到唐先生对孟子的性善论有很亲切的体证，而以自己的语言分各种不同的处境娓娓道来，文字间充满了绵绵的柔情。如说恶人是误以恶为善，但其善端终不能绝，只要让他不再以其恶为善，他便也可转为善者。所以人之恶恶，根本上是出于人之好善，唯误以只为恶恶而恶恶，忘了回头深入去体会恶恶背后的好善之心，便为坏情绪所裹挟了。洞明此点，也便知道如何去了解人、为何要相信人，等等。这样从对人之善端的切身感受，进一步去感受由这善端流露出来而形成的各种文化的内在价值。此即是前所提到的第四个阶段。

最后，唐先生以说在日常生活中发现价值、说饮食、说男女之爱、说婚姻、说男女之爱之超越、说名誉心、说权位、说政治、说物质需要、说社会经济十点来说明如何在日常生活中发现价值，并指出："当你真以价值的眼光去看世界时，世界只是价值之流行境界，一切人生事业，都依于价值之实现。"唐先生所说的价值，是日常生活中诸方面的本质价值，是体验到真理的庄严之后，回流到日常生活中的一种深度发现。他深深明白，价值是远离戏论的，只有亲身体验，才能真得其味。此即是前所提到的第五个阶段。

六

由第一部对生活中各种价值的肯定，以肯定人自己在生活中的价值，唐先生又转入第二部对人的心灵发展的反观，并从内到外，再去与外在的生活世界融合为一。故第一部是从广度讲生活的价值，第二部则是从深度讲心灵的发展，共分五节：心灵与自然之不离、心灵在自然世界之发展、心灵之自己肯定与自己超越、心灵在精神世界中之发展、精神自身之信仰。在进入正题前，唐先生也再次说明以下之论述，就像一根绕地球的线，而地球面积上无穷的线，及其所包围的体积，才是真理本身，以示读者莫得月忘指。

首先，唐先生以诗意一般的语言向人娓娓论述人的心灵与自然并不分离。其言心与物是人经验的两端，经验之形成，缺其一不可，所以由此往内探寻，则会发现心与物有更隐秘的联系，这便是"一切存在者存在之意义，根据于其可为你经验之意义"，即物在某种合适的情况下，都可与心融合为一，而成为人的经验。这有点像是阳明先生在《传习录》中所说的："你未看此花时，此花与汝心同归于寂。你来看此花时，则此花颜色一时明白起来，便知此花不在你的心外。"

由经验，具体化为感觉，并体证到感觉之可以超越时空限制而得以完成，唐先生说，心到此是其活动的初阶。再进一步，从感觉只是超越实际时空，到让感觉自觉地超越实际时空，便是回想；回想又更多侧重于重现过去，若让回想可以由昔到今，由内到外，就可以让人知道当前事物的关系或意义，再从当前事物，推演到其他事物，知道其关系或意义，便是心之活动达到更高阶段的体现。在此之上，继续贯通内外世界，自觉到内在世界可以表现于外在世界，甚至觉得一切自然事物都可以表现你的内在世界，心之活动便继续上升。最后任意裁剪外在自然事物，让内心可以熔铸出万象，至其极也，或也可以构造出无穷的宇宙来，蔚为壮观！在此层层上转的论述中，唐先生的天才，也由此初见。

当心之活动回到它自己，而以它自己为对象时，也就进入了更高的阶段。由心之可以以自己为对象，才见有主客观两层世界。主观为心之对象，便相对又成了客观，乃见内部的客观可以不断扩大。但如此，最终的主观在哪里？唐先生说，心并没有一定的主观源头，它只是能永远向上地活动而已。所以，心可以肯定自己，又否定自己，然后再肯定另一个自己。这看似有无数个自己，而新旧更替，其实都是源自心之本性，并无任何矛盾。由此乃见心之本性孕育着无限，甚至可以笼罩整个客观世界，人便能为之生出生命的大自信来。这里，唐先生特别点出，你的自信，必须经了实证，才是真实的自信。实证之来源，则在于对此有真实的体会。这句话很关键。故当超越纯知，进入体会，处处去体会本性的无限。从无限，又回头肯定自己的有限，再以无限的心之活动，去破除有限的自己，来贯通内外世界，而真切体会到心之本性的无限。

如果说心之对内不断向上活动是“纵”的，那么心之对外扩充出去而与他人互映心光则是“横”的。以你的心向他人的心走去，即是了解他人，若你的心进一步与他人的心产生了同情，便有了爱。你之爱人，出自心之向上性，故你也会更去选择爱他人的心之向上性，由此深入，就会发现心之向上性可凝结为一理想的人格，敬意乃生，普通之爱也便升为包含敬之爱。当越感受到他人人格之崇高远过于自己，你也会对之充满了赞叹甚至感激之情。从对人格之赞叹，开始赞叹由此人格创造出来的各种人类的文化，甚至破除时空的限制，发出思古之幽情，以踊身千载上！从过去，又投向未来，发现人类有一具体整个的客观精神，为一切伟大人格文化产生之源。在此之上，又进一步去与人类以外的生命世界合一，与物质世界合一，融通了精神、生命、物质三者的关系，并更真切体验到了人类精神之可贵处。

当我们回头越去感受这无穷的人类精神，越会赞叹其伟大，渐将它当成我们的信仰。它至真至美至善，充满了完满与无限，但当我们看这现实世界及现实中的我们，则会发现处处都充满了不完满与有限，深深的悲剧感即由此而生。不过，这悲剧感的背后，却是对至真至美至善而完满且无限的深深向往，故我们的心如果越对此充满向往，且相信其终必胜利时，就越能透由此来看这现实世界，发现现实中一切不完满与有限都是暂时的，因为他们终将化成它的一部分。而回到人之心来看这世界，悲悯之情油然而生，在此情的鼓荡下，我们便致力于化除现实世界一切的不完满与有限，即为实现价值理想而工作，也就是为实现心之本性而工作。唐先生说，这用儒家典籍中的话来说，便是“尽性”。此部唐先生之论述，如从涓涓细流不断蔓延成滔滔江河，最终汇入到汪洋大海之中，令人叹为观止！

七

《人生之体验》中的第三部，也就是《自我成长之途程》。从前两部，走到第三部，可以说是在对生活有了价值上的肯定，对心灵了然其对内与对外的发展过程之后，而回到自己，去把握自己在生命具体行程中的变化。这个“自己”，其实指的是唐先生理想中的自己，也可以说是他理想中每个人的自己。故这一部也从前两部的“你”，转为“我”。唐先生分十层人生境界逐一描述，并且在行文之始郑重说明：“此十种心境之全部，当然非我所能尽写出，我此文不过一指路牌。人重要的是顺此指路牌，而到各种心境中，去一一生活过。”这是一句点睛之语。

此十层人生境界分为：

1. 婴儿之自言自语。写出人初从混沌中冲出，以婴儿的形态，由“无”

而化为“有”，在母亲的怀抱里，降临人世，并对现实世界的一切逐渐感受到新奇。

2. 为什么之追问与两重世界之划分。写出人刚与世界接触，因心之理性活动而从现实世界中分出了一个理性世界，但在答案的不断追问中而入玄，及恍然发现心与心之间普遍存在隔绝而难越时，逐渐陷入空虚。

3. 爱情之意义与中年的空虚。写出爱情之以异性由最疏远而转为最亲近，来打破心与心之间的隔绝，乃令“我”感受到最大的充实，并孕育后代，而获得生命的延续性。但后代却总是越长大越远离“我”，“我”之往前看祖先一样也如此，便因两头荒漠而再次陷入空虚。

4. 向他人心中投影与名誉心之幻灭。写出“我”想以名誉投入到他人之心中，来打破与他人之心的隔绝，却因发现其名何尝是“我”，其人何尝真知“我”，很大程度上都是他人想象中的“我”罢了，名誉心由此幻灭。

5. 事业中之永生与人类末日的杞忧。写出名誉或为虚，但事业当为实，于是从求名誉，转向求事业，不过历史上事业有成有败，当人类末日，事业又何从保障？深深的忧愁不禁又弥漫了“我”的身心。

6. 永恒的真理与真理宫中的梦。写出“我”由专注事业，翻上去而发现真理的存在，顿悟到“我”之会不断追问，其实是真理在呼唤“我”不断去接近它，故在真理的世界里，感受到光明充遍身体，并且这真理之光，也贯注到所有事物当中，于是纵然天地毁，但真理犹存。可是在真理的世界里，却发现与现实世界的隔离。

7. 美之欣赏与人格美之创造。写出“我”由对永住真理之宫的幻灭，发现冷静的理智之外，“我”还需要温暖的情感。真理令人超出现实世界，美则让人重回现实世界，在直接的感触中去体验其所表现的真理。但美之所成的艺术品，仍是生命之外的表现，故真要永享其艺术品，更要追求个人的人格美，即求善。

8. 善之高峰与坚强之人格之孤独与寂寞。写出“我”若想去求善，就要在自我的斗争中，破坏生命表面的和谐，而锤炼出理想人格之美，故需要有坚强的意志力。当往内体会到这是本于善的理想，而此理想是客观普遍的，

“我”便会去向人们宣布这善的理想。可是精神在求善的过程中升得高卓了，得不到人们的呼应，却不免感受到孤独。

9. 心之归来与神秘境界中之道福。写出“我”为此从人间远离，释下宣道的重负，回归到心海中，却恍然发现之前所追求的真善美，原来都不离本心，唐先生说：“我心体具备一切，我只要念念不离我之灵明，我将绝对完满自足，无待于外。”

10. 悲悯之情的流露与重返人间。写出“我”因实证心体而重归混沌，却被人间一新生婴儿的啼哭给惊醒，一瞬间“我”似乎就看到他未来的命运将如“我”这般，一瞬间“我”似乎看到无数新生婴儿都有同样的命运，悲悯之情不觉弥漫“我”心。进而“我”更体会到，心之本不在理之无不通，而在情之无不感。这情，即是一种不忍之心，一种恻恻之仁，无论真善美，有此情的浸润，才能得其真实的存在意义，推诸人间一切事业都莫不如此。在此情的不断鼓荡下，“我”毅然重回人间，终在现实人类中得到了永生。

唐先生说，此十层人生境界，从第一到第五，是凡人的心境；从第六到第十，是由凡人到超凡人的心境，其中有科学家、艺术家、追求人生理想之特殊人格者、修道者与圣贤。他还说：“在我作第八时，是想着西洋式之坚强人格如尼采等；作第九时，是想着印度式之神秘主义者；作第十时，是想中国式之儒者之襟怀。”由此而联系到他晚年所作的《生命存在与心灵境界》也有类似的划分，且同样是以儒者襟怀位列其终，并点明“仁”的庄严价值，可见唐先生人生追求的一贯性。

八

《人生之体验》前三部，从结构和旨趣而言，已相当完整，第四部《人生的旅行》唐先生曾自己在某一版中将之删去，后因晚辈的喜爱又将之收回，其为何删去之考虑未明言，但当是基于如此之思考。此部为童话体，带有诸多象征，不过也不是处处都有象征，其主旨思想，却已在前三部中包含无余。而作为一篇童话，却还有诸多耐人寻味之处。至于附录的《心理道颂》，一般人读起来不免有些艰难，但细细体会，仍然能从中读出一些妙理，甚至可以与前四部所言相印。唐先生说，他写此部，本在自娱，也是他为其从事的哲学著作所写的导言。此部本是唐先生《人生之路》三编十部中的最后一部，因其与第一编《人生之体验》意味相近，才列为附录。唐先生曾在此书的《重版自序》中这样自评其作："当时我较年青，对现实人生之了解尚比较浅。于人生的艰难，人们之罪恶一面，更缺乏真认识。但正因如此，所以这些文章中之一些情致与天趣，为我后来写之文章所不及。"也就是说，本书是从唐先生光明纯正的原始心性中流露出的，以他哲人般的智慧点拨、天才般的论述方式娓娓道来。曾经有人对唐先生的一位学生说，《人生之体验》是一部巨著。唐先生一生，对此书也甚为珍爱。此书也有诸多义理很值得人玩味，即便到现在读起来，依然不过时，甚至还有着满满的震撼人心之力。还记得最初接触到《人生之体验》，是十多年前的事了。那时候，读着这本书而忽然感受到心灵被触电了，电流持续了好久，让我对文字背后的智慧流露看得更明白些。换句话说，是起了生命的共振。近年再重读，因为对儒学了解更多了，也对现在的儒学发展情况多少有所知晓，读起来感受也就更深了，由此更意识到此书之可贵。

近代以来中西文化之碰撞，儒学不免会受到西学的影响，其传统的叙述方式自会有所改变，这其实不失为一件好事。但其中核心的精神——儒学之本不能失。精神不失，则方式或有改变，仍与儒学传统的叙述方式一脉相承，也可以说是儒学传统叙述方式在现代的延续。因叙述方式的延续，而让儒学之本得以重光。道器本来就不分，而从"器"（叙述方式）的角度来看"道"（儒学之本），某方面也就更见其实。船山说："尽器，则道在其中！"不无道理。《人生之体验》在此便是一本很值得留意的书。其中很重要的一点是，唐先生在书中多处点到，莫得月忘指，这些都是指路牌，关键在个人能回到自己的生命里而有真切的体验。不过对于唐先生来说，他自己确有一些真切的体验，如《导言》附录之文便是他在古庙中一夜的真切体验，又如对儒者的不忍之心、恻恻之仁，他同样在自己的生命里有真切的体验。故他的文字虽或有借鉴西学而层层辨析者，底子里却依然是儒学之本。所以，如何在中西文化的碰撞中，保持儒学的本质精神，将传统的叙述方式创造性地转变，以更好地接引现代的中国人，乃至让西方人由此也感受到不一样的精神意味，《人生之体验》就有其值得赞许及借鉴之处。举世滔滔，但文化的生机如野火后的春草，虽然零零星星，却仍然孕育着浑厚的生命力，更何况这一股生命力，是绵延自中华民族那亘古莽莽苍苍的精神气象。就像唐先生在《人生之体验》里说的那样，既为中华儿女，我们也便是这春草，往内看我们这生命的来源，就会发现是来自同样的一个大生命。而这大生命，生养于中华大地，有其特殊性的品质，也有其普遍性的价值，正待你我就像前人一样继续为此去庄严尽性。

反经说

毛朝晖

什么是“经”？这是经学研究中的一个基本问题。尊之者奉为常道。《玉篇》：“经，常也。”《左传》昭公二十五年：“夫礼，天之经也。”杜预注：“经者，道之常也。”《说文》段玉裁注：“织之从丝谓之经，必先有经而后有纬，是故三纲五常六艺谓之天地之常经。”贬之者以为泛称。《说文》：“经，织，从丝也。”《大戴礼》：“南北曰经，东西曰纬。”章太炎举《墨经》《道经》等为例以明“经”非皆官书，并以为经字原意只是一经一纬的经，即是一根线，所谓经书只是一种线装书罢了。周予同甚至认为“经”就是封建统治阶级挑选出来的古代儒家书籍。

然而，文献学的考察只能说明在儒经之外还有其他“经”类文献，而对于“经”的含义缺乏实质性的理解。且此类文献多出于后世附益，《墨经》《道经》之名大概就出于晚周墨家道家后学的杜撰。《文史通义·经解中》：“东汉秦景之使天竺，《四十二章》皆不名经。其后华言译受，附会称经，则亦文饰之辞矣。”故黄寿祺以为后世之经多出于崇师者之私奉与译受者之附会。至于字源学的考察只能说明“经”的本义，却不包含后世通行之引申义。不得以为“经”的本义为纺织的纵线，就以为后世的“经”都指代纺织物。

且章氏将经线解读为“线装书”，何尝不也是另一种引申义？总之，文献学与字源学的考察都未能真正解答经何以为经。

欲明经何以为经，首先应回溯“经”的历史起源。无论是墨家的《墨经》、道家的《道经》，还是儒家的“六经”，这些概念最早都见于晚周。自从处士横议、诸子蜂起，道术为天下裂；即便诸子内部，也是四分五裂，“儒分为八，墨离为三，取舍相反不同，而皆自谓真孔”。在这种大分裂和大乱局中，各家都涌现了各自的“造经”运动，《墨经》《道经》“六经”都是此种运动之产物。梁襄王问孟子“天下恶乎定？”孟子回答说：“定于一。”政治如是，学术何莫不然？荀子也说：“凡人之患，蔽于一曲，而暗于大理。治则复经，两疑则惑矣，天下无二道，圣人无两心。今诸侯异政，百家异说，则必或是或非，或治或乱。”“复经”云云，杨倞以为即是“自复经常之道”。经常与权术相对，治与乱相反。可知，“经”之名盖起于晚周之乱世，所谓“常道”不过是对正常秩序的期许，从政治的角度来说“反经”就是拨乱反正。

汉代经学勃兴，经学家对于“常道”提出一种新解释。《白虎通》：“经所以有五何？经，常也。有五常之道，故曰“五经”。《乐》，仁；《书》，义；《礼》，礼；《易》，智；《诗》，信也。人情有五性，怀五常，不能自成，是以圣人象天五常之道而明之，以教人成其德也。”在现代新儒家中，马一浮承汉儒此说进一步指明，学者须知六艺本是吾人性分内所具的事，不是圣人旋安排出来。吾人性量本来广大，性德本来具足，故六艺之道即是此性德中自然流出的，性外无道也。这种解释旨在为“经”的内涵确立一种人性论的形而上学的阐释，其意谓人有仁义礼智信五常之性，圣人循五常之性造为五经，以此教化人民成就德性。因此，“经”为恒常之道，因为其内涵根源于性，禀赋于天。显然，这种意义的“常道”并非晚周所固有，而是汉儒的新发明，其理论目标在于为现实政治秩序进行人性论的奠基。

由上可知，所谓“常道”实有二义。一指正常之政治秩序，一指恒常之道德人性。就此意义而言，“经”的概念就其提出而言，乃是出于回归正常政治秩序的期许和贞定道德人性的理论诉求。这就不难理解，每当乱世之后总会出现一波林庆彰所谓的“回归元典”运动，反过来说，每一次治世的来临都意味着一次“常道”的重建，相应的也会造就属于新时代的新经学。

基于上述理解，我认为孟子“反经”之说实为乱世的先觉，也是治世的良方。孔子恶紫之夺朱也，恶郑声之乱雅乐也，恶利口之覆邦家者。所谓“朱”“雅乐”即所谓“经”，所谓“紫”“郑声”“利口”即所谓“不经”。孟子曰：“君子反经而已矣。经正，则庶民兴；庶民兴，斯无邪慝矣。”反经，就是重新确立“朱”“雅乐”作为“经”的地位，只有这样政治才能回归正常秩序。孙奭《疏》：“君子者，乃归其常经而已矣。云经者，则义、信、德是也。如佞口乡原者，是不经也。唯君子则反经而已矣，君子去其不经以反复乎经，则其经斯适于正而不他。”这种解释以“经”为常，以“不经”为反常，认为政治的关键即在于“反经”。

与此有别，朱注则兼顾个人道德修养。朱注云：“反，复也。经，常也，万世不易之常道也。兴，兴起于善也。邪慝，如乡原之属是也。世衰道微，大经不正，故人人得为异说以济其私，而邪慝并起，不可胜正，君子于此，亦复其常道而已。”所谓“万世不易之常道”并非“正常”义，而是“恒常”义。朱子所谓“世衰道微，大经不正，故人人得为异说以济其私，而邪慝并起”，是指政治失序，下云“君子于此，亦复其常道而已”，则兼有回归常道、恢复正常二义。赵岐注：“经，常也。反，归也。君子治国家归于常经，谓以仁、义、礼、智道化之，则众民兴起而家给人足矣。”这显然继承了《白虎通》的说法，以仁义礼智为人性之常。

我之投身学术迄今二十余年，二十年来上下求索，一言以蔽之，曰“反经”而已。忆自出国留学之初，受到强烈的文化冲击，由此生起文化焦虑，此种焦虑就我个人而言关乎一己之文化认同，就民族之整体而言则关乎中国文化之出路。这让我切身体会到个体生命与文化生命实为一体相关、不可割裂。从那以后，我开始了对中国文化本性的探求，先从宋明理学开始，其后涉入诸子学，最后止于经学，这个过程正是步步上溯的“反经”过程。与此同时，我孑然一身孤悬海外，面对现实生活的压迫和外来宗教的诱惑，也曾屡屡生起人生焦虑，此种焦虑的核心在于人生意义的实证和终极信仰的安顿。

经过反复摸索，我确认人生意义的根本在于回归性情之真，终极信仰的安顿在于求得此心之安，而绝非在于任何外在之神秘力量。这意味着根源于人性本真之常道才是身心性命的原乡。在此意义上，也是一个“反经”的过程。

数年前，我将自己的书房命名为“反经室”。去年，有同学问我取名的缘由，一时未能详答。今日偶暇，默念二十余年所经历之心路历程与学术轨迹，爰本孟子“反经”之说，参取古注，表出“常道”的两重含义，以供同学诸君参究。其有偏颇，望赐教正；如有戚戚，愿共勉旃。

圣迹·人文

山东济宁邹城市邾国故城遗址研究的回顾与展望

路国权

一、遗址概况

邾国故城遗址位于山东济宁邹城市东南约10公里的峄山南麓纪王城村周围。文献记载鲁文公十三年邾文公“卜迁于绎”，建都于此；秦汉时期为驺县县治；北齐文宣帝天保七年，县治迁至今邹城市区一带，遗址逐渐荒废。遗址主体年代为公元前614年至公元556年，延续1170年，面积达6平方公里，是一处分布范围广、延续时间长、文化内涵丰富的古代城址。

城市是人类社会发展过程中形成的一种大型聚落形态，是文明起源和发展的重要标志。深入系统开展城市考古和城市文明研究，对于探索中国古代文明起源与早期城市发展、保留城市历史文化记忆、坚定文化自信、增强家国情怀等，具有十分重大的学术价值和现实意义。

山东是中华文明的重要发源地，历史上古城古国数量众多，位于邹鲁文化核心区的郕国故城是中国早期城市文明的代表性城址之一，在许多方面都具有典型意义，是认识中国早期城市文明的重要组成部分，在探索中国早期城市规划治理和中华文明“古文化·古城·古国·方国·帝国”发展路径和形成过程中不可或缺。

二、研究简史

自清代以来，郕国故城遗址就以出土大批陶文闻名宇内，引起金石学家关注。总结来说，郕国故城遗址与中国考古学的诞生和山东考古工作同步推进，大体可分为三个主要阶段：

第一阶段：起始阶段（1821—1949）。这一阶段以清道光年间编纂的《邹县金石志》、清末民初陈介祺《簠斋藏陶》、孙文楷《木庵古陶文释》、刘鹗《铁云藏陶》、吴大澂《说文古籀补》、顾廷龙《古陶文舂录》、丁佛言《说文古籀补补》等著作先后收录大量郕国故城陶文为标志。清宣统年间，郕国故城遗址出土封泥300余件，被罗振玉收藏并收入《齐鲁封泥集存》。民国年间，山左金石大家王献唐亲赴郕国故城遗址实地考察，调查陶文的出土情况，著《邹滕古陶文字》一书。

这一阶段的研究受金石学理念和方法限制，偏重文字材料著录，研究成果不多，但是开启了郕国故城遗址研究的序幕。

第二阶段：调查勘探阶段（1949—2014）。1964年，中国科学院考古研究所和邹县文物保管所对郕国故城遗址进行了首次考古调查，内容涉及故城位置与地理环境、城址的保存状况等，工作过程中采集了部分文化遗物，绘制了城址的平面图。1980年，中国社会科学院考古研究所山东工作队和邹城文物保管所对郕国故城遗址进行了重点复查，对故城遗址历年出土青铜器、陶器等文物资料进行了报道，对郕国及故城遗址的文化地位进行了初步讨论。在此阶段，地方文物工作者在遗址采集或收集大批文物，其中仅陶文就达3000余件。

这一阶段的研究开始引入考古学方法，对遗址开展了全方位的考古调查和测绘，为遗址的科学保护和研究奠定了基础。1977 年，邾国故城遗址被列为山东省重点文物保护单位，2006 年被列为第六批全国重点文物保护单位，2010 年被列入国家“十二五”100 处大遗址保护工程和山东省考古遗址公园重点建设工程。但该遗址一直未经正式考古发掘，文化面貌不清，很多认识仅停留在“表层”，颇有“浅尝辄止”之憾。

第三阶段：考古发掘阶段（2015—至今）。以往的考古工作仅揭露出邾国故城的初步格局，其完整面貌还远未显示出来。以列入文物保护单位为契机，该遗址的专项文物保护和考古发掘正式纳入工作日程，相关措施加快推进和落实。在此背景下，2015 年至今，山东大学联合邹城市文物保护中心对邾国故城遗址进行了大规模调查和勘探，对宫殿区、仓储区、兵器作坊区、贵族墓葬区、西城墙（壕）、北城墙（壕）、道路、水渠等进行主动性考古发掘，基本搞清了城址结构、布局、年代与演变，清理灰坑、窨穴、水井、墓葬、房址、浇铸坑、夯土建筑基址、水渠、道路等遗迹，出土青铜器、玉器、铁器、度量衡、瓦当、印纹硬陶、原始瓷、陶文、陶范、坩埚、炼渣、封泥以及茶叶等大批东周、秦汉、魏晋南北朝至隋唐时期的物质文化遗存（其中包括“邾”“驺”等东周秦汉陶文 2500 多件，“职岁之鉨”“驺丞之印”等战国两汉封泥 2000 多枚，北方地区随葬数量最多的印纹硬陶、原始瓷器以及目前全世界年代最早的茶叶遗存，将中国茶文化的实物历史提前了 300 多年），为深入研究东夷古国邾国的历史以及城市考古，提供了一批极具系统性的实物资料，在学术界引起极大反响。

三、目前存在的问题

目前根据考古发掘资料，已经建立起邾国故城自东周、秦汉至魏晋南北朝时期考古学文化体系，对城址布局、结构、内涵和演变等有了清晰的认识，为研究邾国历史和秦汉魏晋南北朝邹鲁地区文明提供了详实的考古材料。

综上所述，邾国故城遗址自 1821 年以来，其研究工作走过了两个世纪，在若干方面取得重要成果；但总体而言仍存在着研究深度不够、许多基本问题仍未解答等不足之处。尤其是以下方面亟待补足：

第一，基础资料的整理和刊布严重不足。郲国故城开展的考古调查、勘探、发掘工作已达数十次之多，但目前已发表的资料却极为有限。已发表的资料也多为简报，不够系统，尤其是早期的发掘资料还未系统公布。这严重影响了研究的进展。按照统一、科学的标准，整理早期发掘资料是郲国故城考古、历史和文化研究的重要基础。

第二，郲国故城文化谱系仍待进一步完善。尽管目前基本的分期、年代框架已经形成，但以往工作中碳十四测年数据偏少，尤其缺乏针对重点期别的系列的测年数据，对于分期体系绝对年代的判断也需更多资料支撑。

第三，对聚落结构布局认识不够全面。尽管以郲国故城为中心的聚落结构已经得到初步明确，但这一框架的细节内容仍需补充。城内的聚落布局中，城门、道路、宫殿区等尚不清楚；城外的区域多为空白。

第四，多学科工作仅初步展开。郲国故城的多学科工作开展相对较少，关于城内先民的饮食结构、资源流通网络以及遗址的古环境等问题的研究工作都亟待补足。

四、未来工作计划

尽管郲国故城遗址的发现与研究走过了两个世纪的时间，但在许多方面仍处于起步阶段。针对以上不足，我们计划有针对性地设计相应的研究方案，对郲国故城考古发掘遗存进行综合整理、研究和阐释，为遗址的科学保护和综合利用提供基础资料和最基本的考古依据，提交一份内容严谨详实、科学权威，充分反映田野考古成果和前沿研究理念的综合研究报告，推动郲国故城遗址与中国早期城市文明的研究。

具体来说，以郲国故城为中心，系统研究其城市布局、结构、内涵、演变、治理以及与其他地域之间的交流互动关系，阐释其城市治理水平，建立中国早期城市文明的国家文化标识，对郲国故城的社会价值、文化价值进行充分阐释，为郲国故城大遗址保护和山东省考古遗址公园建设提供学术支撑，为邹鲁文化品牌传播奠定学术基础。拟解决的关键问题包括以下六个方面：

第一，系统整理早期考古资料，形成全面、规范、详细的报告集。将以往早期发掘资料按统一规范进行整理。

第二，结合考古新资料和碳十四测年数据，建立完善的文化谱系。针对以往分期体系中性质存疑等问题进行重点解决。

第三，基于GIS分析和古环境分析方法，综合考古调查和发掘资料，完善聚落格局。具体分为宫城、郭城和城外聚落等三个方面。城内格局注重各功能区的分布，城外则侧重于聚落结构的分层等。将聚落演变与古环境的变化综合考虑。

第四，解决陶器、瓷器、铜器、铁器、茶叶等产地问题，复原资源流通网络。对于资源流通网络的复原，分为区域内小网络以及跨文化区的大网络。注重流通中各类资源的相互关联。

第五，明确邾国故城城市治理水平和发展进程。将邾国故城与更早和更晚阶段的古代城址进行全面对比。

第六，阐释邾国故城在中国早期城市文明发展进程中的作用。基于前述研究以及与中原和国外代表性古代城址的对比研究，阐释邾国故城对中国早期城市文明的贡献，为中国早期城市文明提供典型案例。

一个文明的脉动
——邹城行记

陶　林

在动身出发去山东济宁邹城之前，我和友人、儒者邵逝夫先生有过一次长谈，聊时下最为有趣的一个话题，即中国古典文明的起源问题。我曾写过一篇小文字，讨论关于音乐与文明的问题，认为音乐的发展是文明的一面镜子，这面镜子是如此真实，任谁想胡编也编不出来。为此，我和邵兄聊到了上古的音乐，以及与之相对应的乐礼。

在诸多艺术之中，音乐最接近数学。因其纯粹，所以更接近事实。但音乐因其无大用，反而容易被人忽视。众所周知，河南贾湖遗址所出土的骨笛，自出土以后，便被视为中国古人很早就研习音乐的标志。但我看来，它的出土，完美地完成了乐礼起源的闭环。

那为什么说人类第一乐器，非笛子莫属呢？以笛子作为起源，又怎么产生音乐呢？

这些看似很细节的问题，便是我们作为文明的后来者，需要站在文明长河边上保持一颗带着敬畏的好奇心去反反复复思考的问题。

一

我的好友、学者邵逝夫先生，长期致力于国学的研究和传播，立足于儒学传统，从小学起，以身证道，渐入佳境，尤其是对孟子之学，钻研很深。他是奇人，曾经特意从外地迁到邹城居住多年，在孟子的故里学习孟子学。几年前，我曾经带着全家老小，开车七八百公里，从江苏出发，环绕山东一周来到邹城，拜访埋头治学的邵兄。今年，他又盛情邀请我到邹城游览，我自欣然应允，以国学的名义，故地重游，并深入考察鲁西南这块文脉生发、初震之地。

七月十四日，我和邵兄一起从苏州出发，穿越整个江苏平原，经过临沂，绕行鲁南抵达邹城。

我印象中的苏鲁交界之地，应该是一马平川之地的尽头，将有无数座大山像海浪一般慢慢涌起。那些山一座一座相连，断分两域，让两个省或者说两个文化区域鲜明地实现地理意义上的分裂。然而，我想象的情景并没有遇到，过了新沂进入临沂境内，依旧是从一马平川到一马平川，过渡得非常丝滑，连上坡或者下坡都感受不到，顺利就跨省了。

“山呢?”我问同行的邵兄，“鲁南和鲁西南的那些可藏百万雄师的大山哪里去了?”

邵兄回答我说：“这里就这样啊，都是这样的平地。哦，还是有山的，再向前走一走，你就可以看到，一座座石头墩子一样的山岗，直挺挺散在田里头。”

我就守着车窗看，果然如此，越向邹城去，就越能见着一块一块突兀的山岗。它们不是簇拥在一起，而是像一支散开的队伍一样。不是一座连一座的山，而是一个一个的“崮子”。而这些山头本身的存在，并不能影响平地之平。在山岗与山岗之间巨大的空隙之中，一畦一畦整块的田垄承载着大地的粮食。这便是山东西南的地貌了。

看懂了鲁西南的山与地之形，一瞬间，《左传》中那些频繁的战事就能理解透彻了。就这样直来直去的地形，车兵来去实在是太方便了。据此，我也能理解，为何号称有山地的黄淮历来兵家必争。实际上，这些山对于军事而言阻隔的作用甚微，四面八方都可以从容赶赴徐州打会战。

难怪一些优秀的军事将领，打仗之前，都要拿着地图，亲自查看地形。战争，真来不得半点马虎，纸上得来终觉浅，涉及地理的问题，书上千言万语，都抵不上实地考察一遍。千万不能凭着印象和感觉做决策，否则会吃大亏。

二

再一次走进平坦间簇拥着小山岗的邹城，是应邵兄的邀请，参加他主持的《孟子学》第二辑的发行仪式。这本书，是由邹城博物馆和一批学儒的同仁共同创编的。我并非儒者，邵兄邀请我前来，纯粹是为了向我推荐邹城以及邹城的峄山。

我来到邹城的第二天，先随着邵兄到孟庙去拜一拜孟子。也许是我们来得比较早，与隔壁曲阜市的孔庙相比，孟庙显得十分安静。不过，孔子说“君子之于天下也，无適也，无莫也”，没有哪里一定要去，也没有哪里一定不能去，都是先贤故里，来则恭敬拜访。我穿过正门和牌坊，来到古庙建筑和森森松柏中间。孟庙是北宋时代开始建设的，历经战火，直到清代乾隆年间大举重建，又经历了抗战和解放战争得以保存至今。孟子端坐在居中的大殿里，承受着历朝历代的香火，也看着身后两千多年的风云变幻。

我这次再来，把孟庙中一块一块的碑都认真读了一遍。这些碑文从北宋开始，辞藻都很官方，表示了历代政权对于孟子的尊崇和对孟庙的修葺。最为显著的是乾隆对自己重修孟庙的表扬和自我肯定。还有两块元代八思巴文镌刻的碑。八思巴文，是蒙古国师八思巴参照藏文，为成吉思汗黄金家族发明的一套拼音文字。我是第一次在那么具体的文物上，看到一种已消逝的文字，自然兴致勃勃地对比汉语看了下来。

孟子对华夷之辨十分看重，曾说“南蛮鴃舌之人，非先王之道”。就是说，那些南方蛮人，非议“先王之道”，我们施行仁义，不能被他们给带偏了。他随后立即强调，文明得向高处走：

吾闻出于幽谷、迁于乔木者，未闻下乔木而入于幽谷者。

对于鸟来说，只见有从幽谷之中向乔木迁徙的，没有见下乔木而迁入到幽谷里去的。孟子绝对是一个不忘初心的理想主义者，他心中关于文明的标准，就是施行仁政，蛮夷不可相通，可谓是泾渭分明。

然而，孟子没有想到，历史就是这么有趣，尽管他内心严格区分华夷，后世自己的庙内，不但有元代的八思巴文碑，还有清代的满文碑，都写满了对这位大丈夫的崇敬。历史的流变，就是这么有趣。文明就像大河一样，第一次的脉动，只是一个源泉，之后慢慢就淌成了一条大川，一路奔淌都是时间的馈赠，你根本弄不清会有什么样的支流融入进来。但每一个融入的支流都使得大河本身更加澎湃。

拜完了孟子，我随着邵兄一行到邹城博物馆参加了《孟子学》第二辑的首发仪式。

我是一个喜欢逛博物馆的人，差不多把国内知名的大馆都看了一遍，既然到此馆中来，自然要认真拜览一遍。邹城市是一个县级市，从外部来看，博物馆面积并不大，类似一所中学体育馆。然而，我在博物馆内转了转，却发现这个馆并不像外面看起来那么简单。它的馆藏涵盖了从新石器一直到近代的全部时间轴上的文物，地方虽然没有省级博物馆那么大，可是每一个历史阶段，大量、丰富的文物一点都不缺。甚至因为馆建占地面积的受限，展品还显得非常拥挤。从新石器的大汶口文化开始，到鼎盛繁荣的春秋战国时代，再到汉唐元明清，时间的卷轴徐徐打开，散发着一种不逊于其他大型博物馆的文明魅力。其中新石器玉环、石斧、石锯，商代田庚父铜爵，西周伯驷父铜盘，新莽时代莱子侯刻石等，都是不得外借的镇馆之宝。

原生，绵延，且生生不息。并不甚闻名的邹城，也是原生文明的脉动之地，产生于第一次对于文明的定义，对于文明大问题的思索，对于文明与人、文化与人的关系思考中。就在我参观博物馆的时候，邵兄还跟我说，大概在2016年，博物馆的文博专家在峄山南麓考古挖掘一座战国古墓的时候，还意外地挖出了一杯茶。那神奇的一杯茶，据说是封墓前放在墓内供奉的祭台上，但不慎被封墓的人给打翻了，导致茶叶被扣在了地上，避免了与空气接触碳化，意外存留两千余年。

这杯茶，一下子就把中国人饮茶的历史又向前推了几百年。真实的文明，就是这么神奇，你可以反反复复地质疑它、怀疑它，乃至否定它，然而，它总是以自己特有的深沉的方式为你撩开朦胧却异常美好的面纱。

三

在《孟子学》第二辑的首发仪式上，邵兄特意请我为各位来宾和听众做一个个人研习的分享。我就以“重温古典的意义”为话题，跟大家聊一聊我在邹城博物馆的见闻。

邹城，是历史上一个小国——邹国的国都。邹，一直被写作邾。邹城是邹国，也就是邾国核心所在。按照现在的历史研究，邾国是颛顼帝所传的曹姓诸侯国。邾国立国较早，先于周王朝而存立，也就是周天子分封诸侯之前，邾国就已经是一方诸侯了。所以，它不必由周天子来承认合法性。到了公元前614年，邾国的文公将国都迁徙到了今天峄山的脚下，开始有了今天的邹城。

我给参会的朋友们提醒道：“邹城，仅仅这峄山脚下一小片热土，就蕴含着一整个中华文明发展全过程。”而这个过程，又可以通过身为“邾国的博物馆”的邹城博物馆来完美地加以印证。邹城有新旧石器交替的野店遗址。野店是闻名天下的大汶口文明的一支，而在大汶口之后，仰韶文化和龙山文化兴盛，整个海岱地区的文明形成中华早期文明的星火。之后，就是安徽的凌家滩，浙江的良渚，山西陶寺文明等。

我怀着一颗对文明敬仰与思辨之心，查了一下邹城当下的耕地面积，足足有丘陵耕地168万亩，平原耕地近74万亩。那些小山岗完全不会影响农耕，这样的自然禀赋，对于孕育农耕文明可以说是极其丰裕的。我对国际主流的所谓“古文明产生于干燥的大河河谷”的说法是持怀疑态度的，认为那种干旱、恶劣的自然环境能促进农业的产生，实在太想当然了。仓廪足，文明始，唯有生活的丰裕，才能孕育出最为古老的文明传承。

根据最新的考古研究，相当于颛顼帝时代的凌家滩文化在沉寂、衰败之后，开始四处迁徙，有的南下去良渚，有的北上直至内蒙古红山，还有一支到了今天的邹城，与本地文化融合一体。在邹城博物馆，我看到极其丰富的玉器馆藏，表明凌家滩的玉石文化同样在此得以传承。

如果说早期的文明只是一点点的星火。那么，它是怎样渐渐变成整个中华文明的脉动的呢？在邹城的几天，我反反复复思考这个问题。

七月十五日的下午，在攀登峄山之前，邹城的朋友先邀请我参观了另一处景点——上九山。上九这名很雅，应是来自于《周易》“上九：亢龙有悔”，是一处过去的村寨。我和齐鲁书社的编辑许允龙兄同行，听说是一个山寨，我满心以为是类似水泊梁山式的山寨，也打趣说，山东人的文化形象确立，多半要靠我们江淮人。特别是我的同乡、小说家施耐庵，写出了一部《水浒传》。从那以后，山东，大汉，好汉，聚啸山林，替天行道之类的关键词，就凑集聚义成一个“文化晕轮”，在齐鲁大地上挥之不去了。自施耐庵之后，孔孟之乡、好客好礼是齐鲁，而揭竿而起、啸聚山林便是山东。

这完全是我的刻板印象。上九山里的山寨是真的山寨，石头的山，石头的寨。不过，跟刻板印象毫无关系的是，这里完全是一个山寨社区，住的都是本地人。为了预防平原地里的战乱，大量的农民占山垒石而居，经历几百年，盖出了满山的石屋子。那里不仅仅有普通民居，还有酒坊、油坊、布坊，基本商品生产可以实现自给自足。还有学堂、祠堂、医馆、水库甚至戏台，社区功能都能满足。

这个山头曾经的居民，不仅仅有士农工商，还曾是孝子良民。有一家晚清时代五兄弟宅院，群居供奉着父母，相亲相爱，和睦始终，被县衙赞为家风尚和、孝义恭悌的表率。除此之外，还有一处令人十分意外的进士府第。一位姓萧的明代进士，从山寨里考学出去做官以后，还不忘在老家的山寨里打造一座进士府。这个进士府按照传统大宅格局，因陋就简，也能三进三出，前厅、后花园、藏书阁、仓储、厨房等一应俱全。进士府与周边那些寻常百姓家宅，有着明显的阶层差异，但更证明这里只是山宅社区，并不是“好汉山寨”。

斯人皆不在，独有上九存，时过境迁，这里完全是人去寨空了。

我走到上九这个小山头的最高端，见着了飞檐斗拱的庙宇。山门上挂着“玄帝观”三个字。与邹城的孟庙相比，这山上的玄帝观显得格外简陋。

我被“玄帝观”三个字给迷惑住了，不知它供奉佛道儒家哪一位。待我拾级而上，才发现，这个小小的观有一种“我全都要”的野心，分别有关帝、观音、药王、文殊，而最顶端的正神“玄帝”，正是邾国和邹城人千年追思的颛顼大帝。

传承有序，绵延不断，就在这个不知名的小山头上完成了几千年光阴的闭环，也是一场不期而遇的神奇。

四

我很高兴能在攀登峄山之前，到上九山先行参观一遍。

如果说孟子的邹城代表着文明的动脉，那么上九山里那些寻常人们的生活遗迹，就是文明的静脉。由动脉到静脉，一起一回，思想的营养变成文明构筑的要件，循环往复成一代代的具体生活，也就孕育出了文明源源不断的生机。

第二天，在邵兄的带领下，我终于来到了他曾反复向我推荐的峄山。邹城向东南十几里便可以到。我在邹城游览期间，几乎每日抬头可见。峄山并不高大，海拔 582 米，远看郁郁葱葱的一个小山头，并不能遮天蔽日，只能占据天际线的一小角。然而，山不在高有仙则名，相比较于它的高度，峄山的名头实在是太大了。孔子“登东山而小鲁，登泰山而小天下”，这其中的“东山”，就是峄山。

自孔子登临之后，后继者络绎不绝。出生在峄山脚下，孟子自少时常登临峄山。荀子也曾游览登临此山。之后的李斯、秦始皇、司马迁直至华佗、李白、杜甫、欧阳修、王安石、苏东坡、黄庭坚、董其昌、郑板桥等都曾登过此山。这样一座山，想不出名都难，甚至被冠以“天下第一奇山”的雅称。

我是一个不太爱凑热闹的人，天南海北攀登过太多的山了，心中有了懒惰，不打算真的爬山。只是好奇，跟着邵兄来到峄山脚下转一下，看看这山的构成。从那山坡滚落的满山的圆润石头，我可以看出来，这座峄山曾经应该是一座海滩巨岩，或者是一座海岛，因为千万年的泥沙沉积，海退去，岩岛成山。又经过千万年的风化作用，岩石一块一块地风化、崩裂，不断从山高处滚落了下来。古人很早便能领悟出这种地质成因，所以有了易象之中的“剥”卦。我们眼中见的“天下第一奇山”，就是因为这种日损夜剥，导致的山体支离破碎。

我既拜见峄山，见一眼，就想回去。可邵兄不许，说“来都来了”，非拉着我往山上去，连坐缆车上山都不许，我只好随着一行五人登山，沿着石阶往山顶上攀。

夏日的峄山是燥热的，又是勃勃富有生机的，草木葳蕤，植被茂然。我们沿着山阳林荫道上山，一路且走且停，那些山石果然不负“奇”之名，走近了细看，都是一些砂质很重的石英岩，一层层地堆积在海底地壳深处，没来得及滑入熔岩之中锻造，又被海底的造山运动给拱起。

这些砂岩海里生出，经过海流万年淘洗，又凸出到海滩，经过海浪、风雨万年雕刻，水蚀风化，加上草木生长，便雕琢出形态万千的岩石群貌。有像龟蛇的，有像叠罗汉的，有像猴子、大象之类。攀登者可以把想象力尽可能地加诸这些砂岩上。独上峄山只有一条道，可以想象到多年前，孔子孟子之后的那些文化大师们，也是沿着同样的道路向上攀登，所见天地良景与我们别无二致，只是换了人间。而身为游客的我们，也不过是万千匆匆过客之一，念天地之悠悠，往来无间之感，顿时油然而生。

一路看石，走走停停，爬山倒也不累。到半山休息，我们欣赏着历代先人在山石上留下的摩崖石刻，不经意间，草丛里窜出一只蜥蜴，五色斑斓，它大大咧咧地在我们一行人的脚下爬过去，丝毫不惧，追逐着草间石缝之中的虫豸口粮。高山之上，圣贤也好，帝王也罢，权臣也好，名流也罢，永远只是这个峄山世界的匆匆过客，仿佛只有这生生不息的小生灵，才是这座山峦真正的主人。

五

我们努力向山顶爬，终于到达。山顶有一座道观，也留着不少的石刻。这一路的摩崖石刻，看得真不少，其中印象最深的还是所谓“妖精洞”附近的一篇北魏佛经石刻，是当时颇为流行的《文殊师利般若刻石经》，内容为：

> 尔时文殊师利白佛言：世尊，我观正法，无为无相，无得无利，无生无灭，无来无去，无知者，无见者，无作者。不见般若波罗蜜，亦不见般若波罗蜜境界。

好一个“无知者，无见者，无作者”，缘起性空，色不异空。这段摩崖石刻文字处于隶书向魏碑过渡之间，隶书花纹流水一般的书法意味尚未褪去，魏碑那样刚硬的笔意尚在萌芽生发之中，就像是一个非常鲜明的书法史“活标本”。

穿越了山顶石洞，我们便可以从山阳到达山阴，即山南去山北。泰山我尚未攀登过，未知能否小天下，不过登峄山，的确能“小鲁”。峄山上有一处险峻的景点，在松柏掩映之后，有一块突兀的巨石延伸出去，就叫“小鲁台”，传说是当年孔子登临之处。

我也追随圣人的目光，站在高高的山顶观看遐迩，向北远眺就是鲁国，低头的土地就是邾国，也就是今天的邹城，向南就是滕国——今天的滕州。我南北望去，天地宽阔，田亩如棋盘，纵横交错，忍不住又想到了孟子往事。

当年，孟子学有初成，第一时间就出门到隔壁的邻国滕国，向国君滕文公讲述他的治国理念。这位滕文公做太子时就认识孟子，听孟子讲人人皆可为尧舜，心向往之，敬他为老师。所以，孟子跟滕文公说得特别精要，也特别到位，便有了《孟子》七章中的《滕文公》篇。他说：

民之为道也，有恒产者有恒心，无恒产者无恒心。

就是说要让民众富足，有恒定的产业，才能有仁政可言。他还说：

为民父母，使民盻盻然，将终岁勤动，不得以养其父母，又称贷而益之，使老稚转乎沟壑，恶在其为民父母也？

身为国君，号称为民父母，但是民众如果一年到头都在劳碌，却始终陷于贫困，靠借债才能活下去，甚至倒在了沟壑之中，作为君主怎么没有责任呢？可见，孟子强调的始终是双边对等的责任。孟子虽然是一个理想主义者，但绝不是空想者，兴产置业，始终是他施政的第一要务。孟子特别指出：

夫仁政，必自经界始。经界不正，井地不钧，谷禄不平，是故暴君污吏必慢其经界。

仁政，必须要保证丈量好土地，保证井田的平均、谷禄分配的公平，这其实就是最原始的“产权”和“收入分配平均”概念。只有产权清晰、均衡，分配公平，才不会给暴君和贪官污吏以作奸犯科的间隙。这句话中，“暴君污吏”四个字格外显眼，一贯以大丈夫自居的孟子，果然思想又耿直又超前。

孟子的话，滕文公是听得进去的。他的滕国治理得也不错，故而死后能谥号为“文”。春秋战国，诸侯贵族多如过江之鲫，滕文公据几十里小国，不过秦时亭长所辖，因问学于孟子，从而广泛为后世所知，也真是善善相承。只可惜，方圆五十里的滕国实在是太小了，滕文公自己也劝孟子离开邹滕之地，连鲁国都嫌小，得到更大的国家去实施他的理念。于是，孟子又去见了齐宣王和梁惠王，留下了更多刚直却富有智慧的言论。

战国是一个大乱世，乱世里需要一个运气、实力和头脑极度灵活皆具备的英雄，才能承载起历史的命数，重整山河。齐宣王也好，梁惠王也罢，格局未必就超过不尴不尬的滕文公，并不是治理的国土更大就更为明智。孟子周游诸侯，注定只能与孔子命运相同，奔走不得其志，最终只得带着自己的理想回归峄山脚下，在这片生他养他的故土邹国，著述终老。

贤土出圣者，义城出烈士。1938 年 2 月的滕县危如累卵，占领南京之后的日本侵略军企图迅速攻占徐州，打通津浦铁路。他们被堵在了峄山脚下的滕县，一场四天四夜的恶战，不远千里而来的川军师长王铭章，率领三千将士战死殉国，战事极其惨烈。

我写此文时值“九一八”，耳边蜂鸣起防空警报的啸叫，撕心裂肺，不免想及孟子，想及他反复念叨的“大丈夫”，想起他老先生对着虚空大声说：

> 生，亦我所欲也；义，亦我所欲也。二者不可得兼，舍生而取义者也。

那时候，年迈的孟子是绝不会想到，为了保卫山东西南这块土地，后世的子孙会以怎样一种轰轰烈烈、舍生取义的行为来应对。惊天地泣鬼神，唯有峄山不言，默默见证。这也是一个文明不息的脉动、最强的心跳。

六

从峄山顶峰下来，一路走，可以见历代所树立的石碑。多数颓断在草木深处，经受多年的霜雨风化，多半斑驳而不可识。也有瑞兽或者神道碑，披着陆离的苔色。阳光渐斜，透过层层的密叶洒在那些岁月的见证物上，仿佛披了一件时间袈裟，一路山行中，处处透露着圆融的残破之美。

我自以为看足了峄山的石头，认为它们没有经过火山熔岩的阶段，结果下山到半腰，峄山就涌出一块又一块的黑色石头，一看便是极其刚硬、冒着气孔的火山岩。打脸来得这么快，我也是惊愕不已，仿佛随着孔夫子一同下山，听到他的笑言“知之为知之，不知为不知”，小子身在此山中，见山不是山，岂能一言就断尽山情。那一堆堆的黑石头，像是一个个表情嘲讽的阿罗汉，光着黑黢黢的脑袋，一路瞪眼相送。

接近山脚下，郓文公庙和峄阳书院都关闭着，暂不开放，好礼的邵兄只在山门外拜一拜，对我们发一通追古思今的感慨，叹息古时书院遍布的情景何日才能再现。他是一个儒者，心向往之。我个人看来，书院教学模式还是精英化，且效率低了一点。两人虽见同景，但不能同情。

离开了峄山，乘着夕阳的余兴，我们直奔孟林而去。

在曲阜和邹城，孔子墓地被称为“孔林”，孟子墓地被称为“孟林”。林，非陵，是因为的确在一片松柏林地中葬着两位圣贤和他们历代族人，蔚然而成林。孟氏在邹城，自然是一大家族，历代孟氏或许非贤德者不能随葬。

我怀着万分崇敬到孟林深处拜祭孟子，巨大的墓不断封土被堆积成一座小丘状，像哨兵一样的小松柏随着封土生长，把墓丘覆上一层绿辇盖。我也说不清，历经两千余年几次迁封，孟林中所安葬的是否孟子本尊，然而那一团勃然绿意下的，必然是他不曾灭寂的精魂。

苏轼写过一篇文章，叫作《孟子论》，评价说：

> 其道始于至粗，而极于至精。充乎天地，放乎四海，而毫厘有所必计。呜呼，此其所以为孟子欤！后至观孟子者，无观之他，亦观诸此而已矣。

苏轼论理，直入肯綮。他评价孟子，从最为粗浅简单的道理入手，能达到精深，而且放置四海都可以通行。我认为这是十分准确的。我一直认为，与孔子相比，孟子是最早自觉的儒学大师，他不再像孔子那样寄希望于恢复周礼这样的大传统，而是从独立且个体的人出发，由人的心性、恻隐、善心这些“阳面”出发，追求人的自立、自奋、自强，做一个堂堂正正的大丈夫，挺立于天地之间，从而支撑起君与民这样的国家二元结构，各索本分，各求正己，是为仁政与王道，从而达到天下大治的理想。恰如攀登峄山，择其山阳努力攀登而上，一步一个脚印，逐渐坦途，看尽良景。孟子也并不是不知道山有阴面可用，因其太过于陡峭险峻，不宜求功用险，以阴危之道求攀山巅，多半折损于险隘。

对于孟子的这种人格理想，我一时找不到更好的词汇或者论述来比附，只是突然想到了李白的一首诗《留别鲁颂》，节录其中四句，应该尽显孟子的风骨：

独立天地间，清风洒兰雪。
夫子还倜傥，攻文继前烈。
错落石上松，无为秋霜折。
赠言镂宝刀，千岁庶不灭。

不愧是李太白，满腹盛唐的锦绣，寥寥数语胜过千言万语。尽管这诗里李白所颂的“鲁人”是“义不帝秦”的鲁仲连，但它的每一句都像一个有力的斧凿，凿构出我心目中孟夫子的形象，且意象精准、神形兼备。

七

何谓文明？这是一个一直在空中飘荡却没有答案的问题。

我心目中的“文明”，就是有不断提出问题的能力的文化传承。这些问题可以是宇宙，可以是道法，可以是人伦，也可以是物性，包罗万千，却又远无止境，代代相承，代代都力图给出新的答案。

在邹城博物馆里，我见到了商周编钟，只是几枚残钟，却也是镇馆的宝贝。博物馆就此复原了周礼的乐制，仿制了一组石磬和一组青铜编钟陈列在馆内，供参观者了解。

面对“复活”的古乐器，我和齐鲁书社的许允龙兄聊起了文前的问题，即与邵逝夫兄探讨过的音乐起源问题。我的聊天方式是散文式的，而不是论文式的，作为一个趣话录下，权当这篇游记的结尾。

为什么贾湖骨笛对音乐发明至关重要？

首先，当我们祖先掌握了制矛的技术，就可以自如地射杀大型动物，但一般动物的声音不会让人联想到音乐，鸟类却可以，因为叫得好听。祖先们要射鸟，必须让矛小型化，于是，他们发明了弓箭。之后，就可以用石制的箭头打下鸟（通常是鹤与鹰）。他们吃干净了鸟肉之后，面对一堆细骨头，想着鸟是怎么样发出那么好听的叫声的。很自然地，就掏干了鸟骨，琢磨着吹出鸟叫声来。一般而言，只要堵上一端，用另一端吹，有孔出气就能发出声响，不过这只是骨哨，发音单调。鸟骨大小、粗细不一，随便去打孔，每根吹的声音都不一样。这是无法形成音乐的。

经过百千次试验，我们的祖先发现，在全骨接近三分之一的地方打孔，不管哪一根鸟骨，发出的音都是统一的，就是五声音阶“宫商角徵羽”中的“徵”音。从数理角度来讲，就是无限接近鸟骨笛的黄金分割点。这真是太神奇了，冥冥中似乎有神示。于是，他们比划着再找，千百次反复，再找对应的黄金分割，其他的音也相继被找到。音乐，就此诞生了。

鸟骨不易得且易损坏，芦管太脆弱了，生活中还有更好的替代品——竹子。竹子中华大地遍地是，伐竹一根，烘烤干了，自然有接近鸟骨的作用。非常自然地，骨笛很快被竹笛替代了。在庄子笔下，这种孔洞发出的声音叫作“籁”。天籁、地籁和人籁，竹字头，证明发明骨笛之后不久，我们祖先就大量制作竹笛了。

当然，笛子也有问题，不能保证绝对音准，用久了或长久不用、干湿度不一样，也会走音，需要灵敏的耳朵去校音。因此祖先们找到了那些声音清脆的石片，用笛子定音来挑选出大小不一的石片，悬挂敲击，这便是石磬。

石磬使用久了，祖先们对重量等差和音律对应关系逐渐成熟，加之青铜铸造工艺的成熟，就呼唤着“编钟”的问世。黄钟大吕就此横空出世。编钟，由青铜材质铸造，无论干湿寒热，只要同一力度敲打，无论何时何地，哪怕直到今天，都是一个准音，作为音律基准，实在是太完美了，任何乐器音准对不对，都可以靠编钟来校对，所谓的“金、石、丝、竹、匏、土、革、木”

这“八音”就此问世，在周礼时代，古人便实现了音乐的标准化、多样化与交响化。

从骨笛到编钟，这就是文明的真实历程。

与之类比，如果说骨笛是中国乐礼的最初脉动，那么，我这番在鲁西南游历见证的孔孟故里，就是中国文化最初的脉动之地。

2024 年 9 月 20 日
于海滨寓所

编后记

甲辰（2024）仲夏十二日的下午，我与英杰、归仁二兄在邹城博物馆大厅进行了一场主题为“舍我其谁”的三人谈。分享中，我谈到了书、鹅毛和铺路石，这是三个比喻。书比喻的是宇宙，如果宇宙是一本书，我们每一个人就是这本书中的一个笔画或标点符号。一旦我们未能活成真正意义上的人，就会成为一个错误的笔画或标点符号，也就是让宇宙这本书多了一点错误。反之，如果我们意识到这一点，而去探究生命，活出生命的真义，那就是在修复宇宙。鹅毛，缘于甲午（2014）春天我看到的一个电视节目，一位母亲在洗衣烧饭之余，经过不懈努力，最终成功地用一片羽毛维持了十五根棕榈树枝的平衡。表演的最后，这位母亲突然将那片羽毛取走，十五根棕榈树枝随即跌落。这个镜头令我终生难忘，也就此得到一个重要的启示：既然一片羽毛可以支撑起一个平衡系统，那么，我们一人向善行善，或许就能够平衡住一片不小的生命区域。铺路石，则可以追溯到更早的“大师”满天飞的年代，彼时，传统文化刚刚开始复兴，略微读过一点经典的人便自我标榜，自诩为“大师”，四处讲学。可是，只要略加关注，就会发现这些所谓的“大师”对于经典的讲述，不是牵强附会，便是望文生义。其实，对传统文化近代状况有所了解的人，都知道这个时代并不具备成就“大师”的条件，这个时代所需要的是回溯，通过回溯，重新接上传统文化的源头活水，为传统文化在日后的复兴打下坚实的基础。也就是说，传统文化的复兴，有待于一群有志之士甘愿去做铺路石，唯有如此，未来才会有希望。从那时起，我便将自己定位为一颗铺路石子，这一心愿至今未变。

适当的比喻可以将复杂的问题简单化，从而取得意想不到的成效。这三个比喻便是如此。至少它们曾对我产生极其重要的影响：书喻，让我认识到自身是宇宙的一部分，一己的好坏、善恶与宇宙整体的美好和谐息息相关，进而体味了象山先生（陆九渊）所谓的“宇宙内事，乃己分内事；己分内事，乃宇宙内事”，自此，不敢再妄自菲薄、自暴自弃；鹅毛之喻，让我不再埋怨社会上的种种不良现象，也不再因为缺乏同道之人而感到无助与哀伤，用现在流行的一个词来说，那就是我成了一名“孤勇者”；铺路石之喻，让我勘破一时的功名，挣脱了功利的枷锁，从而能够沉下心来，数十年如一日地体贴经典，感悟经典，践行经典。那天下午，在讲述这三个比喻时，我也清晰感受到现场有不少人受到了触动。

春节期间，承蒙英杰贤弟厚爱，一家人不远千里前来相聚，先后旬日。期间，我二人除却自行读书撰述，论学不辍。讨论极为随机，餐桌上，茶桌前，散步时，但有所思，旋即相与讲论，有协商探讨，也有互为印证；有直言相争，也有默识心通，而时间就这样不知不觉地过去了，离去之日，竟感觉似刚刚相聚便要分别。讨论中，二人皆颇多体悟，并相互叮嘱撰成一些文字，如由英杰撰成一篇论“生死即生生”的文字，由我撰成一篇论“恶的由来”的文字。期间，也进一步商讨了《王阳明修身日录》的写法。返归厦门后，英杰在教学之余，迅速撰成《由“生”照见“死”的生生之义》一文，我却继续着《〈传习录〉导读》文字的撰写，直到上月月底，方才完成初稿。月初，修订《滕文公章句上》浅释文字时，记起英杰之嘱，便于释“孟子道性善”处，先大略讲述了“恶”的由来，至于细述，则待日后。一言以蔽之，恶本于私欲，若无私欲，世间便无所谓恶；私欲则本于自我，若无自我，便无私欲。故而，颜子问仁，夫子答以“克己复礼”。而夫子“绝四”，根本又在于“毋我”。

之所以要将这两件事放在一起来谈，是因为二者虽然看似无关，其实是一贯的。一贯之处，即在于“克己”。书喻也好，鹅毛之喻、铺路石之喻也罢，如果不曾切实去“克己”，那就只是高级一点的心灵鸡汤，至多也只是在表述一份情怀、一个抱负。别看讲者激动，听者感动，待到散去，除却留下一点谈资，别无意义可言。事实上，也唯有真实“克己”之人，方才能够真正将宇宙体认为一个整体，方才能够义无反顾去做那一片鹅毛，方才能够不求闻达甘为一颗铺路石。而事实上，旬日相聚，我与英杰所讨论者，实未曾出于“克己”二字。但能“克己”，生死即为生生；探究“恶”的由来，则是为了更好地体认自我，从而克除之。

儒门之学，天人之学也。所讨论的，无非是三个方面：其一，天学，也就是宇宙论；人为宇宙的一部分，天则决定人则，宇宙论决定人生论，故而，“思知人，不可以不知天”，天学正是为了知天。其二，人学，也就是人生论。知天是为了知人，故而，究明天学，还需体究人学。人学本于天学，天学体究得越清晰，人学便会体认得越深刻。其三，工夫论。究明了人学，还要去履行人学。人学本于天学，但能切实履行人学，即可与天合一。儒门之学之为天人之学，正由于此。如何才能履行人学？这就需要下工夫，所以还需要工夫论。工夫的要点，正在于“克己”。但能“克己”，即为无我，无我则复归于纯然生生的生命状态，成为生生之道的载体。无我之人，即为与天合一，即为圣贤。

宇宙论、人生论、工夫论三者，彻上彻下，贯通天人，作为一名儒者，自然应当对宇宙、人生、工夫三个方面悉皆具有真切的体认，并且切实地去下“克己”工夫。而书喻，或可对应宇宙论；鹅毛、铺路石二喻，则可对应人生论。可是，离却了工夫论，宇宙论、人生论就会沦为空头理论，故而，要真切体认到宇宙是一本书，真正去做一片鹅毛、一颗铺路石，务须先行去“克己”。所以，我想要强调的是工夫，是切实地去“克己”，而不是空谈，空谈只会误己误人。

乙巳仲春廿八日晚，射阳邵逝夫于信阳淮滨无得草堂。